明日に引き継ぐ

さいたま百景

さいたま百景選定市民委員会

プロローグ

我田引水ではありますが、この本「明日に引き継ぐさいたま百景」は、内容が充実しており、誠にすばらしい出版物が刊行できたと思っております。

二〇一〇年11月に出版した「市民が選んださいたま百景」は、2刷にいたるまで出版を重ね、意義ある出版物として多くの方に親しまれたと思っております。

さいたま市は岩槻市、浦和市、大宮市、与野市の旧4市が合併することによりできた市です。この本の当初の目的は、相互の市民が地域の特徴を知ることによって、さいたま市民としての一体感を醸成することにありました。それは景観を通してまちづくりへの関心を高め、市民参加を活性化させることによって、明日へのより良い都市形成をめざす一助になると考えたからです。

今回の発刊は、前回の本をふまえ、新たな視点で編集にあたりました。この10数年の時の流れを経て、まちも様々な変化を遂げました。風景も変わりました。委員会のメンバーも新しい方が加わり活性化されました。まち歩きや資料集め、コロナ禍期間中

明日に引き継ぐ さいたま百景［目次］

のオンラインでの会議など、諸々の出来事を乗り越え、委員会の方々のこの本に対する情熱を感じとった次第です。

　この「明日に引き継ぐさいたま百景」が、多くの方々に読まれ、景観に対する意識が高まっていくことを期待したいと思います。とくに、さいたま市民の皆さんには、常備薬のごとく各家庭に一冊この本が置かれることを願っております。

相田　武文

さいたま百景選定市民委員会
委員長・建築家

第I章

風景との対話

1

風景は教えてくれる

私たちさいたま市民は、身近な風景を日頃どのように感じているでしょうか。

人それぞれの価値観によって、好ましく美しいと思える風景は異なるかも知れません。また、もしかしたら、日々の暮らしにまぎれて風景に気を配ることが少なくなっているかも知れません。

二〇二〇年の新型コロナウイルス感染症拡大では、私たちはさいたま市内に留まることを余儀なくされる一方で、身近な地域に関心を向けるきっかけが与えられました。あらためて私たちが暮らすまち、さいたま市の風景を見直した方も多かったと思います。そして、それまでは見過ごしていた身近な自然や様々な地域活動、この土地ならではの営みに出会う機会となったのではないでしょうか。

風景からは、とても多くの〝情報〟を読

み取ることができます。人の営みにあわせて日々急速に変貌していくこのまちの風景ですが、注意深く見つめれば、過去から現在への変化の痕跡や、私たちの暮らしに影響し続けている変わらないものも読み取ることができます。そして、風景に織り込まれた情報を読み解く力を備えれば、将来の災害に備えることや、この地域での暮らしをより良くするための知恵を得ることもできるでしょう。

私たちが暮らすまちの風景は、過去にこのまちに生きてきた人々からの贈りものです。では、今を生きる私たちは、未来の子どもたちにどんな風景を受け継ごうとしているでしょうか。多くの市民とともに考えてみたいと思います。

2 さいたまの水と地の物語

さいたま市には海がありません。高い山もありません。手つかずの原生自然もなく、市のほぼ全域が人の暮らしによって使いこなされています。そんなさいたま市では、自然が私たちの暮らしに与えている影響が見えにくくなっていると言えるかも知れません。

しかし、今は見えにくくなってしまった水（川）も、台風や集中豪雨などひとたび自然が猛威をふるえば私たちの暮らしをおびやかします。平地が広がるさいたま市域も注意深く観察すれば、台地と低地が入り組む変化に富んだ地形があって、その地形が生み出す様々な風景に出会います。風景は、地形や見えにくくなっている水とまちとの関係を浮かび上がらせてくれるのです。

近年、都心部では地形に関係なく開発

が進行し、谷は埋め立てられ多くの水路や小河川は暗渠化されました。郊外の農村地域には、地形の理（ことわり）に従った古来の土地利用によって形づくられる風景がまだかろうじて残されていますが、徐々に切り刻まれて連続性や一体性を失い、風景の断片化が進んでいます。現代のまちづくりは、人工的に地形の理を造り替えられるかのように振る舞いがちですが、技術力によって自然を完全に制御できると考えるのはとても危険なことです。

地球規模で環境負荷の少ない、持続可能な開発が求められています。それは、私たちの身近なまちづくりにおいても同様です。あらためて風景を見つめ意味を読み取ることを通じて、さいたまの「水と地のありよう」に関心を払い、将来に向けてどのようなまちづくりが求められているかを考えましょう。

3
受け継がれる記憶と文化

さいたま市は、岩槻市、浦和市、大宮市、与野市の旧4市が合併してできた市です。かつてあったそれぞれの市に、それぞれの歴史や文化の積み重ねがありました。さらに時間を遡れば、旧4市が設定されるよりずっと前からこの土地で営まれてきた私たちの暮らしが、地域の歴史や文化に刻まれています。

さいたま市は、これまでに大河ドラマの主人公に取りあげられる人物や主題になる歴史的出来事の舞台とはなっていないため、ともすればまちの歴史的な積み重ねが軽視され、今の私たちの暮らしに引き継がれ活かされるべき知恵や教訓が見過ごされているのかも知れません。経済一辺倒の価値観は、歴史や文化を守り伝えることよりも、都市の発展と新しさを追い求めがちです。

古来、水と地形の理に従って営まれてきた私たちの暮らしのありようは、地域の歴史や文化に刻まれ受け継がれ、風景となっ

て私たちに語りかけてくれます。見沼田んぼ周辺の神社の立地には、台地と低地が入り組む地形と深い関係が見られます。地域コミュニティのルーツをたどると、農の営みのための治水や利水を旨とした共同体の伝統に行き着きます。自然な角度や曲線を描いて街並みに変化を与える歴史的な古道の道筋には、ひっそりと石造遺物が佇んでいます。宿場町から発展した都市構造の上に、ヒューマンスケールの暮らしやすいまちが形成されています。

風景を切口として歴史や伝統文化に親しみその背景を知ることは、知的好奇心を満たす過去の思い出話ではなく、今と将来の私たちの暮らしのありようを考えるための大切な手がかりとなります。現在まで伝えられてきたそれらの大切な手がかりをさらに次の世代に引き継ぐのか、私たちの世代で消し去り忘れてしまうのか。大きな岐路に立っているのではないでしょうか。

4

私たちの暮らしが風景となる

今、私たちの目の前に広がる風景には、現代の市民生活のありようが投影されています。風景が美しく豊かならばその土地の生活のありようも豊かなものであり、風景が侘しく荒れていればその土地の生活も荒れていると解釈できるのではないでしょうか。

ファッショナブルな街並みやオシャレな建物には心躍るものですが、どんなにオシャレな空間でもそこに活き活きとした生活がなければ空虚です。人の営みによって生み出される豊かな風景こそを大切にしたいと思います。

さいたま市は「生活都市」をアイデンティティとして標榜していますが、そうであるならば「生活都市」が目指すべき豊かさとは何なのかを考えてみたいと思います。

市民の日々の生活に活気があり、市民の営みが形づくる風景が楽しげで、私もさいたま市に住んでみたい、住み続けたいと思えるような風景に、そこかしこで出会えるようなまちであって欲しい。そしてそういう風景は、経済の力やデザインなどの美的センスだけで生み出されるものではなくて、市民ひとりひとりが地域に関心を持ち眼差しを向けること＝日常の風景をしっかりと捉える姿勢から生まれるのではないでしょうか。

深作のささら獅子舞の一場面。各地に伝わる年中行事や伝統文化にはどのような起源や背景があるのだろうか。博物館や記録に収まることなく、その土地で大切に受け継がれ風景を成しているモノやコトがある。

芝川に架かる大道東橋からさいたま新都心を遠望すると、雨上がりの雲間から陽光がさした。緑地や川の状態、高層ビルが並ぶ都市のスカイラインなど、この印象的な風景にも多くの情報が含まれている。

コロナ禍を経て3年ぶりに開催された「うらわLOOP☆ナイトマルシェ 2022」。さいたま市役所本庁舎東憩いの広場を活用して、市民団体主催のイベントが開催された。市民の活動が「生活都市」の豊かさを生み出す。

見沼田んぼのドロンコ体験田んぼにポツンと置かれた足踏み水車。本来は水位の低い水路から田んぼに水を揚げるためのものでこの状態では使われないが、地形を生かし水を使う暮らしの工夫が読み取れる。

二〇一〇年11月に「市民が選んださいたま百景」を刊行してから14年あまりの歳月が流れました。その歳月で私たちのまちはより良い風景を生み出してきたでしょうか。まちの変化と風景の移り変わりをとらえつつ、私たち市民が風景からどのような知恵を得、どのようなまちづくりを目指していくのか。

二〇五〇年にさいたま市を生きる将来の市民にこのまちを引き継ぐ責任を、今を生きる私たちは果たしていきたいと思います。

第Ⅱ章

明日に引き継ぐさいたま百景

（風景カタログ）

新しいさいたま百景の選定

現在、21世紀の半ばに近づきつつある中で、さいたま市にもさまざまな面で大きな変化や課題が想定されている。今後、気候変動、人口減少と超高齢化、国際化、経済の成熟、働き方の変化等が進む中で、例えば二〇五〇年のさいたま市に向けて引き継ぎ、育てていくべき特に大事な風景を選定し、**「明日に引き継ぐさいたま百景」**として紹介することとした。それらを若い世代を含めた市民で共有し、まちづくりに活かしていくことを目指す。

この章では、以下の3つのコンセプトのもとに、3つのシリーズに分けて風景を紹介する。

二〇五〇年の安心安全

地形は今後とも変わることがないものだが、普段は気づかれることが少ない。さいたま市の風景の基盤であるとともに、市民生活の安全性にとって重要な地形と水の流れを表わす風景を、市民と共有して未来に引き継いでいくことを目指す。（第Ⅰ章2）関連）

主なテーマ　治水、利水、親水、小河川、農、里山、台地と谷戸、わずかな高低差、etc.

Aシリーズ
水と地形に関わる風景

二〇五〇年への継承

さいたま市には、合併前のより小さな地域単位での、歴史に基づく特徴や個性、魅力がある。これらは意識して残さないと消えてしまい、オールさいたまや東京に飲みこまれてしまうだろう。地域での歴史や文化を伝える風景を、市民と共有して未来に引き継いでいくことを目指す。（第Ⅰ章3）関連）

主なテーマ　遺跡、民俗信仰、古い道筋、古い街並み、土木遺産、伝統行事、地域文化、etc.

Bシリーズ
まちの記憶と文化に関わる風景

二〇五〇年の豊かさ

さいたま市は人材が豊富であり、さまざまな地域活動が行われている。新しい活力を受け入れつつ、現在のさいたま市民の生活の豊かさ、楽しさをつくり出している活動の風景を紹介して、それらの活発化を目指す。（第Ⅰ章4）関連）

主なテーマ　多様な住宅環境、商業空間、新しいイベント、アート、地域スポーツ、コミュニティ、リノベーション、etc.

Cシリーズ
現代の市民生活の風景

新さいたま百景のシリーズ別リストを次ページに示す。なお、「百景」とは称しているが、紹介する風景数は合計四四五景となっている。

明日に引き継ぐ さいたま百景 シリーズ別リスト

※各シリーズのはじめには、見開きページでシリーズの趣旨説明、風景の分布図および参考資料を掲載している。
※次に、そのシリーズの風景をカタログ風に並べて、風景写真と説明文で紹介している。
※各カタログ風景には、基本情報として、風景の位置情報（📍）、キーワード（🔑）、関連する他のカタログ番号（関）、および関連する旧百景の番号（100）を掲載している。
※第Ⅱ章の最後には、全風景カタログの検索表（風景の位置検索およびキーワード検索）と作成の参考にした文献リストを掲載している。

AA

水害から市民を守っている仕組みの風景

A 水と地形に関わる風景

未来を生きる園児たち（築堤後の荒川左岸で園外保育中）

2019年増水時の馬宮田んぼ

さいたま築堤事業・馬宮田んぼ付近

先人の知恵と地域の自然の観察、そして構想する力を養うことが大事だ。単に大きな堤防ができて安心だということでなくて、なぜこんな堤防ができたのかと考える力を涵養することを期待したい。このシリーズでは河川氾濫や内水氾濫、田んぼの保全他、下水道改善や地下河川、雨水貯留等の対策や二〇一九年台風19号時の水害状況を関連づけて取り上げている。

河川氾濫による荒川上流部改修は一九一〇年（明治43年）の水害を契機に構想され、一九一八年から着手された。その後一〇〇年を経て整備されてきた。現在では堤外にある荒川第1調節池完成（彩湖含む・二〇〇三年度）後、羽根倉橋・開平橋間の計画高水位に対応するため、さいたま築堤事業も実施された。しかし二〇一九年洪水では横堤を超える増水に遭遇した。

さいたま築堤事業後としては第2、第3の調節池の計画も上流側に進行中である。残工事となっていた治水橋取付け道路付近では「堤防代替」の陸閘工事が完工した。川越線の架け替えも計画され、西遊馬防災ステーションの造成もほぼ完了している。

しかし二〇二二年3月には国は危機管理上から一〇〇〇年に1度の洪水ハザードマップを公表し、更なる注意喚起を行っている。

都市化の進展のみならず、地球温暖化でゲリラ豪雨や線状降雨帯の発生が頻発で、河川や下水道の排水能力不足が明らかになり、排水を本川だけに頼るスタイルも時代遅れとなりつつある。特に都市化では農地の宅地化（生産緑地制度解除・高齢化相続処分等）という形でランダムにミニ開発され、人為的災害といえる状況も見られる。経済活動や財産保護は重要であるが、災害を予期しながら災害を助長しかねない開発を促進するのは如何なものであろうか。

AA-01 河川氾濫防止を担う荒川第1調節池
AA-02 【02a】サクラソウ水門／【02b】昭和水門
AA-03 【03a】秋ヶ瀬運動公園／【03b】レッズランド
AA-04 【04a】鴨川排水機場／【04b】調節池内水田
AA-05 鴨川第1調節池
AA-06 新川改修
AA-07 桜木調節池（地下式）と地下河川
AA-08 与野中央公園調節池
AA-09 鈴谷小学校流域貯留浸透事業
AA-10 合流式下水道改善事業（南浦和2号幹線築造）
AA-11 桜区新開の台風19号内水氾濫状況と油面川排水機場再稼働（建て替え）
AA-12 【12a】藤右衛門川と浦和競馬場調節池／【12b】上谷沼運動公園調節池
AA-13 【13a】井沼方公園調整池（大間木調整池）
【13b】大谷口公園多目的調整池
AA-14 芝川第一調節池（平常時）
AA-15 芝川第一調節池（台風19号後の越流堤）
AA-16 台風19号時の芝川左岸の農地（西山通り西側）
AA-17 田んぼを土盛りした畑の冠水
AA-18 芝川・加田屋川合流点付近の冠水状況
AA-19 芝川左岸堤防から新都心を望む
AA-20 みそのウイングシティ
AA-21 浦和美園駅近くの高層マンション群
AA-22 治水地形図（浦和）から見る美園地区
AA-23 大門上池調節池（綾瀬川右岸）
AA-24 新和西調節池（岩槻南部新和西地区・綾瀬川左岸）
AA-25 大門下池調節池（綾瀬川右岸）
AA-26 【26a】上院調節池／【26b】東岩槻北口商店街浸水状況
AA-27 岩槻区加倉地区の浸水状況
AA-28 【28a】七里総合公園多目的広場／【28b】びん沼川調節池
AA-29 滝沼川挟み土手／滝沼川排水機場

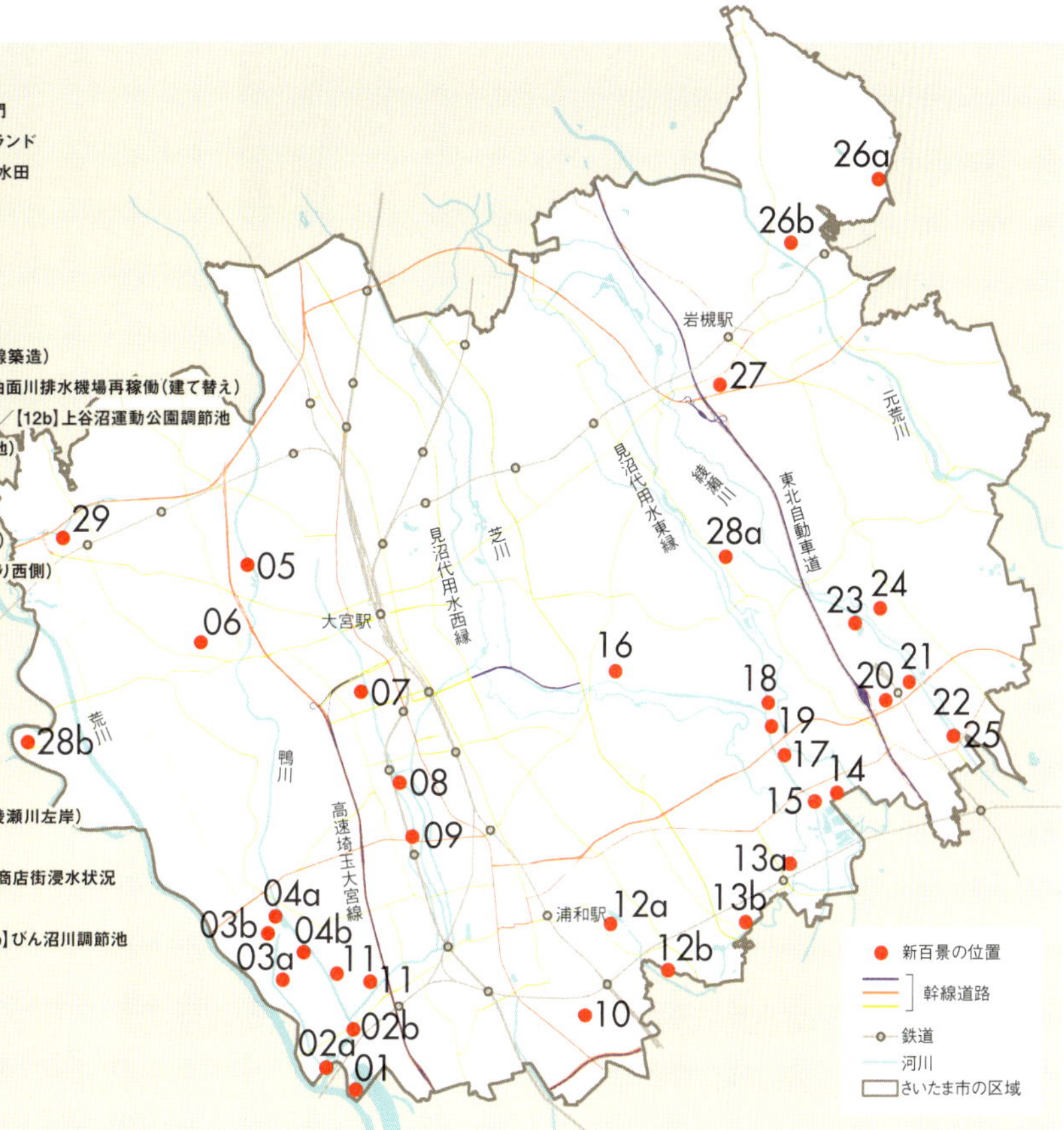

参考資料
ハザードマップ

■洪水ハザードマップ及び内水ハザードマップはともに、さいたま市のホームページに掲載されている。マップはPDF化されており、ダウンロードが可能で、さいたま市地図情報とも連動している。

■国、県が管理する1級河川以上の外水氾濫について水防法規定に基づき作成された洪水ハザードマップは二〇二〇年8月から宅建業法一部改正を受けて、不動産取引時に説明が必須となった。内水ハザードマップについては水防法規定に基づかないが、不動産取引時に取引相手方に情報提供すべきとされている。

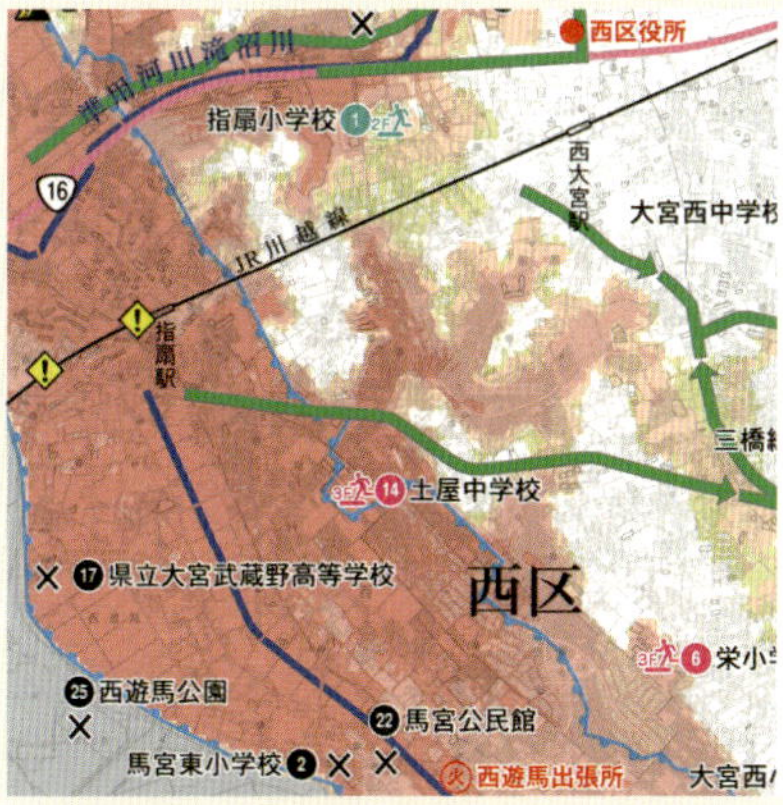

洪水ハザードマップ（西区部分） さいたま市では浸水継続時間や浸水シミュレーションを載せた5種類の1級河川流域洪水ハザード・マップが二〇二二年3月に公表された。

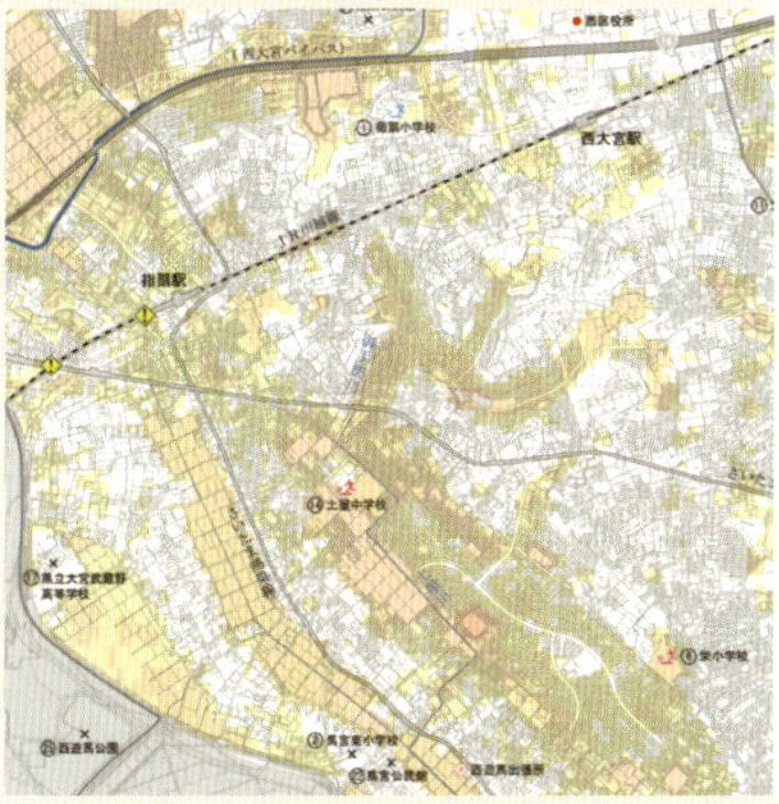

内水ハザードマップ（西区部分） マップはさいたま市10区に分けて策定されているが、1級河川の外水氾濫は考慮されていない。公表は二〇二一年4月。

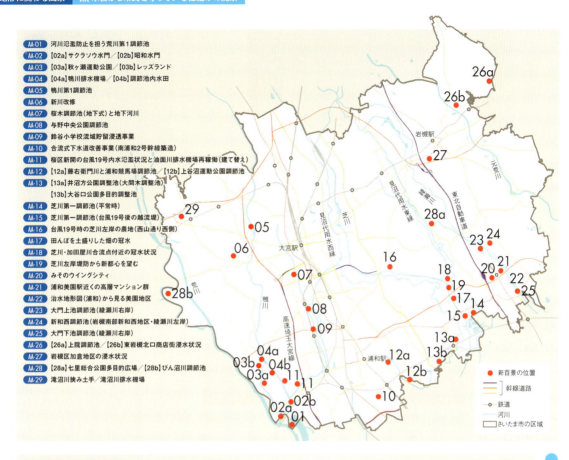

■ 堤外地調節地の役割と多目的公園などでの活用

AA 01 河川氾濫防止を担う 荒川第1調節池

荒川第1調節池は桜区から戸田市にかけてあり、三九〇〇万㎥の貯水容量を持つ。洪水時には桜草水門と鴨川の昭和水門を締め切り後、上流での越流水を彩湖にも流入させ、本川の流下量を低減させる。渇水時は秋ヶ瀬堰上部に彩湖の水を還流させ、水道水取水を安定化させる。現在この堤外地型調節池上流部には第2、第3の調節池の計画が二〇三〇年度を目標に進行中で、「さいたま築堤事業」と双璧となる施設づくりである。

桜区道場、他(堤外地)
荒川／河川調節池／秋ヶ瀬公園・桜草公園／天然記念物

AA 02 サクラソウ水門a 昭和水門b

サクラソウ水門は調節池の囲ぎょう堤と同程度の強度の水圧に耐えるよう造られており、本川洪水時に鴨川の昭和水門と同時に閉じられる。開閉時本川水位はAP5m。一九九〇年度に完成した昭和水門は、鴨川の排水と洪水時に荒川からの逆流を防止し、大きな治水効果を発揮する。調節池内の排水は彩湖下流端の排水門とサクラソウ水門を開いて行われる。

【02a】サクラソウ水門

【02b】昭和水門

朝霞市上内間木、桜区田島　荒川／鴨川／水門
関風景AC08

AA 03 秋ヶ瀬運動公園a レッズランドb

荒川第1調節池の秋ヶ瀬公園内には野鳥の森、ピクニックの森、子供の森の他、バーベキュー広場やテニスコート、野球場、ラグビー場などが設けられている。その他ゴルフ場や調節池内民有地にはレッズランドや水田などがあり、総合レジャーランドのようだ。一番上流側にはハンノキ林があり、ミドリシジミがいるし、鴨川水系最下流域には田島ヶ原桜草自生地がある。

【03a】秋ヶ瀬運動公園

【03b】レッズランド

桜区道場、他(堤外地)　荒川堤外地／秋ヶ瀬公園・桜草公園／天然記念物
関風景CD13　100旧百景＃14

AA 04 鴨川排水機場a 調節池内水田b

堤内では農地が少なくなって、湛水機能が低下している。荒川本川の水門が閉じられ、鴨川の水位上昇の場合、鴨川排水機場は荒川第1調節池内の放水路に強制排水する。この間、鴨川に流れ込む河川は樋門を閉じ、高くなった流域内水位を下げるため、個別に排水機場で鴨川に強制排水する。各排水機場排水能力・鴨川50㎥／S、鴻沼川10・6㎥／S、油面川2・0㎥／S

【04a】鴨川排水機場

【04b】調節池内水田

桜区下大久保、道場
荒川／鴨川／排水機場／水田風景

■内水氾濫防止の試み・貯留施設等

AA05 鴨川第1調節池(ウェットランド)

西区三橋5丁目
鴨川／河川調節池／ビオトープ
関風景AC09

鴨川の流域は頻繁に氾濫を繰り返してきた。鴨川第1調節池は一九九一年三橋総合公園開園にあわせて、調節池が「ウェットランド」として整備された。調節池の掘削土は公園整備に利用された。写真中央、橋の下に越流堤が見える。釣り日和などには小魚を狙う釣り人を見かける。第1調節池貯水量9・8万㎥、広さ4・8ha

AA06 新川改修

西区佐知川
新川／旧入間川／河川改修

鴨川支流の準用河川新川は改修最中だ。新川は旧入間川の河道付近を流下しているが、地盤高さが荒川堤外地の田んぼと変わらず、貯留対策では民有地買収の河道拡幅で進めている。現在、馬宮中学校が拡張し、新川を跨いで造られているので、流路変更の調査中。今後は学校脇を迂回して整備される予定である。調整区域であるが、新川流域の田んぼが都市化の影響で減少中なので拡幅改修は必要。

AA07 桜木調節池(地下式)と地下河川

大宮区桜木町4丁目
鴻沼川／地下貯留施設

鴻沼川流域では都市化に伴い、特に一九九八年9月の台風5号では、床上浸水1826戸、床下浸水1949戸の大きな浸水被害を出した。河道拡幅が困難な大宮区桜木では「床上浸水対策事業」で、二〇〇六年度桜木調節池と地下河川を設置した。池上部は人工地盤の桜木4丁目南公園。調節池面積1・13ha、調節容量5・6万㎥。地下河川延長1・53km、直径5・25m。

AA08 与野中央公園調節池

中央区鈴谷9丁目
鴻沼川／多目的調節池／公園／激特対策事業

鴻沼川の河川格付けは農業排水路から一九九〇年準用河川に、さらに一九九七年1級河川に格上げされた。しかし下流側では一九九八年の被害から、「河川激甚災害対策事業」で、河道拡幅等が実施されてきた。今回、最後となる「与野中央公園と一体化した多目的調節池」造成が右岸で始まった。調節池容量4・5万㎥、面積1・5ha、深さ4・6m。二〇二六年度完工予定。

AA09 鈴谷小学校流域貯留浸透事業

中央区鈴谷9丁目
鴻沼川／雨水流出抑制事業

鴻沼川流域の都市化などに伴う浸水被害を軽減するため、二〇〇二年「雨水流出抑制事業」として鈴谷小学校で実施された。学校内に降った雨を一時的に校庭内に貯留浸透させ、河川への負荷を抑制する。中央区では他に与野南小学校や公園などでもこの事業に取り組んでおり、流域の災害防止を「見える化」している。湛水する農地、田んぼを激減させている以上、小さな一歩でも始めなければならない。

AA10 合流式下水道改善事業(南浦和2号幹線築造)

南区白幡、根岸、文蔵
内水氾濫／地下貯留施設

この地域の下水道は合流式。急激な都市化による排水量の増加や気候変動によるゲリラ豪雨で、既存下水管の排水能力不足状況が出ていた。市では二〇〇〇年度から浸水対策目的で合流改善事業に着手した。南浦和2号幹線は笹目川と京浜東北線に挟まれた一帯の浸水被害を軽減する貯留管設置で水害を防止する。延長2260m、管径は4・75m、貯留量4万㎥。工事はシールド工法だが難工事。

内水氾濫防止の試み・排水機場、調節池、開発調整池

AA 11 桜区新開の台風19号内水氾濫状況と油面川排水機場再稼働（建て替え）

鴨川の支流である準用河川油面川は桜区町谷の土合中学校辺りを起点として卸売市場等の公益施設のある所を流れているが、流域に調節池は未設置。二〇一九年10月の台風19号では、ポンプの制御盤が水没し、水を鴨川に排水できなくなった。卸売市場も浸水し、床上浸水743件、床下浸水281件の計1024件に上り、市内の浸水被害の70%を超えた。市による改修で油面川排水機場の供用が二〇二二年7月1日に開始された。排水機場排水能力2㎥／S。

桜区新開の台風19号内水氾濫状況

油面川排水機場

桜区新開1丁目、道場5丁目
油面川／内水氾濫／台風19号水害

AA 12 藤右衛門川と浦和競馬場調節池a 上谷沼運動公園調節池b

藤右衛門川が流れる浦和競馬場一帯は大谷場、太田窪という地名が示す如く、浦和の台地からの内水が集まるところである。競馬場調節池は第1、第2の2つに分かれているが、下流側川口市にある上谷沼調節池と共に下流における藤右衛門川の氾濫防止を担っている。藤右衛門川は競馬場上流側がすべて暗渠化されており、暗渠化された流域に調節池はない。排水機場排水能力：①競馬場2㎥／S、②上谷沼4・4㎥／S 藤右衛門川流域面積：18・06㎢。

【12a】藤右衛門川と浦和競馬場調節池

【12b】上谷沼運動公園調節池

南区大谷場1丁目、川口市芝
藤右衛門川／河川調節池／公園
関風景AG09

AA 13 井沼方公園調整池（大間木調整池）a 大谷口公園多目的調整池b

井沼方公園、大谷口公園の調整池は周辺の宅地開発に対応して谷戸出口に設けられた一時貯留型施設であるが、共に見沼代用水西縁を潜り、川口市の柳根排水機場から芝川に排水される。井沼方公園は大間木調整池を含め、修景的配慮がなされている。大谷口公園は多目的利用のため片方ブロックは通常時には運動広場としての活用が図られているが、貯留池サイドは柵が設けられ、修景不十分で立ち入り禁止である。大谷口公園管理者は下水道管理課。

【13a】井沼方公園調整池

【13b】大谷口公園多目的調整池

緑区東浦和2丁目、南区大谷口
谷戸／多目的調整池／公園
100旧百景＃11

AA 14 芝川第1調節池(平常時)

緑区下山口新田、大牧

芝川／見沼田んぼ／河川調節池／ビオトープ／本多静六／市民活動

第一調節池は計画調節容量284万㎥（左岸200万㎥、右岸84万㎥）広さは約92ha（左岸63ha、右岸29ha）あり、「見沼の自然を子どもたちへ」を整備方針に、平時には水面が見られるよう調整され、冬の時期などには白鳥の飛来も確認されている。南西部には調節池の排水機場があるが、その脇に「本多静六博士の森」も造られ、地元ボランティアが下草刈りなどの活動をしている。

AA 15 芝川第1調節池(台風19号後の越流堤)

緑区下山口新田、大牧

芝川／見沼田んぼ／河川調節池

二〇一〇年度に左岸側の調節池が完成した。越流堤：高さ：4・65m、長さ93m。現在、右岸側の調節池の掘削工事が続いている。芝川改修計画では、一九五八年の狩野川台風の被害、一九六六年の大出水を契機に、新芝川の開削や調節池群による遊水機能の重視から、放水路、排水機場の整備や調整区域内の見沼田んぼにおける遊水機能の保全の施策が執られてきた。

AA 16 台風19号時の芝川左岸の農地(西山通り西側)

見沼区西山新田

芝川／見沼田んぼ／台風19号水害／遊水機能

関 風景AE01

芝川では二〇一九年の19号台風で上流側の第七調節池から、第一調節池まで越流が見られた。見沼区や緑区の田んぼでは『落とし川』芝川からの流れ込みで冠水状態が確認された。芝川の水位が下がるのを待つのは農業者にとっては辛いことだが、田んぼの役割は多大だ。これまで主として治水上の要請から土地利用が規制される中、営農者の犠牲によって首都近郊で最大の緑地は残されている。

AA 17 田んぼを土盛りした畑の冠水

緑区見沼

芝川／見沼田んぼ／台風19号水害／遊水機能

土盛りした畑等は芝川洪水位と同じくらいで、かろうじて冠水を免れたようだ。見沼田んぼは治水機能が優れていたため、一九六五年に見沼三原則が制定され、一九六九年の三原則補足により、田んぼに適さない土地利用箇所は県による公有地化が実施となった。しかし、一九九五年にこれらは廃止され、新たに「見沼田圃の保全・創造・活用の基本方針」が定められた。土地利用制限は多少緩んだ。

AA 18 芝川・加田屋川合流点付近の冠水状況

緑区南部領辻

芝川／加田屋川／見沼田んぼ／台風19号水害／遊水機能／井沢弥惣兵衛

合流点は確認できない。電線がある辺りが道路か。この風景は家光が伊奈忠治に造らせた灌漑用水池（見沼ため井）を想像させる。水深1m程度であろうか。現在見沼田んぼの土地利用は花卉や植木、畑作物などが中心で、吉宗が、井沢弥惣兵衛を起用して見沼ため井を干拓し、代わりに利根川から用水路（見沼代用水）を引き、見沼を田んぼとして生まれ変らせた状況からは様変わりしている。

AA 19 芝川左岸堤防から新都心を望む

緑区南部領辻　芝川／見沼田んぼ／台風19号水害／遊水機能／新都心遠望

100 旧百景#66

左側水面が芝川、右の水面が南部領辻辺りの田んぼ。写真を見ると芝川の水面と田んぼの水面が土手を挟んで同程度というのが分かる。農地は食料供給の場である外に、田園景観の形成、農業体験等を通じての情操教育の場となるなど、多面的な機能を有する。主として農家に協力を求めてきたこれまでの施策に代わり、都市住民も参加した「見沼田圃の保全・活用・創造」を図ることが課題となっている。

綾瀬川流域低地の大型開発

AA20 みそのウイングシティ

出典：さいたま市HP

緑区美園、岩槻区美園東
綾瀬川低地／副都心開発

「美園地区」は、二〇〇一年3月開業の埼玉高速鉄道線「浦和美園駅」を中心に、大規模な都市開発が進むエリア。“市の副都心”の一つとして、同駅や二〇〇二FIFAワールドカップに向け二〇〇一年10月に開場した「埼玉スタジアム２〇〇２公園」を囲みながら、二〇〇〇年度以降、総面積約320ha、計画人口約32000人の土地区画整理事業を核とした新たな都市拠点づくりが進行中。

AA21 浦和美園駅近くの高層マンション群

緑区美園4丁目
綾瀬川低地／副都心開発／民間マンション開発／

一見しただけでも綾瀬川の堤防は低い。二〇二〇年8月28日の「宅地建物取引業法施行規則の一部改正」に伴い、「洪水ハザードマップ」は不動産取引時において説明が必須となったが、兎に角かかる低地は水害対策になる建物が良い。高層住宅なら洪水時の一時避難場所にもなる。ただし、大地震への対応では軟弱地盤も心配だ。住棟間のジョイント部や杭の強度は心配だし、地盤の液状化も確認したい。

AA22 治水地形分類図（浦和）から見る美園地区

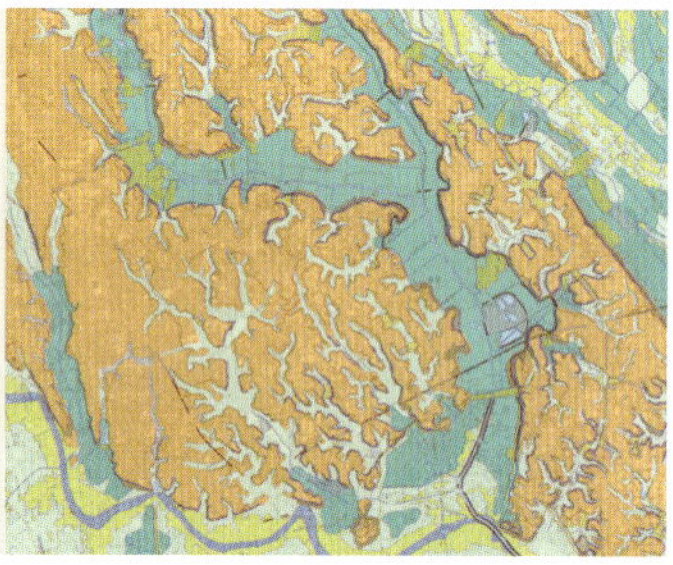

緑区美園、岩槻区美園東
綾瀬川低地／安行支台東端

美園地区は地図右端の東側崖線に沿った低地にある。この低地より東の綾瀬川左岸には利根川水系綾瀬川（元荒川等）が造った自然堤防がある。綾瀬川流域はさいたま市内では一番の低地であるため、水害の危険は予測の上での開発である。標高は右岸大門下池調節池周辺で4・6m、左岸の釣上新田地区3・7mだ。どのくらいの冗長性をもって氾濫防止を図るかは大きなテーマであったのではと思う。

AA23 大門上池調節池（綾瀬川右岸）

緑区美園2丁目
綾瀬川／河川調節池／副都心開発
関風景CD19

埼スタ２〇〇２前の大門上池調節池には平時利用できる底面広場が設けられた。二〇一九年10月に発生した台風19号の際はこの調整池と埼玉スタジアム２〇〇２の北駐車場は満水となったが、美園地区では水害が発生することはなかった。しかし、水害から地域を守るためには、雨水が一気に川へ流れ込むのを防ぐ流域対策も必要視される。大門上池調節池56・5万㎥　二〇二一年度完成。

AA24 新和西調節池（岩槻南部新和西地区・綾瀬川左岸）

岩槻区尾ヶ崎新田
綾瀬川／河川調節池／副都心開発

一九九一年9月19日の台風18号による市内の浸水実績を見ると、鴨川水系、芝川水系、綾瀬川水系、古隅田川水系に浸水箇所が多い。言わば、市内主要河川全域で内水による浸水が起きた。綾瀬川左岸の「新和西上調整池」の工事では、工場排水や生活排水による土壌汚染の問題も抱える中、最期に深い湿地帯の開発が進められた。新和西上池調節池21・4万㎥　二〇二一年度完成。

AA25 大門下池調節池（綾瀬川右岸）

緑区美園6丁目
綾瀬川／河川調節池／副都心開発

綾瀬川に並行して流れていた伝右川はこの調節池と上流側東北自動車道間は埋め立てられた。右岸にある大門下池調節池では、綾瀬川から越流した水を揚水ポンプで川口市側の伝右川へ排水している。伝右川は綾瀬川とほぼ並行して直線で流下し、下流の草加市で綾瀬川と合流する。伝右川からの排水で、この調節池下流域での氾濫防止に寄与している。大門下池調節池36・9万㎥　二〇二一年度完成。

■残された課題解決に向けて・岩槻区内内水氾濫

AA26 上院調節池a・東岩槻北口商店街浸水状況b

岩槻区では19号台風で古隅田川上流の東岩槻北口地区が広く浸水した。上院調節池水面が古隅田川と同じようだ。調節池下流側にある準用河川上院川からの水流が強く、合流点で、バックウォーターが起きていたかもしれない。古隅田川改修計画では将来、一〇〇年に1度の雨（355㎜／48hr）対応となっている。上院調節池面積7・5ha、計画調節容量20万㎥

【26a】上院調節池

【26b】岩槻区東岩槻

岩槻区徳力、東岩槻　古隅田川／台風19号水害／内水氾濫
関風景AC18

AA27 岩槻区加倉地区の浸水状況

綾瀬川左岸にある加倉地区は谷戸地で、下流への排水が不十分と推察される。それは本町、東町周辺からの排水の水圧が原因かもしれない。合流圧力差で排水が阻害されている。市内他地区でも合流部の改修等が必要な所がある。国土地理院の治水地形図を見ると加倉地区の谷戸は綾瀬川左岸の後背湿地につながっており、この湿地の浸水状況によっても水は下流へ流れにくい。

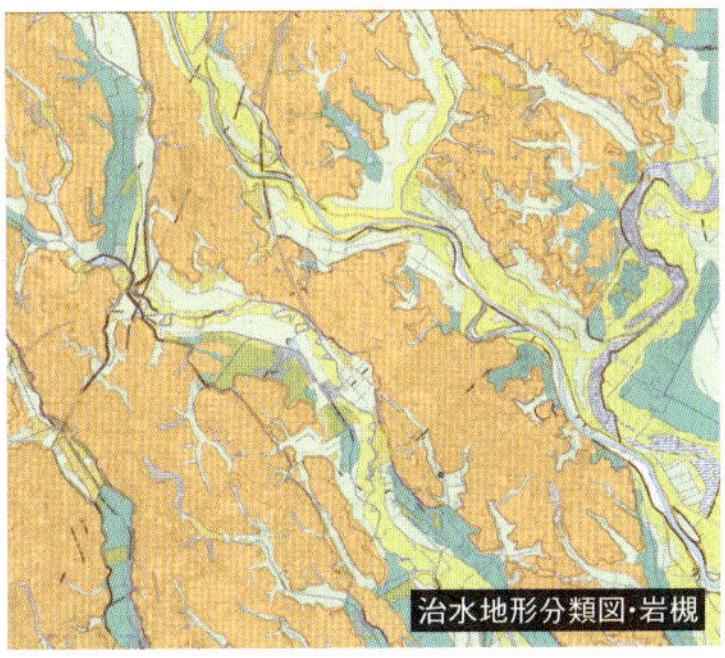
治水地形分類図・岩槻

岩槻区加倉地区の浸水状況

岩槻区加倉
谷戸／台風19号水害／内水氾濫

■残された課題解決に向けて・残された「遺産」の活用等

AA28 七里総合公園多目的広場a・びん沼川調節池(旧荒川河道)b

加田屋川を跨いだ公園は焼却灰の最終処分場を含んだ環境再生事業として造成された。右岸中央に越水貯留の多目的広場がある。公園として修景池や散策路も造られた。びん沼川（旧荒川河道）調節池水門は災害対策事業で新河岸川放水路と同時に設置された。近くには荒川改修で尽力された斎藤祐美（治水翁）の墓所である薬師堂がある。水門近くには水塚の家もある。

【28a】七里総合公園多目的広場

【28b】びん沼川調節池水門

見沼区大谷・膝子、西区飯田新田
加田屋川／びん沼川／河川調節池／ごみ処分場再生／治水翁・斎藤祐美

AA29 滝沼川挟み土手滝沼川排水機場

滝沼川は以前、足立新秩父札所である福寿庵のところから荒川・宝来樋管方面に流れていた。度重なる氾濫で水争いの結果、地域で一番低地であるところに明治期に挟み土手造成が土屋古堤まで行われた。現在では、流域開発に伴い滝沼川上流部に調節池が造られたが、滝沼排水機場から荒川へ排水が出来ない時、滝沼第2遊水地の多目的グラウンド等も水没する時がある。

滝沼川挟み土手

平時には排水機場右側の樋門から排水

西区宝来
滝沼川／排水機場／水争い

大久保浄水場

秋ヶ瀬取水堰

AB 水利用を支える仕組みの風景

A 水と地形に関わる風景

近代的な水利用の先駆け

江戸時代の川の治水事業はさいたま市の土地の姿を決定づけたが、治水と両立させつつ灌漑用水路整備と水田開発が行われた。台地の絞り水によるかつての摘田に代わる近世以降の農業技術の成果の名残が今でも見沼田んぼ地域に見られる。その農業開発も大消費地江戸に向けた食料増産のためであり、大正以降の近代的治水整備も併せて、さいたまの水の風景は東京の安全、生活、食料を提供するバックヤード地域を象徴するものである。

今は高台の家並みや斜面林に縁取られた低地に広がる農地と洪水調節地の風景だが、東縁・西縁の用水路が芝川や谷戸を流れ下る様々な水路と立体交差する多くの場所がある。かつての掛樋や伏越は姿を変えているが、往時の農業技術に興味を掻き立てられる場所である。

高度経済成長期以降の水供給の努力の痕跡

さいたま市の立地する首都圏では現在も水需要の高さに対して供給の不安定さに悩まされ、主に利根川と荒川に依存している。その9割はダムで開発された水である。

川の近代改修以降、さいたまでの水利用を巡る一大事は、利根導水路事業と、埼玉合口（ごうぐち）二期事業であった。高度経済成長期の首都の恒常的な水不足を解消することを第一に、利根川での農業用取水施設の統合、隅田川の浄化も兼ねた大事業である。秋ヶ瀬取水堰、末田須賀堰、見沼代用水の水路機能回復、天沼揚水機場はさいたま市の利水事業のシンボルである。需要が減った農業用水を都市用水に転用、利根川の水はまず武蔵水路から、さいたま市では見沼代用水西縁から天沼揚水機場を通じて荒川へと送水された。秋ヶ瀬取水堰で堰き止めた利根川と荒川の水は、朝霞浄水場から東京へ、大久保浄水場から埼玉側へ配水。利根川と荒川の水がさいたま市を巡るようになったのである。

見沼代用水の護岸等のコンクリート化では、歴史ある農業遺産の原風景を保存すべきとの論議も巻き起こった。利水事業は見沼田んぼの自然環境や景観を守る活動の1つのきっかけともなった。

治水のシンボル荒川と農業利水のシンボル元荒川

このように利水の大きな仕掛けができたとはいえ、荒川は古くから大治水事業の舞台であった。一方、元荒川は農業利水のシンボルであり、末田須賀堰がその拠点である。ルーツは江戸時代からあった竹洗堰で、溜井から多くの村々の田んぼに水を配った利水施設の大先達である。春に水門

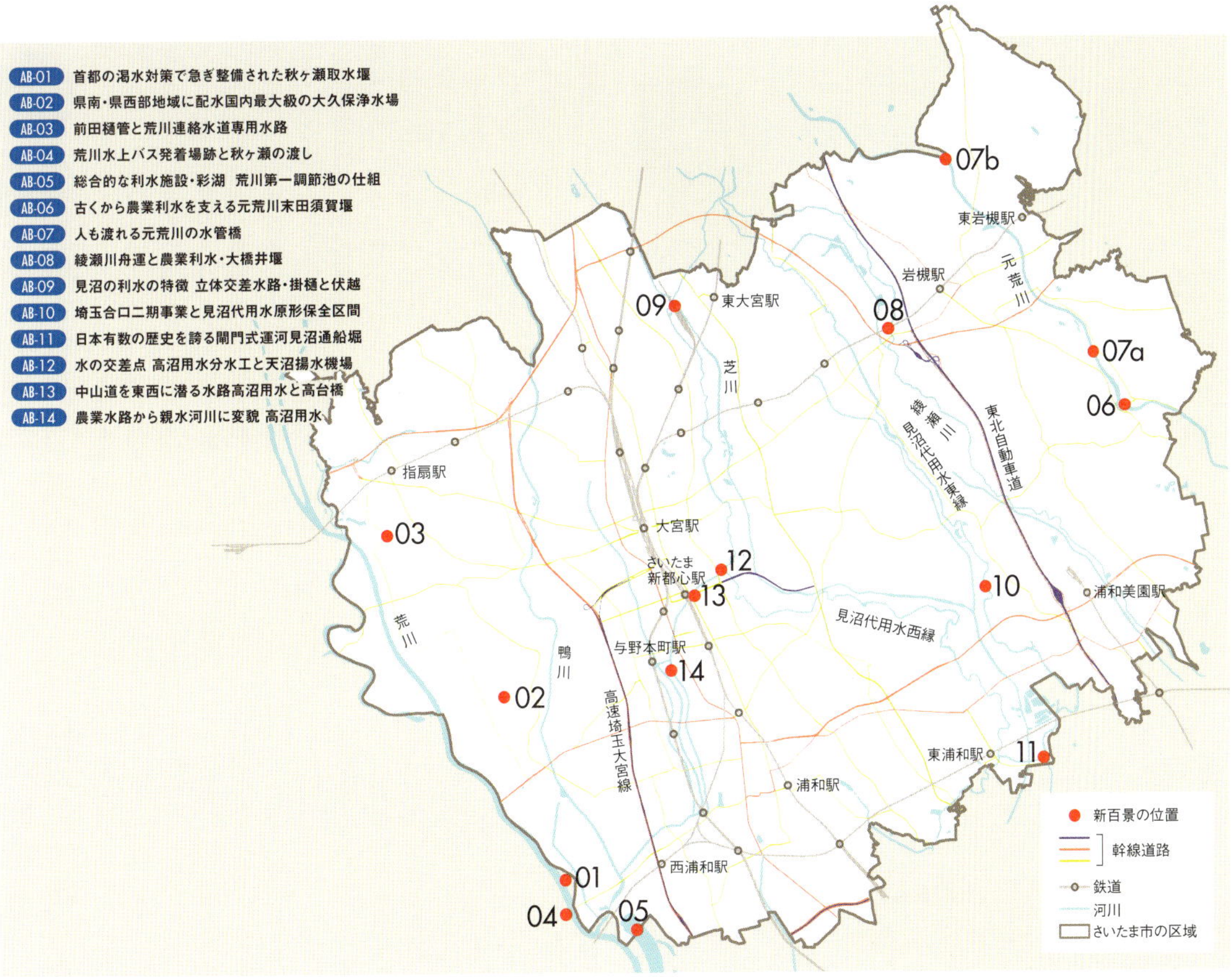

参考資料　さいたま市での利水に関わる河川・用水施設の変遷

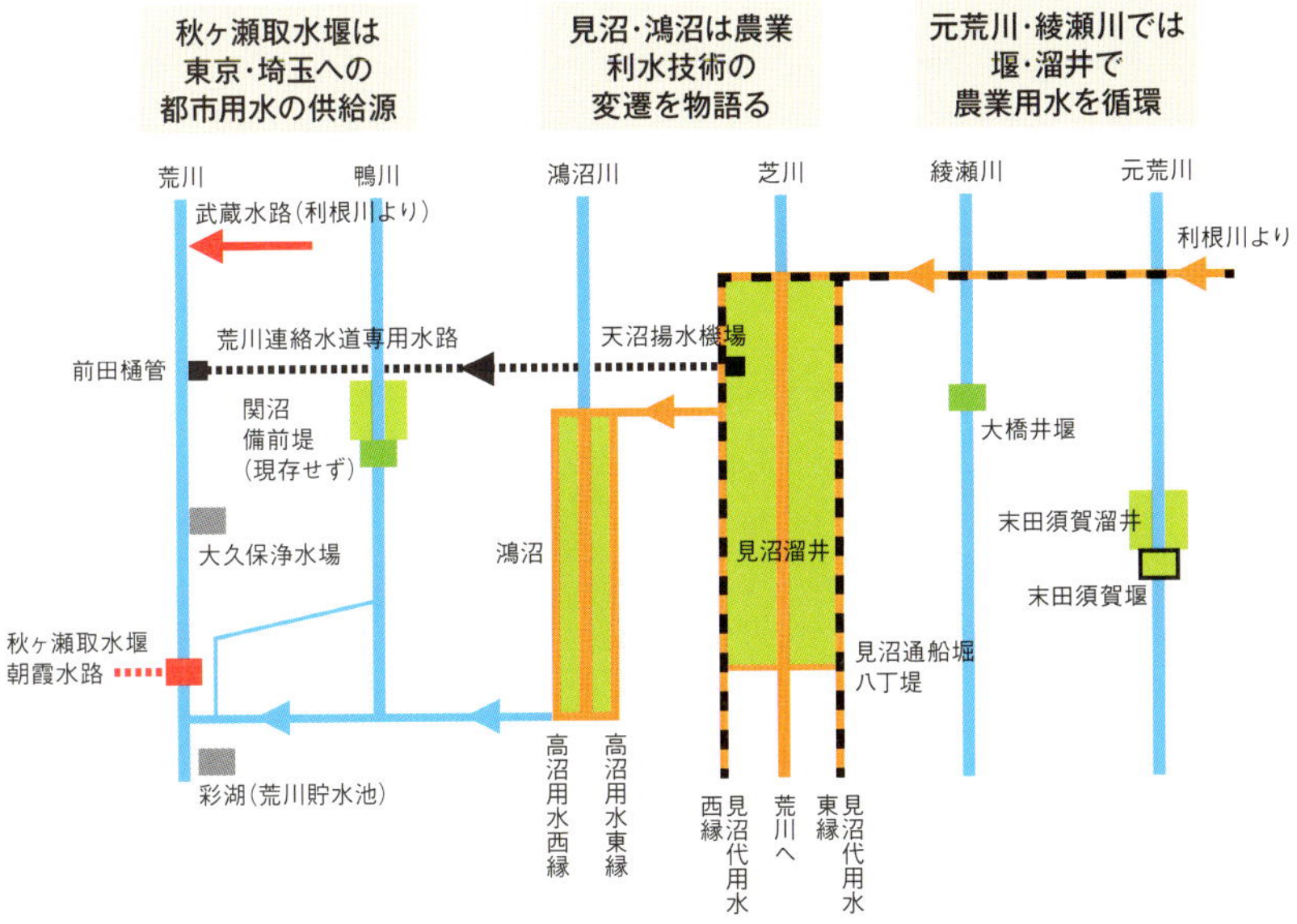

江戸時代の農業技術の変遷

薄緑 溜井　緑 取水堰

※伊奈氏による治水技術（関東流・江戸初〜中期）を伝える施設

橙 灌漑用水路・排水路

※井沢弥惣兵衛による治水技術（紀州流・江戸中期以降）を伝える施設
見沼代用水・高沼用水

利根川の水を荒川に流し水需要に応える

赤 利根導水路事業（1962-1968）施設

利根川での農業用取水施設の統合、1960年代の首都圏の水不足解消を目指した事業
武蔵水路・秋ヶ瀬取水堰・朝霞水路

黒 埼玉合口二期事業（1978-1994）施設

需要の減少した農業用水を都市用水に転用する目的で、主に見沼代用水路を改修
見沼代用水路改修・末田須賀堰改修・天沼揚水機場・荒川連絡水道専用水路と樋管

を閉めて湛水するとかつての溜井の風景が今に蘇るようである。

　土木構造物は当初は自然を改変してしまうが、地域のための利水機能を長い年月をかけ維持する中で、その施設ありきの自然や風景が形成されるのだろう。堰の近くには広場や桜並木も整備され、第六天神社とも遊歩道で繋がる。またキタミソウの保全、和船まつりなど様々な活動の舞台となっている。水辺の多面的活用という点でも、見所の多い風景資源である。

■荒川の利水

AB01 首都の渇水対策で急ぎ整備された秋ヶ瀬取水堰

急激に人口が増えた首都東京では一九六〇年頃より異常気象のため渇水に悩まされていたが、東京オリンピックは戦後復興を海外に示す契機として首都圏のインフラ大改造が意図され、大渇水解消のため利根導水路事業が行われた。首都は水供給には不安定な多摩川に依存していたが、同様に不安定な荒川に利根川の水を導水し、秋ヶ瀬で堰き止めた水を東京埼玉で利用する計画だった。一九六二年に水資源開発公団が設立、一九六三年に工事が始まった。武蔵水路は間に合わなかったが、秋ヶ瀬取水堰は左岸浦和側に蛇行する荒川をショートカットする水路を掘削し、そこに堰を陸上施工するという技で工期を短縮し、オリンピック1ヶ月前に竣工した。堰からの取水利用の内訳は東京水道局が43％、隅田川浄化用に36％、埼玉県の浄水用に18％となっている。

秋ヶ瀬取水堰と宗岡取水口（志木市より下流側を見る）

志木市宗岡
荒川／水供給／高度成長期

AB02 県南・県西部地域に配水 国内最大級の大久保浄水場

地下水汲み上げによる地盤沈下を防ぐため一九六四年に建設開始、一九六八年から給水を開始。埼玉県南、県西部地域に水道水・工業用水を配水する国内最大級の浄水場。建設当時、首都の慢性的な水不足に対応するため、利根導水路事業や埼玉合口二期事業が行われ、利根川の水を引き込んだ荒川の水を水源として活用している。所沢など荒川より西方へは地下送水管で給水。さいたま市の水道は大久保浄水場と庄和浄水場からの県営水道からが約9割、残りが自己水源の地下水である。現在、大久保浄水場ではオゾンや生物活性炭処理を用いた高度浄水処理施設の二〇二八年完成を目指し大規模な建設工事が行われている。生活排水問題の改善で河川の水質は良くなったとされるが、藍藻類の増殖による水道水のカビ臭や、基準の70％の濃度が検出されたトリハロメタン問題への対応である。

高度浄水処理施設整備の進む大久保浄水場

桜区宿
荒川／水供給／高度成長期
旧百景＃71

AB03 前田樋管と荒川連絡水道専用水路

西区西遊馬
荒川／水供給／合口二期事業
関風景ＡＢ12

前田樋管、荒川連絡水道専用水路と横堤

西遊馬公園の南、馬宮の横堤が荒川の堤防から直角に伸び、並行して南を流れるのが荒川連絡水道専用水路である。この水路は、埼玉合口二期事業により、利根川の水を荒川に導水する武蔵水路を補完する形で見沼代用水西縁から水を引いたもので、堤防に設置された前田樋管が繋ぐ水路より荒川へと流入する。その水は大久保浄水場や朝霞浄水場を通じて埼玉、東京の都市用水となる。

AB04 荒川水上バス発着場跡と秋ヶ瀬の渡し

志木市下宗岡
荒川／舟運

荒川水上バス発着場跡付近から見る秋ヶ瀬取水堰

かつて秋ヶ瀬橋のたもとには志木街道を繋ぐ秋ヶ瀬の渡しがあった。その歴史を引き継ぐかのように橋の右岸側（志木市宗岡）には二〇〇三年に廃止された荒川水上バスの発着場があった。秋ヶ瀬から葛西臨海公園までを一日一往復、片道3時間弱の船旅は当時、日本一長い河川航路だった。埼玉県職員の運動場の脇が水上バス船着き場の跡であろうが、水際に寄れば秋ヶ瀬橋の向こうに秋ヶ瀬取水堰を望める。

■荒川の利水

AB05 総合的な利水施設・彩湖 荒川第一調節池の仕組

二〇〇三年に完成した荒川第一調節池には、治水機能のほか、さくらそう自生地の保全を考えた環境調整、また利根導水路事業以来の利水機能を補完する仕組みが整備されている。荒川に十分な水量があれば彩湖に貯水し、水が不足すると貯めた水を秋ヶ瀬取水堰上流に補給する。同時に堰付近の河川水質と同等程度にした下水処理水を堰下流から放流し荒川の水量（水位）を維持している。戸田市の浄化施設にも支えられ荒川は第一調節池によって環境を維持する水量が提供され、より総合的な利水の場となった。

彩湖と流入堤・貯水池機場・さくらそう水門

南区堤外、他
荒川／河川調節池／水供給
関風景CD17

■岩槻エリアの農業利水

AB06 古くから農業利水を支える元荒川末田須賀堰

末田須賀堰は元荒川の農業用取水堰だがその歴史は古く一六〇〇年ころに竹洗堰が造られたという。竹製の籠に石を詰めたものを積み上げて川を堰き止め（末田須賀溜井）嵩上げした水を周囲の水田に配る。この堰の上流にもいくつか堰があるが、用水で配られた水が水田を経て再び元荒川に落ち、それが下流で堰き止められて再び水田に配され、という流れは、関東流ならではの水のリサイクルの仕組みである。一方で堰き止める高さについて上流側は排水不良や氾濫を恐れ、下流側は貯留量と灌漑範囲を大きくとりたいため争いが絶えず、一七五〇年の石堰への改修の際、設置された堤高を定めた御定め杭（石の定杭）が今も下流に併設された永代橋の橋詰付近に残されている。杭には「此定杭ヨリ石堰上端迄八尺五寸下リ」とある。

末田須賀堰付近の御定杭

岩槻区末田、新方須賀
元荒川／農業用水堰／水争い
関風景BE05 100旧百景＃18

AB07 人も渡れる元荒川の水管橋

[a]赤いアーチの大野島水管橋

岩槻区大野島、掛
元荒川／水供給／田園風景

末田須賀堰の上流、のどかな風景の中、大野島水管橋aの赤いアーチ橋が見える。歩いて渡れるこの橋の水は、庄和浄水場から来て東から西へと流れる。上流の元荒川水管橋bも同様、市内で渡れる水管橋は珍しい。場所も古道・奥州道に由来し渡し場もあったらしい。たもとの道標の字は「宝永三年　みぎぢおんじ道」とのこと。左岸東の背後には旧流路沿いに発達した自然堤防（金山堤）を縁取る樹林が連なる。

AB08 綾瀬川舟運と農業利水・大橋井堰

綾瀬川と大橋井堰

岩槻区加倉2・3丁目
綾瀬川／農業用水堰／御成道
関風景BE06

現在も堰としては綾瀬川に残る唯一の取水堰で左岸に農業用水を配水している。大橋は江戸時代からの古い橋で将軍の通り道として御成橋とも言われていた。左岸には明治以降に成立したと思われる加倉河岸（新河岸）がある。大正時代には5トンの発動機船綾瀬丸も登場し、この辺りは東京と舟運で結ばれていた。

■ 見沼田んぼエリアの利水

AB 09 見沼の利水の特徴 立体交差水路・掛樋と伏越

農業用水を利根川から引いてきた見沼代用水。田への水の供給に高低差を利用するため、河川を各所で跨いだり（掛樋）、潜ったり（伏越）した。元荒川との交差は柴山伏越（白岡市・蓮田市）、綾瀬川との交差は瓦葺掛樋（蓮田市・上尾市、一九六一年に伏越に改修）である。瓦葺掛樋をわたり東西に分岐した代用水は台地縁のやや高い位置を蛇行し流れているが、所々で谷戸を横切る際、流れ下る水路の多くが伏越で立体交差した。西縁は市内に流れ込むと低地に至り、土盛りの堤防で流れる用水を芝川が伏越となって潜った。藤右衛門川はかつて西縁の下を通っていたが、ボトルネック氾濫の対策のため逆に西縁が伏越となった。水路の交差や木製から煉瓦と構造物の遍歴があって面白い場所であるが、近代的な煉瓦造の遺構は残骸を除き残っておらず、多くは歴史的な風景の場としてあまり認識されていないようだ。

見沼伏越場・見沼代用水西縁と芝川の交差地点

見沼区東大宮3丁目
芝川／見沼代用水／掛樋・伏越

AB 10 埼玉合口《ごうぐち》二期事業と見沼代用水原形保全区間

見沼での埼玉合口二期事業は、見沼代用水の農業利水としての需要減を契機に、都市用水に転換する事業である。天沼揚水機場から荒川に通水する一方、コンクリート護岸や一部修景護岸に改修する事業により漏水を減らして農業利水の効率を増し余剰水を都市用水とする目論見だ。見沼田んぼの原風景を保全すべきとの地域の運動もあって、最後に残された素掘り1・1kmのうち、下流側四五〇mは一部板柵で補修した素掘りで残し、上流の六五〇mは修景護岸と生態系に配慮した水抜きパイプ、冬期の魚類生息を考慮した深みと魚巣ブロックを設置、底面が土のままの区間が残された。この区間は昔のように台地斜面からの湧水が浸透して低地の生き物の生息地に供給され、真の意味での代用水の原風景として原形保全区間と呼ばれている。

見沼代用水原形保全区間とさいたま緑のトラスト保全第1号地

緑区南部領辻　見沼代用水／合口二期事業／緑のトラスト保全地／ビオトープ
関風景AC16、AF17

AB 11 日本有数の歴史を誇る閘門式運河見沼通船堀

灌漑目的で建造された見沼代用水だが、完成してから3年後に同じく井沢弥惣兵衛によって、芝川と運河で結ばれた。見沼通船堀は年貢米を江戸に運ぶ舟運水路として地元の要請に応えて建造された。代用水と芝川の3mの高低差を結ぶ閘門式運河で日本でも有数の古さである（現存するより古いものが2基）。水路底の木樋の残骸のみだったものを、現在、国指定史跡として堤塘、関、川底を再整備して蘇らせ、閘門開閉実演などの活用も行われている。農業用水の利用期間が終わる頃、通船が始まると東縁と西縁は通船堀との接続部で仮締切を設け、より低い芝川に水を流す。芝川の東側三九〇m、西側六五〇mのそれぞれの堀に2つの関が設けられ、それらの開閉により水位調整し、船を通した。一の関と二の関の間（閘室）には幅広の船溜まりがあり、そこで船がすれ違うことができた。

見沼通船堀東縁・一の関から二の関へ

緑区大間木、下山口新田　見沼代用水／舟運／国指定史跡／井沢弥惣兵衛／歴史的景観再現
関風景BD02、CC09　100旧百景＃21

AB12 水の交差点 高沼用水分水工と天沼揚水機場

さいたま新都心駅東口のコクーンの南側を通る高沼遊歩道の地下を高沼用水が流れている。これは北東方向の見沼代用水西縁から分岐して流れてきたものである。井沢弥惣兵衛が見沼干拓に続いて鴻沼干拓を行った際利根川の水を西に送るために開削した水路である。分岐点から西縁を北上するとすぐに水門のある橋を渡る。ここから引いた水を天沼揚水機場は荒川にトンネルで水を送るが、これは埼玉合口二期事業で、見沼を経て利根川の水を大久保浄水場や朝霞浄水場に送るための仕掛けである。少し芝川の方に目を向ければ、市の下水処理センターがあり、集めた下水を浄化し芝川に放流している。芝川の脇には環境学習のための見沼見聞館とビオトープがあるが、この付近は河川から下水処理まで水利用の様々な施設が集中する場所だ。

高沼分水工　見沼代用水西縁から分岐する高沼導水路

大宮区北袋2丁目、浦和区大原５丁目　見沼代用水／高沼用水／井沢弥惣兵衛／合口二期事業／水供給
関風景AB04

AB13 中山道を東西に潜る水路 高沼用水と高台橋

見沼代用水西縁からは高沼用水が台地をまたいで西側にまで続いているが、高台のやや低い箇所を最短で結んだのだろう。高沼導水路は中山道の東西を水路で結んだ井沢弥惣兵衛の灌漑農業事業の遺構である。新都心駅付近は暗渠化され一部は遊歩道にもなっているが、明治の地図を見れば、水位の点で台地を横切る深い掘り込み水路が中山道を直角にまっすぐ横切っている様子がわかる。中山道と交差する箇所には煉瓦造の高台橋が残っているが、新都心の駅から垣間見られる程度で、歴史的な遺産の扱いはなされていない。

明治期の高沼用水と高台橋（明治前期フランス式彩色地図より）

新都心駅から見える現在の高台橋

大宮区北袋町1丁目
高沼用水／旧中仙道／煉瓦造／井沢弥惣兵衛
関風景AD10、BE09

AB14 農業水路から親水河川に変貌 高沼用水

高沼用水は鴻沼干拓のため井沢弥惣兵衛により開削された。見沼から鴻沼までの水筋は大宮台地を谷戸筋から効率的に掘り割りで通していたが、現在は北袋町から下落合小学校付近まで地下を通り抜ける。流路は与野本町駅の東側、たつみ通り付近で東縁、西縁に分岐する。見沼代用水と違い街なかの住宅地を通り抜け市民生活と近い存在感のある水路である。灌漑農業用水の使命を終え、市街地の雨水を流す親水機能をもった排水河川として改修整備されている。住民の要望を踏まえながら極力、柵で囲わずに親水護岸とし、かつての板柵の風景は失われたが草本で覆われる時期には農業用水路らしい風景となる。東縁では台地側に斜面林も残り、低地部が調整区域でもあるため、畑なども点在し、与野中央公園や大戸公園など水路を挟んで住宅地と近接し子供たちが水辺で遊んでいる姿がよく見られる。

与野中央公園の脇を流れる高沼用水東縁

中央区新中里4丁目
高沼用水／井沢弥惣兵衛

AC 水に親しむ風景

赤坂沼

東宮下親水公園

桜環境センター・ビオトープ

本来、さいたま市はウェットランドであった。荒川、鴨川、鴻沼川、芝川、見沼田んぼ、綾瀬川、元荒川と、概ね南北方向に河川がはしり、人々の生活は水辺と共にあった。

しかし、戦後高度成長期以降の都市化によって、ウェットランドだったさいたま市は、どんどん乾燥化している。田んぼを中心とした農業から離れ、生活の中で水辺利用の必然性がなくなり、都市型の生活を送る人が増加したことで、水辺との接し方を知らない人が増加した。結果、水辺＝危険という理由から、柵やフェンスで人と水辺を遠ざけてしまっている。特に川はその結果、川が汚れ、臭くなり、蓋をするようになり、水辺（河川）は地下へと姿を消していった。

もう一つのさいたまの大きな水辺の要素である田んぼ（用排水路を含む）は、次々と埋め立てられ、姿を消している。田んぼとして維持されている場合も、生産のために排水管が敷設されるなどして、冬場は完全に乾燥するようになっている。特に、水がひたひた状態のような湿地や沼は、市内では皆無と言って良いほど、無くなっている。

一方で、水辺と人が隔離されて久しくなったことで、人々からは水辺を求める声が出てきて、さまざまな整備が行われている。水辺の生態系を再生する取り組みとして、河川調節池や遊水地でのビオトープの整備、親水公園の整備、また、河川等の水辺に近づき親しむための、さまざまな活動も行われつつある。

水に親しむための様々な整備やアクティビティは、現代人が水と共にあることを思い出すための第一歩であり、忘れてしまった大切なことを思い出すための、リハビリのようなものなのかもしれない。

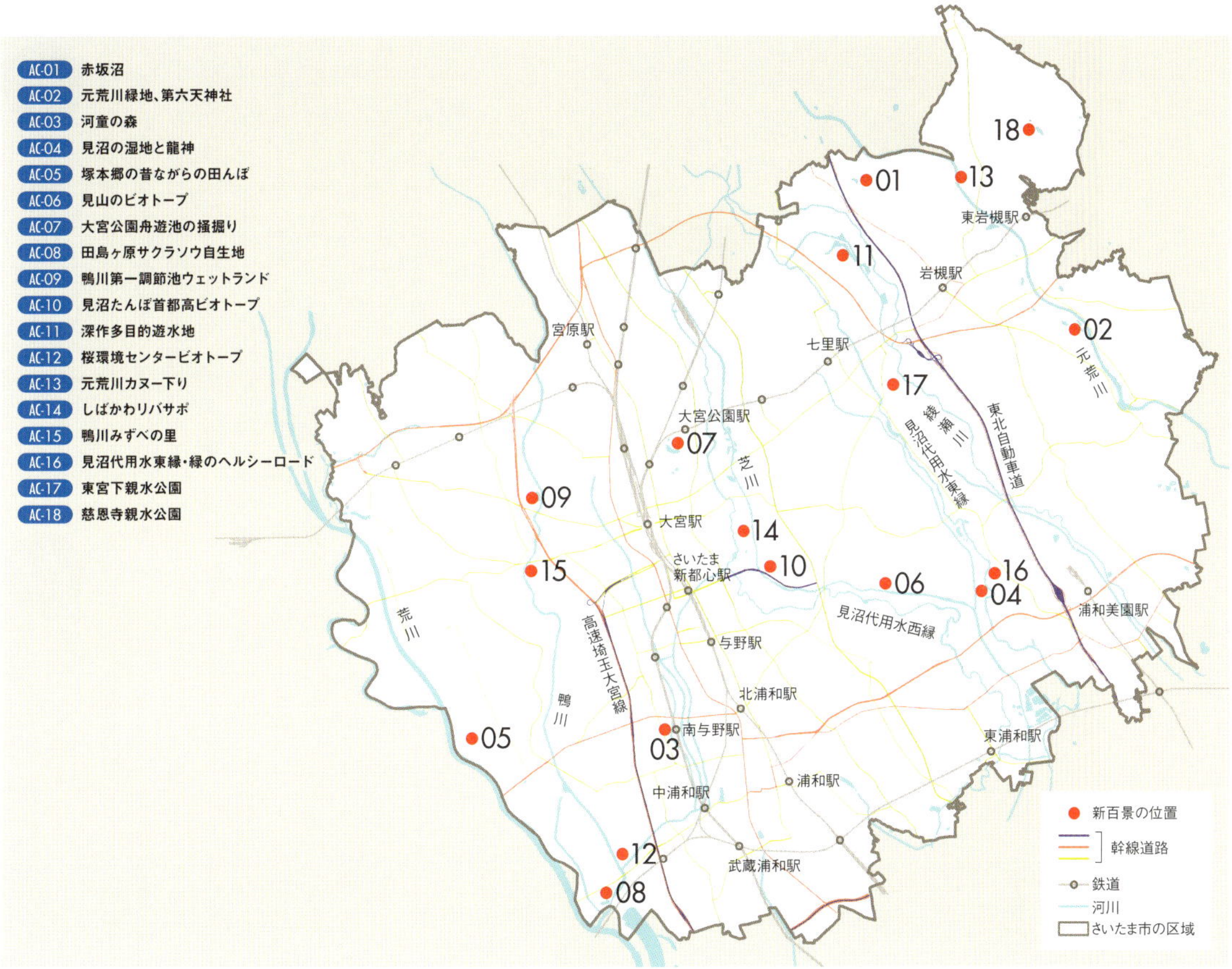

参考資料 さいたま市での治水・利水・親水連関図

■元々の水辺に近い環境／元々の水辺に近づける活動

AC 01 赤坂沼

元荒川右岸の氾濫原にひっそりと残されたような赤坂沼。周囲を湿地で囲まれ、かつて平林寺があった台地からの湧き水が沼にもたらされているのだろう。夏には睡蓮の花がびっしりと繁り、ヒシの類も見られる。一年を通してマツモ等の植物やカワセミ等の野鳥観測が行える。少なくなったトンボやカエルなども見られ、昔ながらの水辺環境として残していきたいところだ。近くの河合小学校の子供たちが自然観察を続けている。

岩槻区平林寺
元荒川／田園景観
旧百景＃03

AC 02 元荒川緑地 第六天神社

元荒川右岸の村国地区にある。多種類の野鳥、チョウジソウ、ノウルシ等の希少植物、ミドリシジミはじめ多様な昆虫、動物が生息し、豊かな生態系を持ち、多くの自然観察者や散策の人が訪れる。面積約14haのうち、さいたま市が4・4haを買い上げ、緑地公園を計画中だ。この豊かな緑地環境を保全していきたい。1・5km下流の左岸側に第六天神社。4月に末田須賀堰が締め切られると、神社の前は満々と水が湛えられた元荒川になる。そして9月に堰が開かれると、キタミソウが自生する広々とした河川敷が現れる。季節によって全く様相が変わる水環境だ。

元荒川から見た元荒川緑地

岩槻区村国、大戸
元荒川／河川景観
関風景ＡＢ06
旧百景＃18

AC 03 河童の森

新幹線・埼京線の高架と、高沼用水西縁の間にある環境空間に、市民の手によって作られた森が、河童の森だ。そのきっかけは、素掘りのまま残されていた高沼用水。木杭などによる用水路の護岸や用水路に張り出したウッドデッキ、橋造りなど市民の手による土木工事を行うとともに、水辺での運動会や用水沿いの調査やウォーキングイベントなどを開催し、忘れられた水辺へと人々を誘った。これらの活動を元に、二〇〇三年に行政と協議の上でトンボ池を整備したことを皮切りに、二〇〇六年に隣接する環境空間に植樹を行い、今では立派な森へと成長している。

森と呼べる緑地へと成長した河童の森

中央区鈴谷1丁目
高沼用水／市民活動
旧百景＃23

AC 04 見沼の湿地と龍神

緑のトラスト1号地の代用水東縁の西側湿地に茅でつくられた「龍神・マルコ」全長20mが棲んでいる。少し離れた左側には全長80mの「龍神・彩」と名付けられた龍もこの湿地帯にうねっている。ここはNPO法人エコ．エコの活動拠点である。生物多様性が保たれる環境を広げる事を目的に、見沼田んぼで環境保全活動をしている。湿地の保全のために刈り取った茅（ヨシやススキ、オギ）を燃やさずに、生物多様性のシンボルとして「見沼の龍伝説」を具現化し、この地を見守っている。

「龍神・マルコ」全長20m

緑区南部領辻
見沼田んぼ／ビオトープ／NPO活動
関風景ＡＣ16

■元々の水辺に近い環境／元々の水辺に近づける活動

AC 05 塚本郷の昔ながらの田んぼ

桜区の大久保浄水場の南西側、荒川の堤防の向こう側に広がるのが、塚本郷の田んぼ。さいたま市内の田んぼの多くは、田んぼを四角くして拡げ、大型の機械で効率よく稲作ができるよう「ほ場整備」を実施している。一方、塚本田んぼではほ場整備が行われたことはなく、畦は緩やかな弧を描き、L字型、三角形、凸型など、さまざまな形をした小さな田んぼが一面に連なる。ここでは、今も魚や貝などが田んぼと川を行き来し、さまざまな湿性植物が畦やその周辺に顔を出す。春、稲作の準備が始まり田んぼに水が入ると、一面に美しい水面が現れる。

桜区塚本
荒川堤外地／水田景観
関風景ＡＦ05

AC 06 見山のビオトープ

見山にある「水のフォルムの里山」から雨水が道路を潜って湧いてくる田んぼに「ビオトープ」の復活を仕掛けたのは二〇二〇年頃……人力による田んぼの土を少しずつ掘り上げた。毎年メダカやカモ、アオサギ等、生き物たちの休憩地になり、子供達には格好の生き物の学習地で大変喜ばれている。二〇二四年稲刈りを終えた田んぼの一角はビオトープの輪郭がはっきりしてきた。ハンノキも大きくなり、水を貯えたビオトープにカモが泳ぎ、田の畔には彼岸花が咲く、その遠方に市民病院が望める緑豊かな景観である。

2024年ビオトープの輪郭がはっきりしてきた

見沼区見山
見沼田んぼ／ビオトープ／ＮＰＯ活動
関風景ＡＥ01

AC 07 大宮公園舟遊池の掻掘り

大宮公園舟遊池は近年水質が悪化、二〇一〇年から一一年にかけて掻掘りが行われた。底泥の干し上げと外来魚を除去してから水を入れたら、沼底に眠っていたヒメガマが芽を吹き池の半分を覆った。カイツブリも営巣したが、元の何もない池がいいという市民の声もあり、すべて除去された。水質悪化は止まらず、二〇二二年から二三年に再び掻掘りを実施。今回は水草やさまざまな生物が生息する水辺環境の再生を目指し、市民参加による継続的な取組みを目指している。

ボランティアが参加して行った、2022年の掻掘り

2011年の掻掘り後に芽吹いたヒメガマ

大宮区高鼻町4丁目　見沼の谷戸／大宮公園/市民活動
関風景AG03　100旧百景＃13

AC 08 田島ケ原サクラソウ自生地

サクラソウは、サクラソウ科の多年生宿根で、比較的高緯度地方や火山性の泥性土壌、地下水面が高く豊富な地域で、自生する草木である。江戸時代には、荒川下流域には何ヵ所もの自生地があったが、食糧難による開墾、外来植物の浸食、土壌の乾燥化、園芸植物としての盗掘などで一気に減少した。このため大正9年に国の天然記念物になり、昭和27年には、特別天然記念物に昇格して保護された。近年、地球温暖化により開花が早まり、桜祭りかサクラソウ祭りか分らなくなって、新たな課題が現出した。

桜区関
荒川堤外地／天然記念物（サクラソウ）
関風景ＡＡ02
100旧百景＃41

水辺の生態系を再生する取り組み／ビオトープ

AC09 鴨川第一調節池ウエットランド

鴨川の氾濫抑制のための調節池の造成に併せて設けられたのが、鴨川第一調節池ウェットランド。造成された一九九一年は、国でも三面をコンクリートで固める川づくりからの転換が検討されていた時期で、県としても自然環境を考慮した初めての取り組みであった。意図的に常時水を貯める池を配置し、来場者が水辺に近づくことができるようウッドデッキが設置されている。その際に野鳥などが姿を隠すことができるよう、ヨシ原や島なども配置されている。カワセミの営巣場も設置されており、生きものの貴重な生息地として今も大切にされている。

西区三橋5丁目
鴨川／河川調節池／ビオトープ
関風景AA05

AC10 見沼たんぼ首都高ビオトープ

高速埼玉新都心線の見沼田んぼ部分、高架下を含めた環境施設帯のビオトープ。首都高初の試みで、二〇〇六年の開通翌年に整備を完了。平均幅37m、延長1・7km、面積6・3ha。近くの雑木林から採取した種から育てた苗木を植栽し、見沼田んぼ周辺の生態系の復元を目指している。二〇一一年に、さいたま環境賞、土木学会環境章を受賞した。管理にはさまざまな教育機関と連携、地域ボランティアが活動しており、二〇一一年からは、埼玉県の蝶・ミドリシジミを呼び戻す「ハンノキ・プロジェクト」を始めている。

見沼区上山口新田
見沼田んぼ／ビオトープ／市民活動
100旧百景#74

AC11 深作多目的遊水地

深作、丸ヶ崎の低地開発に伴い、一九九二年に整備。アーバンみらい高層住宅街区を取り囲んで配置された約35haの広大な緑地空間で、深作川増水時にはその流れを引き込む。造成時に木々は一本も生えていなかったが、30年経って自然豊かな遊水地となった。普段、ゆったりと水を湛えた池周辺は、自然観察や散策の場所となっている。二〇一八年、周辺9自治会による「深作多目的遊水地協議会」が発足。行政と協働して、「放置されたビオトープ」から「管理された自然環境」となるよう活動している。

見沼区春野
深作川／多目的遊水地／公的住宅開発
関風景AF12、CA10

AC12 桜環境センタービオトープ

桜環境センターは「PFI方式」により整備。対象地に準絶滅危惧種であるミゾコウジュやアマナが自生していたことから、これらを保護するビオトープ整備を提案した事業者が採択され、二〇一五年に開業した。約一六〇〇㎡のビオトープには、池、田んぼ、水路、林など、昔から地域にあった農の環境を再生している。これらに近づき、触れ、学ぶことができる場として、専門職員を置いて様々な環境学習プログラムが実践されているほか、収穫を目的としない田んぼでは、生きものに寄り添った田んぼ作りの実践的な研究が行われている。

桜区新開4丁目
荒川低地／ビオトープ／市民活動

田んぼを中心とした農の環境が再生されたビオトープ

■水辺に親しむ設え・取り組み

AC 13 元荒川カヌー下り

東北自動車道の橋(蓮田市内)をくぐるカヌー

岩槻区村国、他
元荒川/舟運/河川景観/市民活動

「元荒川の水辺に親しむ実行委員会」が二〇一一年から毎年行っていた。農事に合わせて末田須賀堰が締め切られ、元荒川が満々と水を湛える時期に行われる。近年は、「元荒川カヌー環境教室」として行われているとのこと。二〇一三年5月19日には、蓮田市市民総合体育館前から岩槻文化公園前までの約11kmを、18艇の二人乗りカヌーで下った。川の中から見ると、水辺の環境がよく分かる。

AC 14 しばかわリバサポ

大宮区天沼町2丁目
芝川/市民活動

リバサポは、川の多い埼玉県で、河川の清掃や学習などの活動を進める団体が登録し、広く県民や企業などが連携していく取り組みとして二〇二一年にはじまった。芝川では、近隣の住民を中心に、小中学校PTA関係者やボーイスカウトなどが集まり、年に一度、清掃活動が行われている。清掃作業後は、カヌー遊びや地域産のお米でおにぎりを作るなど、川をきっかけとしたコミュニティの輪が広がっている。

AC 15 鴨川みずべの里

西区水判土
旧鴨川/公園/ビオトープ/市民活動
関 風景AD17

みずべの里はおよそ3期にわたって拡張されているが、旧河道上の流れの部分が最初に作られた。最上流部はタイル張りで幼児などが水遊びができるようになっているほか、段差部分から下流は清流ゾーン、みどりの小川ゾーン、魚の小川ゾーンとして整備されており、生きものが棲む環境を意識して設えられている。安全に自然に親しむことができる場所として、1年を通して多くの子どもたちがここを訪れる。

AC 16 見沼代用水東縁 緑のヘルシーロード

緑区南部領辻
見沼代用水/遊歩道/桜並木
関 風景AB10、AC04、AF17

緑のヘルシーロードは、行田市の利根大堰から川口市グリーンセンター迄、見沼代用水東縁沿いに設けられた自転車と歩行者の専用道路で、総距離は56・5km。獅子舞で有名な鷲神社や総持院、国昌寺などの観光もできる緑豊かなコース。ここは緑のトラスト1号地前で、桜の回廊を行き交う人々やサイクリングの人で大変な賑わいである。この先に歩を進めれば、間もなく龍神のマルコにも出会える。

AC 17 東宮下親水公園

見沼区東宮下2丁目
綾瀬川低地/公園/河川調節池/ビオトープ

東宮下氷川神社の南側に東宮下親水公園がある。台地端を掘り下げ多目的広場と調整池の親水公園を造成、ほぼ3m降下端には大きな調整池の2段構成で台地側からの雨水などを貯留する。親水公園の調整池には木道橋が架けられ周囲は散策路が整う。野鳥の囀りの中散策する人々の憩いの広場だ。この上段の調整池の水量は下端の調整池に流れ、増水時はポンプで汲み上げ綾瀬川に落とし込む。

AC 18 慈恩寺親水公園

岩槻区慈恩寺
古隅田川/公園/河川調節池
関 風景AA26

古文書によれば、この沼は上院沼と称し慈恩寺東方にあって、東西一七〇間、南北一二〇間、周囲七〇四間、その水は小溝村を経て古隅田川に入るとある。地元では慈恩寺沼と呼んでいる。一九九一年に沼を含む3・3haが親水公園として整備された。遊水面は1・2ha。春は周囲の桜、夏から秋には蓮の花が咲き、散策や釣り人を楽しませている。

AD 暗渠道の風景

藤右衛門川の上に整備された藤右衛門川通り

田島排水路

藤右衛門川暗渠の構造

さいたま市には荒川水系と利根川水系の荒川、鴨川、芝川、綾瀬川、元荒川の大きな川があり、支流を含めた氾濫原は、その多くが農地として利用されてきた。これらの農地に設置された農業用排水路、用水が、戦後経済の高度成長期を経て流域の都市化が進行して都市排水路へと目的を変貌させることになった。増大する住宅地は、台地上にとどまらず氾濫原にまで押し寄せ、河川や用水の護岸はコンクリートや鉄板で固められ、住宅も川の際にまで建築されるようになった。狭くなった河川は、アスファルト化された道路、台地から短時間に大量に流入する雨水に耐えることが出来ず、水害を多くの場所で引き起こすことになった。その解決手法のひとつとして行われるようになったのが、川の上部に蓋をして暗渠にすることであった。

下水道の普及も遅れ、都市化するスピードに水害や河川の汚染対策が追いつかず、住民運動にまで発展したところもあって、昭和50年代以降、多くの場所で採用されるようになった。典型的な例が、浦和駅の東、七〇〇メートルほどのところを南北に流れる藤右衛門川（当時は谷田川といった）の改修である。昭和33年に度重なる台風被害に耐えかねた近隣住民による谷田川改修促進会が立ち上げられ、昭和57年に付帯する工事を含めて暗渠が完成した。

いまでは、藤右衛門川の暗渠ツアーもネットに登場するほどで、上流の天王川も含め暗渠道のすべての施工パターンを見ることが出来ると評判になっている。

暗渠道は、河川に蓋をしてしまうので国や地方自治体では管理上、河川の扱いをせず、下水や排水路の扱いになる。従って河川上部を覆った暗渠道の通行は、基本的に歩行者優先である。

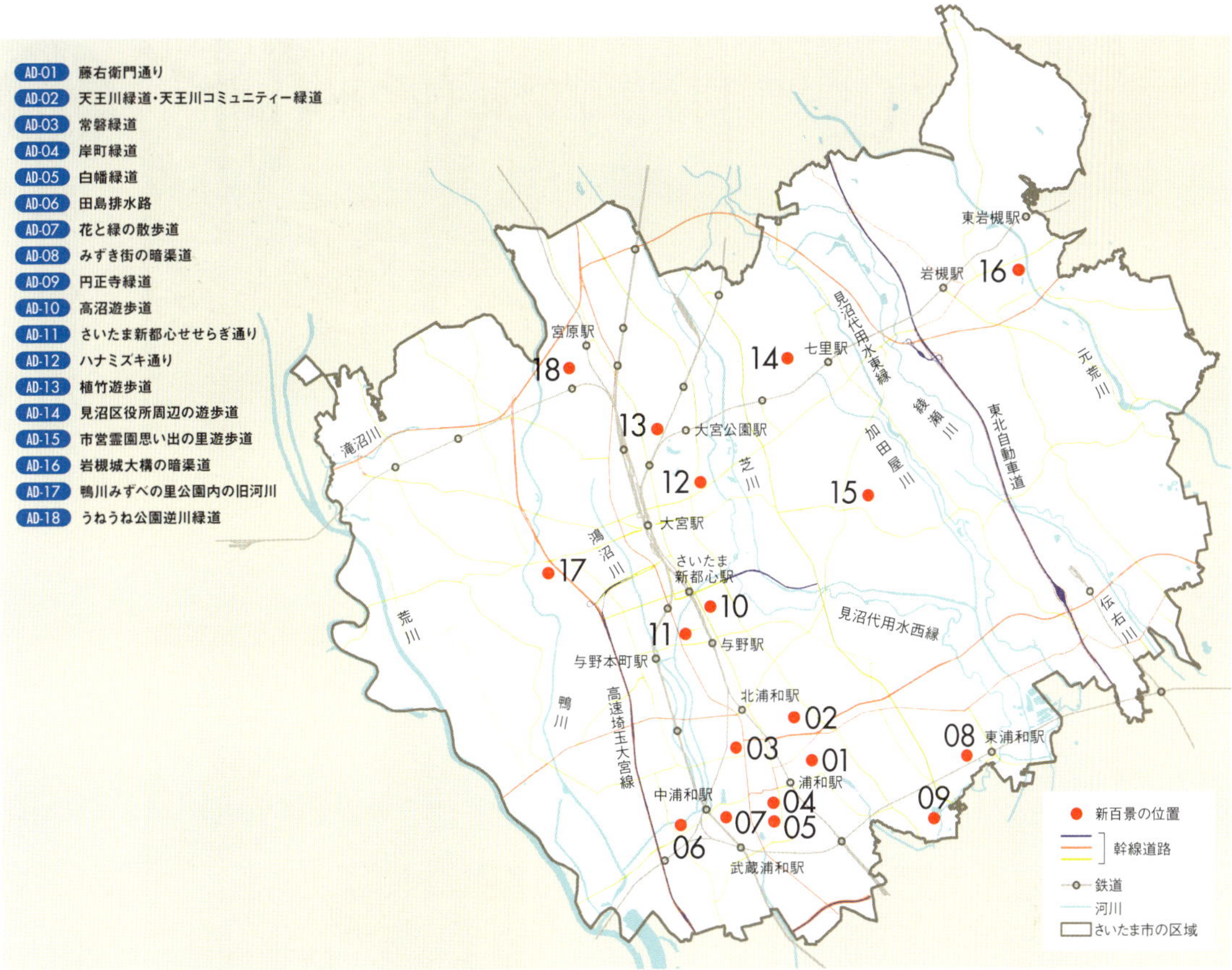

AD-01	藤右衛門通り
AD-02	天王川緑道・天王川コミュニティー緑道
AD-03	常磐緑道
AD-04	岸町緑道
AD-05	白幡緑道
AD-06	田島排水路
AD-07	花と緑の散歩道
AD-08	みずき街の暗渠道
AD-09	円正寺緑道
AD-10	高沼遊歩道
AD-11	さいたま新都心せせらぎ通り
AD-12	ハナミズキ通り
AD-13	植竹遊歩道
AD-14	見沼区役所周辺の遊歩道
AD-15	市営霊園思い出の里遊歩道
AD-16	岩槻城大構の暗渠道
AD-17	鴨川みずべの里公園内の旧河川
AD-18	うねうね公園逆川緑道

ソウル市清渓川の開渠化

覆いがとれた渋谷川

参考資料

新しい潮流「暗渠から開渠」へ ―ソウル市清渓川に見る―

戦後、都市河川の暗渠化が、洪水対策や臭いものには蓋、道路の拡幅、下水道整備等を理由に進展した。藤右衛門川のような大規模なものから家と家の間の排水路まで暗渠化が進んだ。近年、東京の渋谷駅周辺の開発で渋谷川の開渠や「春の小川」の復活などが話題になるようになった。国際的には、韓国ソウル市の清渓川（チョンゲチョン）の開渠化が著名である。一九五〇年代、川の周辺への朝鮮戦争後の避難民の移住、また経済発展に伴う水質汚濁が進み、市は暗渠化を決断、一九七一年には、暗渠の上部に高速道路を建設した。二〇〇〇年代になって川の復活の要望が高まり、李明博市長（後の大統領）の公約で開渠を決定し、建設がはじまった。2年という短期で22kmの公園としてできあがった。空と水を取り戻し、新しい市民の憩いの場の創造として世界的な評価を得ている。お江戸日本橋の上部にかかる高速道路の撤去や渋谷ストリームの開業に合わせた渋谷川暗渠の撤去など、遅ればせながら我が国でも暗渠の見直しが始まった。

さいたま市でも藤右衛門川通りで日常の人が通り、水面とさくら祭りが見られる日が来るだろうか。

AD 01

藤右衛門川通り

1959年9月の伊勢湾台風による被害

現在（同一場所から撮影）

緑区太田窪1丁目、浦和区本太1丁目、前地3丁目、他

藤右衛門川／谷戸／内水氾濫

藤右衛門川通りは、国道463号（越谷街道）の本太坂下から浦和競馬場手前までの九九〇mの暗渠道路である。藤右衛門川は、灌漑用水路として流域の田畑を潤し、川岸には桜並木、流れには小魚が生息するのどかな田園風景の中にあった。

戦後、流域は急速に都市化が進み、自然の持つ保水・遊水機能を喪失し、台風時等の豪雨によりしばしば氾濫が繰り返される状態となったため、氾濫水害の抜本的防止策として暗渠方式を採用し、昭和48年度から改修工事を行い9年後に完成した。その結果、歩道と車道部分を分離する植栽や氾濫水害に対する安全性が大幅に向上した。40年を経た現在、上流の天王川もすべて暗渠化され、ゲリラ豪雨時に所々で道路冠水・家屋浸水の発生が見られることから、暗渠の排水機能の向上が要望されている。

AD 02

天王川緑道　天王川コミュニティー緑道

元町と領家の町境にある天王川コミュニティ緑道入り口

川の流れを模した緑豊かな緑道

浦和区元町、領家、他

藤右衛門川／谷戸／市街地内緑道

藤右衛門川の上流は、天王川と呼ばれ、神花川、大東川の支流がある。天王川（天王雨水幹線）はほぼ暗渠化され、藤右衛門川への合流点から天王川緑道、川の流れをデザインした五〇〇メートルほどの天王川コミュニティー緑道、その後、川の上をコンクリート板で塞ぎ、赤い色で着色した暗渠道が続く。川幅も狭まり針ヶ谷という地名もあるとおり谷地がつづき、赤山通り近辺が水源と思われる。暗渠道は、ジョギング、犬の散歩、ウォーキングでの利用者が多く、コミュニティー緑道の入口で、合流する元町緑道は、駅への安全な近道として利用されている。神花川暗渠（神花雨水幹線）は、天王川と本太坂下付近で分岐し、駒場のサッカー場の脇をぬけ日通の野球場付近で大東川（大東雨水幹線）と分かれる。これらの暗渠コースは、暗渠道の百科事典のようでおもしろい。

AD 03 常盤緑道

常盤緑道は、旧中山道の新浦和橋付近を水源とし、埼玉りそな銀行本店敷地の北側を通り、浦和と与野の市境を流れる小川であったが、スプロール化に伴い昭和60年代に暗渠化された。谷地に沿って2km、別所沼まで続く。

浦和区常盤、中央区大戸、他
谷戸／市街地内緑道

AD 04 岸町緑道

昭和初期の浦和駅周辺の耕地整理の際に作られた、白幡沼に流入する岸町西大排水路が暗渠化されたもの。緑道としては3か所あり、住宅地の中の落ち着いた生活道路となっている。

浦和区岸町
谷戸／市街地内緑道

AD 05 白幡緑道

白幡沼に集まる台地の雨水や沼の余水を、笹目川の国道17号線の水門に排水する暗渠水路である。白幡沼の遊歩道としても整備されており、桜並木など緑豊かな散歩道となっている。

南区白幡　谷戸／市街地内緑道
旧百景＃04

AD 06 田島排水路

武蔵浦和駅構内の別所排水路から始まる田島排水路は、鹿手袋村と沼影村の境を流れていた入間川の流路であった。弧を描くように流れ、田畑の灌漑に用いられていたが、現在では、一般道と平行した赤色の遊歩道である。

南区関1・2丁目、桜区田島4丁目、他
旧入間川／市街地内緑道

AD 07 花と緑の散歩道

別所沼から笹目川まで続く別所沼排水路は灌漑用に開削され、桜が両岸に植樹された。埼京線の開通に伴い流路を線路沿いに変更。周辺の住宅化が進み排水路は暗渠化され、工事のため伐採された桜は、改めて移植され、現在では、立派な桜並木になり、紫陽花、紅葉も楽しめる花と緑の散歩道になった。暗渠部の遊歩道が車道より高く歩きやすい。駅に近い小公園も貴重な緑の空間である。

満開の桜のころ

散歩道と高架の間の小公園

南区別所5・6丁目　市街地内緑道／桜並木
関風景CC19

AD 08 みずき街の暗渠道

東浦和「井沼方公園」には大雨などの際に一時的に貯水する「大間木調整池」がある。「尾間木中学校」方面からの排水路は、「せせらぎ遊歩道」として整備されJR武蔵野線の線路下を抜けた暗渠は大間木調整池に流れ込む。

緑区東浦和3丁目
谷戸／市街地内緑道

AD 09 円正寺緑道

昭和50年代、平坦な農業を主体とする円正寺地区もスプロール現象が懸念されるようになり、60年に区画整理組合を発足。居住環境の良好な住宅街と見沼用水西縁に続く用水路を暗渠にした三六四mの緑道が平成10年に完了。

南区円正寺
市街地内緑道／区画整理事業

新都心、大宮地域

AD 10 高沼遊歩道

見沼代用水西縁から高沼用水に水を送る高沼導水路。北袋の取水口から新都心東通りまでは開渠だが、新都心東地区の中は暗渠化されて遊歩道になっている。延長約二五〇メートル。中山道からの入口部分には、導水路水門のついた噴水がある。

導水路は中山道の交差部に架かる高台橋からさいたま新都心駅の下をくぐって、新都心西地区のせせらぎ通りへと続く。

大宮区北袋町1丁目
高沼用水／新都心開発／遊歩道
関風景ＡＢ13、ＢＢ22、ＢＥ09

AD 11 さいたま新都心せせらぎ通り

新都心の道路網で妙に斜めになっている道路がある。合同庁舎1号館と2号館の間にある「せせらぎ通り」で、その下を高沼導水路が流れてさいたま新都心を横切る。「せせらぎ通り」の歩道脇には、小流れが設えられていて、この下に水路があることを暗示している。

導水路は新都心を出ると開渠になり、それからまた下落合小学校の校庭の下を流れ、やがて与野中央公園北側で鴻沼地区に至る。

中央区新都心
高沼用水／新都心開発

AD 12 ハナミズキ通り

ハナミズキ通りは延長約二〇〇m、この下には大宮公園ボート池と氷川神社神池から芝川に落ちる水路がある。一九八〇年、見沼田んぼに第二公園が整備されたとき、元の大宮公園と結ぶ道として整備された。

ちょうど大宮公園の桜が終わった頃、こちらのハナミズキが満開になって、散歩する人々で賑わう。しかし、元は川筋で大雨のときには水が出るため、沿道の住宅は土嚢を常備している。

大宮区寿能町2丁目、堀の内町3丁目
見沼の谷戸／大宮公園

AD 13 植竹遊歩道

見沼田んぼから大宮公園ボート池に入り込んでいる谷戸は、そのまま北に埼玉県警察学校辺りまで続く。ここを流れてボート池にそそぐ水路を暗渠化して整備されたのが植竹遊歩道だ。延長約六〇〇メートル。旧大宮市域では最も古い遊歩道である。植竹の住宅地の戸建て住宅やマンション、アパートの裏口に接続していて、大宮公園方面に行く安全な歩行者ルートとして、高齢者や子供が多く利用している。

北区植竹町1丁目
見沼の谷戸／市街地内緑道

AD 14 見沼区役所周辺の遊歩道

研修センター、武道館脇の遊歩道

加田屋川は堀崎町北端に発し、住宅街の細い水路を経て堀崎中央公園から道幅が広くなり、暗渠になって遊歩道となる。一帯は見沼区の中心部を形成し、堀崎公園から綺麗なレンガ張りの遊歩道となって、見沼区役所、大宮武道館、職員研修センター、大宮東図書館までおよそ九〇〇m続く。その後は開渠になって東武アーバンパークラインをくぐり、東門前から住宅団地群を抜けて見沼田んぼに出る。

見沼区堀崎町
加田屋川／遊歩道／区役所整備
関風景ＡＧ07、ＣＥ20

AD 15 市営霊園思い出の里遊歩道

市営霊園思い出の里は一九七五年開設。見沼田んぼから大宮台地の大谷地区に深く入り込む樹状谷戸の入口部分を埋め立てて造成された。そこを流れる加田屋川の支流、内田川を暗渠化して、遊歩道が整備されている。霊園の中央を東西に貫き、沿道に植えられた桜が墓参の人を楽しませている。ここには立体墓地や樹木墓地など、さまざまな形態の墓がある。現代における埋葬の多様化を映している風景でもある。

見沼区大谷、加田屋新田
見沼の谷戸／墓地公園／桜並木
関風景ＡＧ10

AD16 岩槻城大構の暗渠道

太田道灌によって築かれた岩槻城は、現在の元荒川を天然の要害とし、城と城下町を8㎞に及ぶ土塁と堀で囲む大構（おおがまえ）の構造をしていた。堀には、元荒川から引いた水が流れていたが、明治以降、町の発展とともに大構は、堀は埋められ、土塁もならされて多くは一般道や住宅地となった。ところにより埋め立てた上部を「ふるさと散策路」として残されているが、街中では堀跡と気づかない下水道となって暗渠が残る。太田小学校と岩槻中学校の裏手に堀の痕跡を示す下水の暗渠や抜け道、土塁跡らしき竹藪がある。

岩槻中学校裏手の暗渠道

太田小学校東側の大構跡

岩槻区仲町1丁目
岩槻城・城下町／大構／市街地内緑道

AD17 鴨川みずべの里公園内の旧河川

鴨川みずべの里公園は、西区水判土にある。水判土は難字地名で「みずはた」と読み、水畑の意という説もある。現在は、鴨川改修で左岸に取り残された形になった場所である。公園の東側を流れていた旧川を二〇〇mほど暗渠に造り変え、上部に地下水をくみ上げて流し、子供が水遊びの出来る細長い水辺公園にした。二〇〇八年竣工。鴨川みずべの里公園は、開渠部分の自然な小川や「音かおりの里」も併設している楽しい自然豊かな公園である。ただし、アクセスと駐車に難がある。

暗渠上部の長い水上公演

西区水判土
旧鴨川／ビオトープ
関風景AC15

AD18 うねうね公園逆川緑道

うねうね公園は、日進東地区土地区画整理事業の中で二〇〇九年に整備された。標高十四メートルのラインがこの辺りで接するように近づき、南北に向かう。そのため鴻沼川（切敷川）は、ここから逆川となって北に向かって流れる。公園内には、逆川の流路の上に逆川緑道とそれを暗示するせせらぎが整備されている。緑道は北側の業務用地を貫通して宮原駅方面に向かう。逆川は区画整理区域を出ると開渠となる。側道が宮原駅西口周辺地区計画の中でコミュニティ道路に位置づけられているが、まだそれらしい整備は行われていない。約三キロメートルで鴨川に合流する。

右が逆川緑道、左は川が流れていたことを暗示するせせらぎ

逆川緑道の説明板、ここを逆川が流れていたことが書いてある

北区日進町2丁目、宮原町3丁目
逆川／市景観賞／遊歩道／公園

AE 農の風景

梅雨明け、見山の市民田んぼ　水のフォルムの主唱、市民参加で緑の田んぼが広がる

大和田の長屋門前の生産緑地

加田屋田んぼの畑での収穫作業　背景は西福寺の伽藍

さいたま市の特徴は、台地等に狭い谷と沖積低地が入り組み荒川水系他多数の中小河川が流れ、農業用水路や排水路が密に刻まれた地形に一三〇万人の大都市が形成されている。そこに多くの農地が残されて市街地と共存している姿は大きな特徴であろう。

さいたま市の農地は多様である。市街化調整区域の農地は、見沼田んぼ、荒川周辺、綾瀬川周辺、岩槻南部の農村地帯などにみられる。また、市街化区域内の農地では、生産緑地に指定されているものも少なくない。農業を担う人々は、農家・農業法人等と市民・市民団体がある。作物は、米、麦、伝統野菜、果物・花卉、植木と、近年では西洋野菜なども栽培されている。これら多様な農の風景をつくり出しており、地域経済（地産地消）、都市の環境、景観、防災にも資すると共に、市民に楽しみや生きがいを提供している。

そのような農の風景を、いくつかの分類ごとに紹介する。

〈田んぼ〉は見沼田んぼの農業法人による市民田んぼ、荒川流域の堤内、堤外の水田など貴重な姿だ。〈畑〉は農家による産業としての「農業」に留まらず、市民参加の〈市民農園、貸し農園〉等の「農」の姿をとらえてみた。また、耕作放棄地も多くみられ農地を借りたい市民に繋ぐ方策が求められてもいる。〈果樹園や植木畑、観光果樹農園（イチゴやスモモ）〉も地域の伝統作物など、「農」の特徴となっている。市街化区域内の〈生産緑地〉にも注目したい。小さい規模ながらしっかり耕作されている農地。植木畑にしてほとんど管理の手が届かない農地、近い将来売却や開発が進みそうな農地もある。住宅地内に残された小さな生産緑地は、住宅市街地における貴重な緑地空間として残していくべきでなかろうか。

A 水と地形に関わる風景

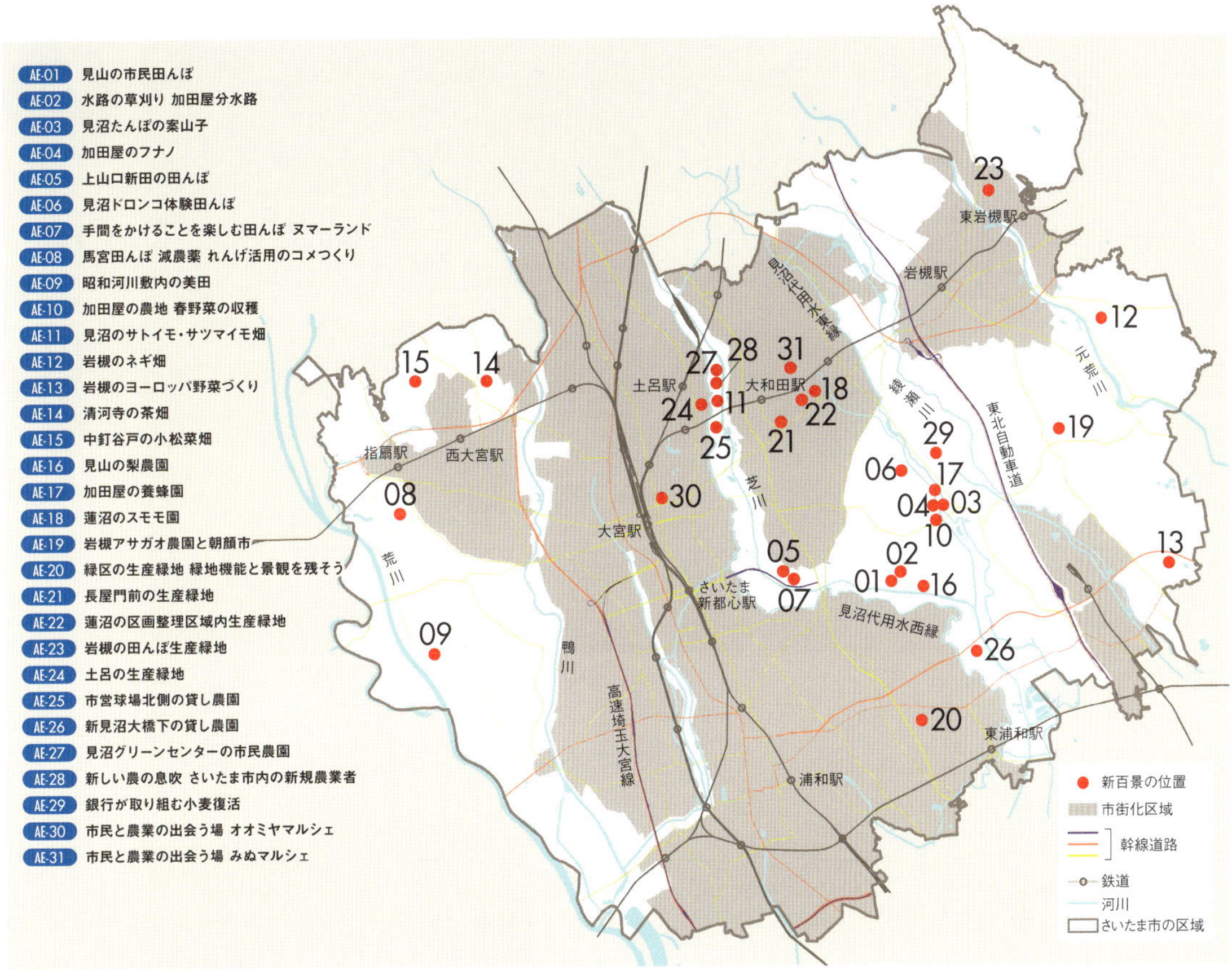

参考資料 区別農地面積比較（二〇二〇年農林業センサスより）

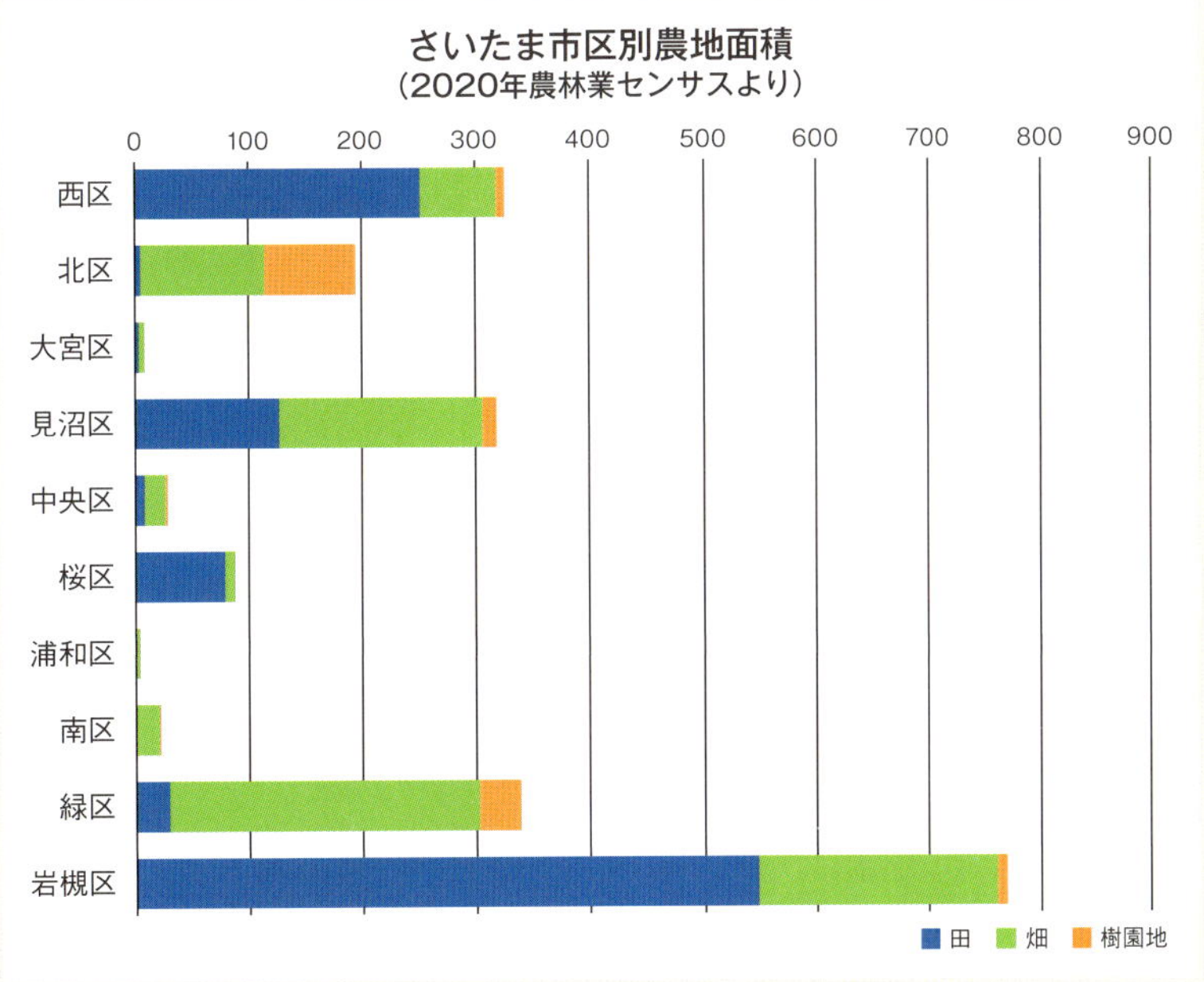

- さいたま市の総経営耕地面積は2,105haで、市域面積の9.7%である。
- これは、首都圏、関西圏の政令指定都市（千葉市:6.1%、神戸市6.2%、横浜市3.5%）の中では最も高い比率である。
- 区別では、岩槻区の耕地面積が最も多く771haで市全体の36.6%を占めている。
- 次いで、緑区、西区、見沼区の耕地面積が多い。
- 耕地の種類別では、岩槻区、西区で田が多く、緑区で畑、北区で樹園地が多いなどの特徴がある。

さいたま市の生産緑地

さいたま市全体の生産緑地地区は、令和2年12月時点で一一七三地区、三〇二・73haであったが、令和5年10月の都市計画変更によって、一一八三地区、二七七・07haとなった。

これは、市街化区域面積一一，六九八haの約2・4%であり、他の政令指定都市と比較すると、京都市の3・4%に次いで高い比率である。

■田んぼの風景

AE 01 見山の市民田んぼ

市民田んぼの収穫

市民活動団体が「見沼田んぼ」見山地区一帯の維持管理をして20年余になる。地区内の田んぼ保全活動面積は1・5町歩（1・5ha）。しかし今はまだ、1町歩でコメを作り、5反はレンゲ等の緑肥を入れて休耕。3年ごとに回す三圃制を実施。市民活動で稲作1町歩越えはけっこう手強い。自主的にコメ作りをするには、参加者数や所有大型農機の台数、作業能力等から、概ね5反が限界だろう、市民の手で1町歩とは凄い活動力だ。休耕田も市民によるビオトープ造成や生き物観察会は、子ども達の超人気スポットだ。都市における「流域治水」の先進事例として注目され、田に接する30年放置の斜面・平地林を「農用林野」に再生し、時には木漏れ日の中で学習会も実施した。近年樹木の「ナラ枯れ」の被害著しく、埼玉県緑化推進委員会の助成金を得て令和5年1月枯れた樹木や低木を伐採してコナラの苗木60本を植樹。山の再生が期待されている。

見沼区見山
見沼田んぼ／NPO活動／水田景観／斜面林
関風景AC06
100旧百景＃30

山での学習会

AE 02 水路の草刈り 加田屋分水路

市民活動で用水路管理までしている団体は少ないだろう。しかし田を耕作するなら用水路管理は欠かせない。見山地区の活動団体は、毎年春の用水浚いと夏の用水路草刈りを水利組合と共同実施している。水路の源は見沼代用水東縁の締切り橋から分水して加田屋川の掛樋を経て下流部へ流す。共同を始めた当初、市民活動で手伝ってもらえるのだから、除草剤散布は止めようと長老に言われ、以来、無農薬管理を続けている。事前の草刈りは大変な作業だが、農薬散布でザリガニの大量死骸が流れくるのは看過できない。

見沼区見山
見沼田んぼ／NPO活動

AE 03 見沼田んぼの案山子

加田屋地区の田んぼにNPO法人見沼ファーム21が「見沼田んぼ体験水田米つくり」を提供している。収穫祭では収穫した新米を体験参加者に配布されるなどの体験ができる。稲の実りが近くなる頃カラフルな案山子が田の畔に立ち並ぶ。体験参加の有志達が趣向を凝らした衣装の手作り案山子は静かに黄金の稲穂の中に佇む。コロナ禍で大勢参加の稲刈りができなかった時期を経て、二〇二二年ようやく稲刈り体験会を再開。豊作の願いを込めた様々な案山子が並ぶ風景は、見沼田んぼの風物詩にもなっている。

見沼区加田屋2丁目
見沼田んぼ／水田景観／NPO活動
関風景AH01

AE04 加田屋のフナノ

見沼区加田屋2丁目
見沼田んぼ／NPO活動／田園景観
旧百景＃29

稲藁を家の形に積み上げた「フナノ」は昭和30年代まで見沼田んぼにごく普通に作られていたという。消え去った「フナノ」はNPO「見沼ファーム21」の活動で二〇〇八年に再現され約50年ぶりの復活だった。以来毎年の開設から隔年開設となりコロナ禍で中止など苦難もあった。稲刈りが済んだ加田屋川左岸の田んぼに「フナノ」を開設、東縁の彼岸花と共に観る景色は見沼田んぼの風物詩である。

AE05 上山口新田の田んぼ

見沼区上山口新田
見沼田んぼ／水田景観／NPO活動／新都心遠望

上山口新田は見沼田んぼの中でも市街地に近いところにあるが、市民団体を含めた水田稲作が比較的多く営まれている。田んぼの向こうを高速道路がよぎり、遠景にはさいたま新都心の高層ビル群が見える。田舎と都会が共存するさいたま市らしい風景だ。バインダーで収穫後、一本の支柱による簡単な積藁が並んでいる。昔はいろいろな用途に使われた稲藁だが、今は何に利用しているのだろうか。

AE06 見沼ドロンコ体験田んぼ

見沼区加田屋1丁目
見沼田んぼ／NPO活動／水田景観

加田屋新田、思い出の里の東側田んぼにNPO法人見沼ファーム21が運営する「ドロンコ体験田んぼ」昭和30年代頃の田んぼを再現。昔ながらの田んぼと水生植物、生物の再生など子供達が泥んこになって遊べる田んぼの環境整備と共に生物の多様性と理解を学ぶ場を提供している。足踏みの水車、茅葺小屋、ハンノ木も植樹。稲刈後ハンノ木にハサカケの姿は昔ながらの風物詩でもある。

AE07 手間をかけることを楽しむ田んぼ ヌマーランド

見沼区西山新田
見沼田んぼ／NPO活動

さいたま市は元々農地が大半を占めていたが、徐々に都市が農地を飲み込み、スプロール状に拡がっている。そんな中、まちと隣り合った農地ならではの取り組みも始まっている。農を基本とした生活や文化体験を共有するヌマーランドもそのひとつ。田んぼや畑では、みなで相談して決めた作物の種を蒔き、草取りや管理をして、収穫し、みんなで喜びを分かち合う。新しい「里まち」のコミュニティがうまれている。

AE08 馬宮田んぼ 減農薬 れんげ活用のコメつくり

西区西遊馬
荒川堤外地／水田景観／河川調節池

荒川堤外地の田んぼであるが、農業者、馬宮土地改良区、埼玉南部漁協、馬宮小学校が馬宮環境保全会を結成し、営農等に取り組んでいる。春先等には軽トラが集結し、草焼きも実施しているが、農道利用の徒競走もある。稲刈り時には鷺がコンバインに付いて回るなど環境保全も目に見える。懸命に進めているが、農業者の高齢化が悩みとも聞く。またここは田んぼのままで荒川第二調節池の予定地でもある。

AE09 昭和河川敷内の美田

西区昭和、桜区昭和
荒川堤外地／水田景観

昭和土地改良区は農業構造改善事業の一環で、一九六九年12月完工した。荒川からの揚水施設とU字溝水路を用いて、大型田んぼを整備し、トラクター利用による機械化農業を実現した。堤外地でハンノキの密生する原野と大小の池沼が点在し真菰が繁茂する湿地だった。その面積は74・9㏊。関係区域は島根、三条町、二ツ宮並びに在家等一部を含む地域で、組合員は二五〇名。

■ 畑の風景

AE10 加田屋の農地 春野菜の収穫

見沼区加田屋2丁目
見沼田んぼ／桜並木
関風景CC12
100旧百景＃36

加田屋（二）地区は田んぼが減って土盛りした耕作地が広がる。見沼代用水東縁と加田屋川に挟まれた野菜畑では、農業生産法人による大勢の共同作業が手際よく春野菜（小松菜）の収穫をしていた。見沼自然公園入口側から見た加田屋の畑と田んぼが広がる長閑な景色。見沼代用水東縁の満開の桜並木の回廊が遠方まで続く中、整然と農作業が進む景色は、今や見沼田んぼの代表的風景であろう。

AE11 見沼のサトイモ・サツマイモ畑

北区見沼1丁目
見沼田んぼ／観光農園

北区見沼（一）地域。見沼代用水西縁台地の見晴公園と芝川右岸に挟まれた耕作地。元々湿地帯だった盛土の畑は里いもやサツマイモの根菜類の栽培に適しているのだろう、サツマイモの葉と蔓は青々と茂る。自治会の観光農園としても活かされている。東南方面は芝川左岸台地の斜面林を切り開いた個人住宅が並び立ち大和田町1丁目特別緑地保全地区の森が大きく広がる落ち着いた景観である。

AE12 岩槻のネギ畑

岩槻区大野島
元荒川低地／特産品

岩槻で栽培されているネギ畑は、冬ネギが主で約40haの作付け面積がある。中でも大野島で栽培されている「岩槻ネギ」は慈恩寺の小溝が原産と云われる葉ネギで、江戸時代より食べ継がれてきた。一本から十数本に増える福ネギで、甘くて柔らかいのが特徴ながら流通量は少ない。一時期衰退したものを「岩槻ネギ倶楽部」が大野島の農家と共同で復活させたものだ。

AE13 岩槻のヨーロッパ野菜づくり

西洋菜花　チーマ・ディ・ラーパの畑

岩槻区釣上
綾瀬川低地／特産品
関風景CB14

岩槻区の若手農家十三名からなる農事組合法人FENNEL（フェンネル）が栽培・出荷をしている。独自の厳しい出荷基準をクリアした野菜だけが「さいたまヨーロッパ野菜研究会」の名前で出荷されている。二〇一三年に栽培が始まり、苦難の連続の末、現在では60種類を超えるヨーロッパ野菜が栽培されている。バラエティに富んだ野菜を提供することで、近年注目を集めている。

AE14 清河寺（せいがんじ）の茶畑

西区清河寺
茶畑

西区清河寺の一角に茶畑がある。以前この周辺は広大な茶畑で広がっていた。近年大宮西部特定区画整理事業が進むと、周辺にはコンビニなど商業施設が開業され、周囲の環境が一変してしまった。またお茶の収穫には膨大な人力を必要とするため、労働力不足は著しく生産性に影響する。後継者不足もあって茶の生産力は年々縮小の方向に向かっている状況は寂しい限りである。

AE15 中釘谷戸の小松菜畑

西区中釘
谷戸／特産品

ここは休耕田だったが、小松菜生産地に再生された。一九九五年に2haで始まった農業法人ナガホリ農園は、休耕田を無料で田んぼから畑に整地し、その後完成させた畑を地主から借り受けるという逆転の発想で、上尾市やさいたま市西区等に、作付け面積のベ一二〇haを越す日本最大級の小松菜等の生産会社となった。さらに同社は小松菜を活用し、小松菜ラーメン、小松菜うどんも開発している。

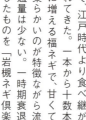

■果物・花・植木畑の風景

AE 16 見山の梨農園

見沼区見山
見沼田んぼ／果樹農園

見山地区は市民田んぼの稲作を除き、ほとんどは盛土した耕作地。畑作と植木畑、花卉栽培が盛んである。その一画に大きな梨農園がある。「平棚仕立て」の園は、鋼鉄の柱と頑丈なワイヤーの棚に樹齢50年超の梨枝が架かり、青いネット越しに市民病院が望める。毎年11月～3月は梨枝の整枝作業と梨の開花に合わせ受粉作業も忙しい。近年、埼玉県生まれ、埼玉育ちの梨「彩玉」の人気が高いという。

AE 17 加田屋の養蜂園

見沼区加田屋2丁目
見沼田んぼ／養蜂園

染谷の大宮聖苑北側の加田屋川右岸に盛土された耕作地、そこの一区画に養蜂園がある。園の中や周辺には配列よく桃の木が植樹され、定置養蜂箱が多数ならんでいる。セイヨウミツバチは異なる花の蜜を集める。周辺の耕作地と樹林には、レンゲやナタネの花が咲き、桃の木や在来のエゴノキなど、多くの花の蜜源がある。養蜂は食生活に深く密着した重要性の高い仕事、養蜂業の発展に期待がかかる。

AE 18 蓮沼のスモモ農園

見沼区蓮沼
果樹農園／生産緑地

見沼区蓮沼の住宅地の一角で、生産緑地内の約千坪ほどに25本程度のスモモ農園がある。3月下旬～4月上旬に満開のスモモ畑となり近所の方達7～8名の応援を得て、摘花や授粉作業が始まる。花は下向きの花を選び花粉枝で根気よく受粉を手助けしていく。8月初旬ごろから収穫が始まる。品種名は「太陽」と言う。スモモは傷みやすい果実だから取り扱いも慎重に梱包されていく。

AE 19 岩槻アサガオ農園と朝顔市

アサガオ生産農家のハウス風景

岩槻区黒谷
特産品

黒谷屋地区の朝顔栽培農園が丹精込めて育てた朝顔は、全国的にも有名な「浅草入谷の朝顔市」に、岩槻産の朝顔として出荷されている。それをさいたま観光国際協会が市内外に広く紹介することを目的として、毎年七月に、岩槻駅東口クレセントモールで朝顔市を開催している。主に行灯仕立ての朝顔六〇〇鉢が並び、毎年昼前には完売するほどの盛況ぶりである。

■生産緑地の風景

AE 20 緑区の生産緑地 緑地機能と景観を残そう

緑区東部は区画整理事業が進んでいるが、市街地住宅に取り囲まれた農地が点在している。見沼低地が台地に切れ込む枝谷戸地形の斜面で、一見荒れて見えるがサツマイモを生産。住宅に囲まれた農地はドウダンツツジの苗木畑で管理されている。

市街地内に多くの「生産緑地」があることは、さいたま市の特徴。生産緑地制度の節目で緑地減少が懸念される中、市民生活に潤いをもたらす緑地機能を見直し、景観としても残していく必要があるのではないか。

緑区芝原2丁目の生産緑地

緑区馬場2丁目の生産緑地

緑区芝原2丁目、中尾
生産緑地

生産緑地の風景

AE21 長屋門前の生産緑地

見沼区大和田町２丁目
生産緑地／長屋門

かつては屋敷林に囲まれていた島村家。その長屋門前はきれいに整備された畑地の生産緑地である。

畑地端の道路際には、昔道「大宮・岩槻道歴史散策コース」の標識が建つ。交通量の多いこの昔道、昔人の交通の往来が偲ばれる。「島村家所蔵大和田村文書」には江戸時代前期の村法や村掟などの文書が多く残存し、市立図書館に寄託されている。

AE22 蓮沼の区画整理区域内生産緑地

見沼区蓮沼、大谷
生産緑地／区画整理事業

この区画整理は東武野田線大和田駅から南東約２kmに位置する約23・６haの区域である。大谷小学校北側の生産緑地周辺は、今も農地、山林が散在し民間の住宅開発が進む。「蓮沼下特定土地区画整理事業」は道路や公園等都市施設の整備と無秩序な市街化を抑制し、良好な居住環境の住宅地を形成することを目的としている。ここでも都市農業が出来る緑地が残される事を期待したい。

AE23 岩槻の田んぼ生産緑地

岩槻区上野
生産緑地／遊水機能

岩槻・幸手線（通称御成道）沿いにある水田で、側面は歩道をはさんですぐ車道があり、両サイドは住宅に囲まれている。夏は蛙の声がにぎやかで、住宅街に自然の景色を残している。さいたま市内で田んぼの生産緑地は珍しいが、西区の指扇辺りにもある。だが指定が解除されて宅造が進んでおり、元来湛水機能を持っていたところであるから、豪雨で水害に見舞われている住宅地もある。

AE24 土呂の生産緑地

北区土呂町２丁目
生産緑地

土呂町は宇都宮線土呂駅からほど近い住宅地。見沼田んぼに近い台地上の第一種低層住居専用地域の中に、生産緑地が点在している。

昭和20年代の地図を見ると、小さな谷戸を囲んで農家や田畑がある農村地帯だった。今は戸建て住宅が立ち並び、その中の小さな生産緑地の畑が、住宅地の環境に緑と潤いをもたらしている。しかし、指定後30年を経た今その存続が危ぶまれる。

貸し農園・市民農園の風景

AE25 市営球場北側の貸し農園

北区見沼１丁目
見沼田んぼ／貸し農園

見沼田んぼ内にある民間の貸し農園。北側、東武アーバンパークラインの向こうに、東大宮メディカルセンターが見える。

15坪位の単位で地主と直接契約して利用している。正式な市民農園に比べると利用料も安価で、手軽に農業を楽しみたい都市住民にとっては格好の場だ。しかし、利用規則等もないが共用施設もなく、景観として乱雑なのは、どこの貸し農園も同じで、都市農地活用の課題だ。

AE26 新見沼大橋下の貸し農園

緑区見沼
見沼田んぼ／貸し農園

新見沼大橋は緑区芝原から代用水西縁と芝川、見沼田んぼを跨いで緑区大崎へ掛かる有料道路。その橋下の見沼の耕作地、かつては見沼田んぼで稲作中心だった。今は全面的に盛土の耕作地で、野菜畑やハウス、植木畑が展開され、貸し農園や市民農園も点在している。この典型的な貸し農園、決して美しいと言えない景観、貸し農園は美しく出来るのだろうか。

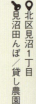

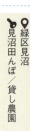

■ 貸し農園・市民農園の風景

AE 27 見沼グリーンセンターの市民農園

北区の見沼田んぼ内の見沼グリーンセンター北側にある公設の市民農園で、見沼グリーンセンターが運営している。第一市民農園が約五〇〇〇㎡、第二市民農園が二五〇〇㎡。貸し出し区画は第一市民農園が大きく、第二市民農園は25㎡均一と小さい。年間使用料は一〇〇㎡で六万五千円程度となり、民間の貸し農園よりかなり割高だ。ただし、休憩所があったり、農機具の貸し出しがあったり、利用しやすい環境が整う。

また、緑地としても景観的にも整っていて気持ちよい。

第二市民農園

第一市民農園

北区見沼2丁目
見沼田んぼ／市民農園

■ 新しい農業の風景

AE 28 新しい農の息吹 さいたま市内の新規農業者

さいたま市内各地
特産品

さいたま市内でも新しい農の息吹がそこかしこで芽吹いている。非農家が農家になるには今もハードルがとても高い。しかし非農家だからこその新しい視点で、有機栽培や自然栽培など環境や安全に配慮した農法や、ハーブやトマト、トウガラシなど、ある作物に特化した生産や、加工品製造を前提にした農作物栽培、里山での農体験の事業化など、多様な戦略で、新しい農の風景を未来に繋げようとしている。

AE 29 銀行が取り組む小麦復活

見沼区膝子
特産品

小麦の製粉メーカーや専門家、小麦を使う食品加工業者と地元農家を中心に、武蔵野銀行が創造戦略の事業化企画のひとつとして「見沼田んぼ"小麦"6次産業創造プロジェクト」研究会を平成26年9月に設立した。見沼区にある休耕地などを活用し、40年以上途絶えてしまった小麦の作付けを復活させ、種まきや収穫の体験や、製品の製造販売まで一貫した6次産業の創出を目指し、取り組みを続けている。

■ 農産物のマルシェ

AE 30 市民と農業の出会う場 オオミヤマルシェ

大宮区宮町2丁目
マルシェ／アーバンデザインセンター

大宮駅東口前、県道2号線、宮町2丁目の交差点角に「おおみやストリートテラス」を開設。軽自動車3台を駐めた程のスペースに、県内の生産者が自ら生産した農作物や加工品を販売する、夕方マルシェだ。埼玉の農業は、作目や農法、地域や経営方法等、実に多様性に富み、その農産物を「オオミヤマルシェ」が毎週テーマを設けて開催する、初の「テーマ型農産物マルシェ」で、夜市の賑わいも楽しめる。

AE 31 市民と農業の出会う場 みぬマルシェ

見沼区堀崎町
マルシェ／市民活動／区役所整備

みぬマルシェは「見沼区の食」から、ふるさと見沼区の魅力を広げることを目的に組織された「地産地消市・みぬマルシェ実行委員会」によって運営されている。地元生産者が収穫した野菜を通して市民との直接会話などから地元に農業がある事の意味や意義について理解を深め、地域を好きになる人を増やすことに注力している。ボランティアの運営協力も得て、毎月最終水曜日、見沼区役所前で開催している。

AF 里山の風景

昔のままの谷戸の風景 南部領辻の里山

農地と市街地の対比 田んぼ向こうの大住宅団地アーバンみらい

伝統的な農家の佇まい 片柳の大熊家周辺

里山は、伝統的な農村の暮らしを支えてきた自然空間と言えるだろう。雑木林から薪や炭の材料を採り、落ち葉を集め肥料とし、田畑や小川等と屋敷が調和した落ち着いた景観が存在していた。昭和の高度経済成長期（一九五五〜一九七三）に化石燃料が生活に浸透したことから、人々は里山の価値や知恵を手放してしまった経緯がある。近年その価値を取り戻し、長い間受け継いできた先人の知恵を守り、自然との共生や持続可能な社会を求める環境の時代に「里山」という言葉が再生されている。

さいたま市の大きな特徴は農地・農村と高密度市街地が共存し持続可能な環境が残されている所である。厳密な意味での「里山」は農地と一体となった、あるいは農業を支える機能を持った山、雑木林であるが、農地や農家も含めた「里地里山」ともいわれる観点から『農地、住宅(農家住宅が主)と樹林が一体化した地域』と『市街地、都市空間と対置される人が暮らしている自然空間』ともいえる風景を見てゆきたい。

都市化されていない昔のままの谷戸の風景は、南部領辻の里山や宮前川沿の谷戸の風景など。伝統的農家の佇まいとして、岩槻南部の農村風景、染谷の里山や深井家長屋門前の風景、片柳の大熊家屋敷林や西新井の農家など伝統的な土地利用の作法も残されている。

農地、里山と都市の対比では、新たなる「里まち」の風景や、田んぼ向こうのアーバンみらいの景色は雄大で、里山にある保育園も長閑で落ち着きがある。残されている貴重な樹林地は、岩槻の浄国寺風致保安林、久伊豆神社の社叢林、吉祥寺の社叢林など、また緑のトラスト1号地や7号地も保護すべき緑地空間である。

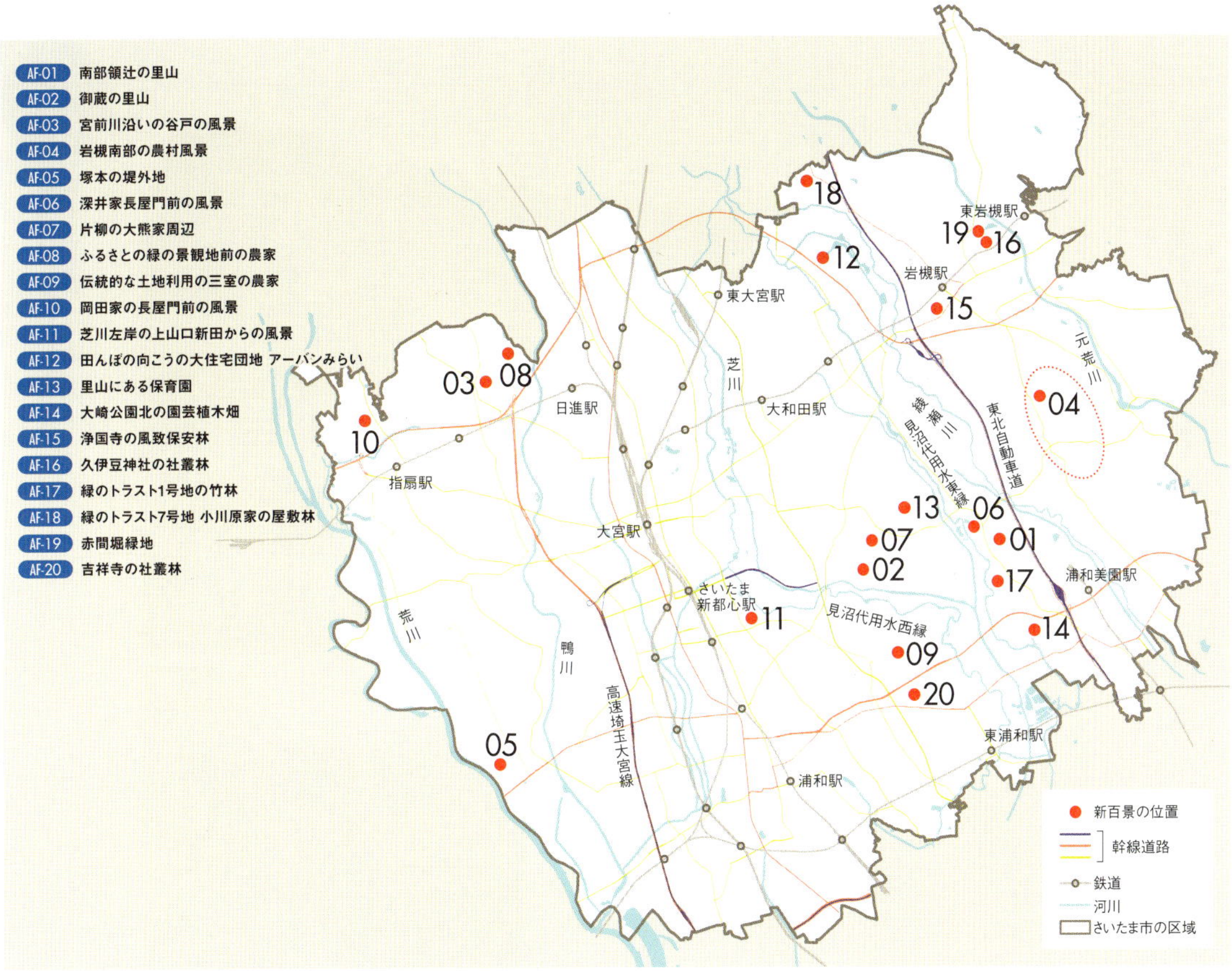

参考資料 里山の風景に関わる主な保全制度

制度の名称	根拠法、等	指定事例
	緑地関係	
自然緑地	さいたま市みどりの条例	公開型、大和田北緑地公園、御蔵自然の森等、17カ所
保存緑地	さいたま市みどりの条例	非公開型、172カ所
市民緑地（契約制度）	都市緑地法	公開型、太田窪市民緑地等、2カ所
特別緑地保全地区	都市緑地法	大和田緑地公園特別緑地保全地区、 大谷口向特別緑地保全地区等、14カ所
ふるさとの緑の景観地	ふるさと埼玉の緑を守り育てる条例	西新井ふるさとの緑の景観地（西区）、 染谷ふるさとの緑の景観地（見沼区）の2ヵ所
ふるさとの森	ふるさと埼玉の緑を守り育てる条例	福田稲荷、猿花、大門神社、大谷場氷川神社、 調神社、吉祥寺等、16ヵ所
緑のトラスト保全地	（財）緑のトラスト協会が指定	第1号地：見沼田圃周辺斜面林、 第7号地：小川原家屋敷林
風致保安林	森林法	浄国寺風致保安林、等
	建物関係	
市指定有形文化財指定（建物）	さいたま市教育委員会	永田家長屋門、深井家長屋門（※）、 吉祥寺山門、旧高野家住宅、旧坂東家住宅

※長屋門はさいたま市の里山風景の重要な要素で、市内に100棟以上あると推定されているが、そのうち、市の有形文化財に指定されているのは、深井家長屋門（緑区）と永田家長屋門（西区）の2棟だけである。

■ 昔からの谷戸の風景

AF 01

南部領辻の里山

周囲に人工物の見えない谷戸の畑地

ここは東北自動車道と日光御成道に挟まれて、浦和IC北西部の緑区南部領辻にある開析谷（谷戸）である。谷戸頭の標高が11m程、排水路に沿ってL字型をした地形で、谷戸尻標高は5m程度とかなり急な勾配を有している。谷戸に落ちる斜面には広葉樹などが谷戸を見守るような形で茂っている。谷戸の利用は畑作中心だが、周りの樹木の影響か、四周に人工物はほとんど見えず、まさにエアポケット状態である。谷戸の排水はやがて綾瀬川に向かうが、その間にも緑が広がっていて、こんな景色がさいたま市にもある事に驚かされる。見回せばこの辺りは造園業が多い。ここから日光御成道を通りすぎると、獅子舞で有名な鷲神社が見沼代用水東縁左岸に現れる。神社から北行する先にも緑は多く、市民緑地があり、やがて見沼自然公園へと誘われる。

緑区南部領辻
谷戸／田園景観

AF 02

御蔵の里山

左の台地上が尾島家

見沼区御蔵は、さいたま幸手線（旧浦和岩槻道）の東側は市街化調整区域で、風景ががらりと変わる。そこに見沼田んぼから入り込んだ小さな谷戸がある。周りを斜面林で囲まれ、農地ではいろいろな野菜や果樹が栽培され、近隣の幼稚園の芋ほりや散歩に来る人のためのブルーベリーの摘み取りなどにも供されている。尾島家の竹林に自生するクマガイソウは、さいたま市天然記念物で区の花にも指定され、春には花を見に訪れる人も多い。市街地のすぐ近くに残された里山らしい風景だ。

見沼区御蔵
見沼の谷戸／天然記念物
100 旧百景＃12

AF 03

宮前川沿いの谷戸の風景

耕作放棄地も垣間見える

ここは宮前ICから上尾道路に沿った尾根道に並行した浅い谷戸だ。宮前IC付近から西大宮バイパス沿いには2〜3万年前の旧石器時代から縄文早期にかけての遺跡が数か所あり、埼玉県により発掘が行われた。これらと直交している宮前川の谷戸の微高地にも、縄文早期前期頃の貝塚やその後の古墳などの未発掘の埋蔵文化財包蔵地がある。開析谷（谷戸）が発達前はなだらかな斜面で、採集生活に適した、過ごしやすい場所だったのかも知れない。惜しいかな近年耕作放棄地も増えてきている。

西区清河寺、宮前
谷戸／宮前川

■伝統的な農家の佇まい

AF04 岩槻南部の農村風景

岩槻南部、御成新道周辺には今も本物の農村風景が残っている。柏崎、浮谷、南下新井、横根、黒谷、笹久保を中心とする農村はそのほとんどが台地上に位置し、多くが肥沃な洪積層や沖積層の平野が広がっており、多彩な都市近郊農業を展開している。ハウス栽培も多く、主に野菜（小松菜他）米、里芋、ネギ、クワイ、ヨーロッパ野菜等多彩な種類が生産されている。一方で地下鉄7号線の浦和美園駅から岩槻駅までの延伸構想が進んでおり、将来はこのような農村風景が失われる恐れもある。

浮谷の農村風景

武州鉄道線路跡が残る農家

岩槻区浮谷
田園景観

AF05 塚本の堤外地

桜区塚本（堤外地）
荒川堤外地／水田景観
関風景ＡＣ05

旧塚本村は、「新編武蔵野国風土記稿」に「堤　荒川水除の爲に設く」とあり、江戸時代から、堤防によって堤外地と堤内地とに分けられていた。大正の荒川改修以後、堤外地の農家の堤内地への移転があったが、一九九九年の洪水を機に一気に進み、二〇〇二年に堤外地の住居は消滅した。森を背景とした水田は現役で里山の風景を見せているが、人の姿だけが消えてしまった不思議な光景である。

AF06 深井家長屋門前の風景

緑区上野田
長屋門／茅葺屋根／市有形文化財／江戸期

深井家は江戸時代に上野田村の天領（幕府直轄領）の名主を勤めた家。見沼代用水東縁の東側の台地上にあり、かつて国指定天然記念物だった野田のさぎ山にも近い。さいたま市内には長屋門が多くみられるが、茅葺き屋根のこの長屋門は規模が大きく一八四四年に建てられたことが分かっており、市の有形文化財に指定されている。長屋門の前に広がる耕作地と一体となって、江戸時代以来の風景を継承している。

AF07 片柳の大熊家周辺

見沼区片柳
長屋門／田園景観／江戸期

片柳の台地上、西山通りから見える大熊家。長屋門は慶応元年の建築で、開き戸形式の武家門で間口約二十メートル。前面には畑が広がり、裏は鬱蒼とした屋敷林で、典型的な農家の佇まいである。畑の前の道を西に行くと、すぐ見沼田んぼの西山新田に下りる。ここに大熊家の田んぼがあったのだろうか。

AF08 ふるさとの緑の景観地前の農家

西区西新井
田園景観／保全緑地
関風景ＡＧ02
100旧百景＃42

この辺りの農家は「ふるさとの緑の景観地」を背後に自宅南面の畑地で生産している。景観地は3・6ha程で武蔵野の雑木林としては市内最大級である。農作物は近くの花の丘農林公苑の直売所等で販売している。景観地の地権者は個人15筆、県2筆、市2筆。地権者が市民緑地として無償貸与すると固定資産税、都市計画税は非課税で、貸与期間が20年超の場合相続税は2割評価減が採用される。

■伝統的な農家の佇まい

AF 09 伝統的な土地利用の三室の農家

緑区三室
屋敷林／田園景観

緑区三室の旧家。江戸時代末期頃の三室村絵図でも確認できる。台地の北の端に立地しており母屋の背後に豊かな屋敷林があるが、見沼低地の枝谷戸に臨む斜面となっており、東西に並ぶ家々の屋敷林が連続して斜面林を構成している。屋敷の南側敷地は台地上で、道路までの長いアプローチ沿いを畑地や果樹植栽で活用している。この地域の典型的な農家の土地利用が風景とともに継承されている。

AF 10 岡田家の長屋門前の風景

西区宝来
荒川低地／長屋門／屋敷林

荒川の堤防近くの田んぼと畑、屋敷林に囲まれた岡田家長屋門。間口約23mの武家風の門である。創建年次は知らないが、火災で焼失後、一九九一年に再建された珍しい長屋門だ。聞くところによると、火事で長屋門がなくなったとき、裸になったようでどうにもいたたまれずに再建したそうだ。「上の大尽」という屋号を持つ村の名主の家の感覚なのか。お陰で里山らしい風景が残っている。

■農地と市街地の対比

AF 11 芝川左岸の上山口新田からの風景

見沼区上山口新田
見沼田んぼ／田園景観／新都心遠望

大宮消防署防災センター隣接の芝川松山橋沿い、中川バス停から芝川左岸堤防を南へ進むと大きく田園風景が広がる。もとは見沼の低地で南北に細長く、東西を大宮台地に挟まれた地域で、北と南は上山口新田となっている。その中ほどに江戸期に開発された新右エ門新田がある。東側中川台地端に沿ってカーブしながら南北に通る中川分水通りには民家も多く、南方には新都心の高層ビルも遠望できる。

AF 12 田んぼの向こうの大住宅団地アーバンみらい

見沼区春野1丁目、丸ヶ崎
深作川／公的住宅開発／多目的遊水地 関風景AC11、CA10 100旧百景#09

見沼区北部の綾瀬川沿いに広がる丸ヶ崎の田園地域から南東方面にアーバンみらいの高層住宅群が望める。かつては広大な田園地帯であった田んぼを埋め立て春野の住宅街が建設された。流路を整備された深作川が流れ、深作多目的遊水地には、木道橋などを設置した散策路もある。手前の広大な丸ヶ崎田んぼの緑がやがて黄金色に輝く時、どんな景観になるのだろう。

AF 13 里山にある保育園

見沼区染谷2丁目
幼児施設

この保育園は、樹林や畑に囲まれた染谷の里山の中にある。中央にある六角形のホールの屋根が樹々の間から見える。一九九六年に開園、自然の中での子育てを目指している。最寄駅から徒歩1時間近く離れた場所にあるのだが、そういう教育方針に共感する親が預けに来るのだろう。すぐそばには、染谷の花しょうぶ園がある。

AF 14 大崎公園北の園芸植木畑

緑区大崎
植木畑

大崎公園の東端にある「頭先稲荷大明神」脇の横道を北方面へ進んだ畑地には、安行地域の伝統的植木産業を継ぐ生産農家が数件続く。その先には「浦和ルーテル学院高」や「浦和大学」の学舎などが遠く望める。ここ植木畑には、梅、桜、キンモクセイ、サザンカ、サツキ、ハナミズキ、モクレン等、庭木用途の園芸樹種が多く栽培されている。出荷時は人手が足りない程の大変な作業が続く。

社叢林、樹林地等

AF 15 浄国寺の風致保安林

岩槻区加倉1丁目
保全緑地

浄土宗の寺院「佛眼山英隆院浄国寺」の広大な敷地の一部を埼玉県が風致保安林として指定した地区。浄国寺は天正15年（一五八七）岩付城主太田氏房の開基にかかる古刹で、御成道の加倉口から城下に入る手前、小さな谷を隔てた所にある。現在も境内には樹木が多く、特に保安林に指定された地区は水源に恵まれている。隣接した地区には、かつて沼地があったと言われており、その痕跡である凹地が残っている。

AF 16 久伊豆神社の社叢林

岩槻区宮町2丁目
岩槻城・城下町／社叢林／天然記念物
関風景ＢＦ14

飛鳥時代に創建されたと伝えられる久伊豆神社（宮町）の社叢は、身近な緑が姿を消しつつある中で貴重な緑を私達の手で守り次世代に伝えようと、一九八二年三月埼玉県より「ふるさとの森」に指定された。よく整備された参道と境内には県の天然記念物に指定された榊も生育し、市民に貴重な緑地を提供している。林相は主にスダジイ、スギ、クスノキ、ケヤキなど、大木が鬱蒼としていて気持ちよい。

AF 17 緑のトラスト1号地の竹林

緑区南部領辻
見沼代用水／緑のトラスト保全地
関風景ＡＢ10、ＡＣ16

見沼代用水東縁のトラスト保全地は水路の約三〇〇ｍにわたる林の区間で、最も見沼らしい昔のままの景観が残る。林内にはシデ、ムクノキ等の高木や常緑の低木、ウラシマソウ、ハンゲショウ等の草本植物がある。渡り鳥が立寄り、蝶類、クモ類など多様な動植物の生息場所でもある。樹林地内は原則立入り禁止ながら、竹林では間伐や筍掘り、林地では落ち葉掃きや下草刈り等の里山体験活動も実施されている。

AF 18 緑のトラスト7号地 小川原家屋敷林

岩槻区馬込
緑のトラスト保全地

小川原家所有の雑木林を寄贈した土地で面積は0・7haである。市民憩いの場所として親しまれている。敷地内に「四阿」があり回遊できる小径が整備されている。結実する樹木もあるため小鳥たちが集ってきている。秋は特に紅葉が美しく木洩れ日が奇麗なコントラストを映す。

隣接した畑中には旧武州鉄道駅舎の所在を示す碑がある。

AF 19 赤間堀緑地

岩槻区宮町1丁目
元荒川(旧河道)／岩槻城・城下町／保全緑地

赤間堀は県道岩槻幸手線の外郭に位置する。元々は元荒川の旧河道、岩槻城の北の外堀に当たる部分で、周りを雑木林に囲まれていた窪地であった所を緑地として整備した。

近くに医療系の大学が設立されて以来、人通りの少なかったこの地域も林間の散策を楽しむ人や、画架を立ててスケッチする人も散見されるようになった。

AF 20 吉祥寺の社叢林

緑区中尾
社叢林／江戸期／市有形文化財

国道463（旧道）の緑区役所近く、北側に吉祥寺がある。参道には大きな欅や檜、銀杏などの社叢林が続き、茅葺の山門にいたる。吉祥寺は、慈覚大師が開山したと伝わる天台宗の古刹。この山門は桃山文化の流れを汲む江戸時代初期（一六六〇年頃）の建造で、市内最古の寺院建築の一つ。本堂や宿坊建屋の背景にも鬱蒼とした檜の大樹が茂り、静かな境内の鐘楼にも松の植栽があり、落ち着いた景色である。

AG 谷戸利用の風景

A 水と地形に関わる風景

浦和競馬場

大宮公園舟遊池

東新井団地

谷戸は、丘陵台地が雨水や湧水によって浸食されて形成された開析谷やその生態系のことを示す。水田開発のルーツは谷戸田から始まったと考えられている。谷戸には、開田のための高度な用水造りなどの技術が不要であったためで、田に寄り添うように集落が出来たと考えられている。

さいたま市の南部は、大宮台地の南端部を形成して平坦部から台地に入り込む地形が多く見られる。特に旧浦和地区には、その地形が顕著で、坂が多いことや「谷」や「窪」の着く地名が多いことがその証拠である。谷田、大谷場、大谷口、太田窪、広ヶ谷戸などである。しかし、戦後の高度成長期、人口増加に伴い谷戸環境が一変し埋め立てなど大規模な土地形成や谷の斜面や谷底面までも集合住宅、個別住宅が建設されるようになった。また台地上では有効なスペースの確保が出来ず、開発が後になっていた谷戸に学校や公園などの施設、近年では霊園、メガソーラーシステムの設置などの開発が目立つ。

谷戸利用の代表例が浦和競馬場である。もともとは浦和記念公園であったが、地方競馬法の制定で初代の競馬場として一九四七年に開設された。馬場の真ん中を川が流れるという珍しい競馬場で有名。馬場中央は水害防止の調節池、2本の人道路があって競馬開催日以外の日に馬場の通行が出来る。馬場に立つとメインスタンドが谷の斜面に建ち、バックにも台地が迫っていることが一目瞭然である。

団地としての利用が規模、件数として多く、典型的な例として東新井団地をあげたが、加田屋川上流域の団地群など県の住宅供給公社が開発に果たした影響が大きい。

大宮公園舟遊池（ボート池）は、谷戸の出口を土塁で塞いで造成された。周囲の田んぼもなくなり貴重な水景観になっている。

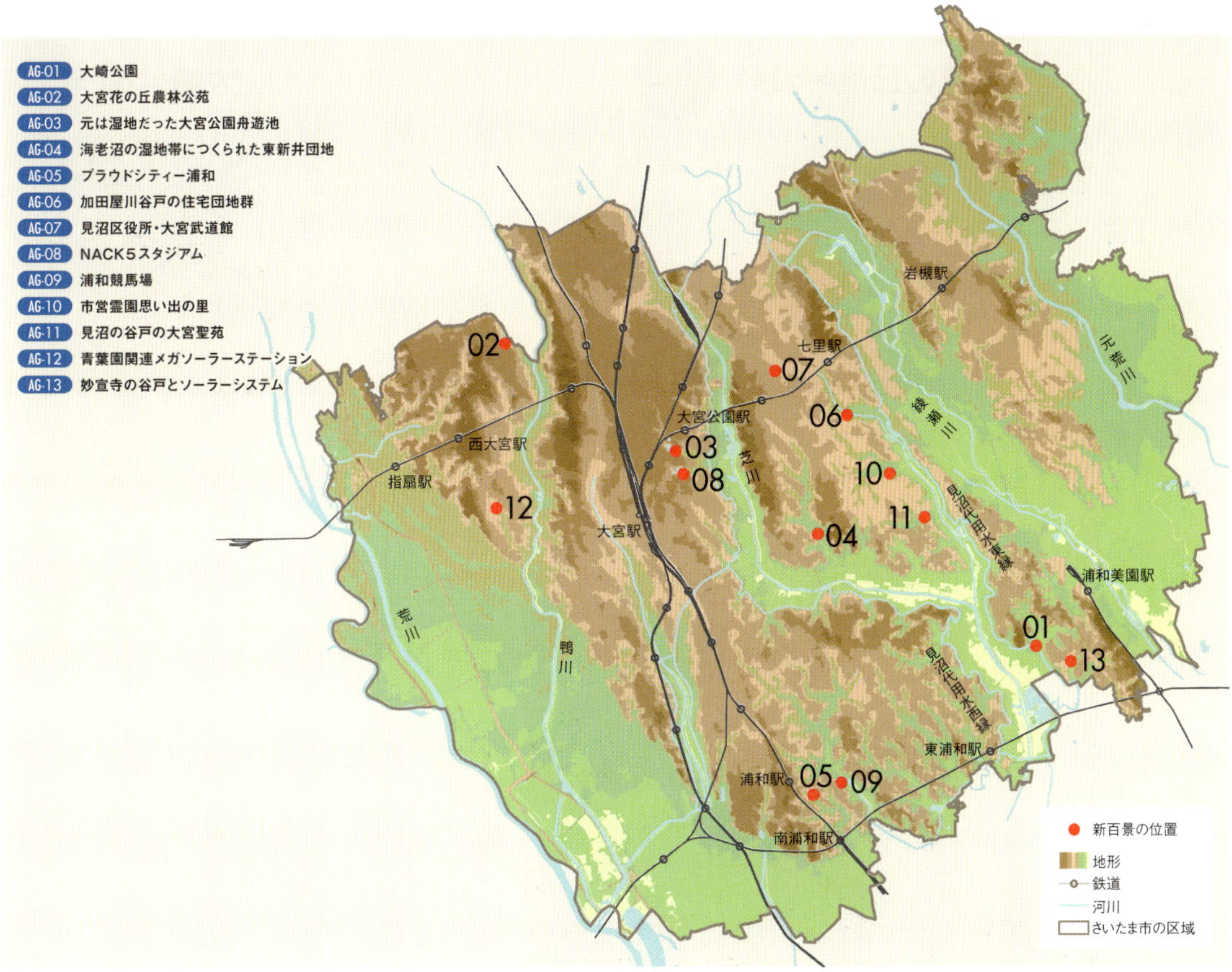

AG-01	大崎公園
AG-02	大宮花の丘農林公苑
AG-03	元は湿地だった大宮公園舟遊池
AG-04	海老沼の湿地帯につくられた東新井団地
AG-05	プラウドシティー浦和
AG-06	加田屋川谷戸の住宅団地群
AG-07	見沼区役所・大宮武道館
AG-08	NACK5スタジアム
AG-09	浦和競馬場
AG-10	市営霊園思い出の里
AG-11	見沼の谷戸の大宮聖苑
AG-12	青葉園関連メガソーラーステーション
AG-13	妙宣寺の谷戸とソーラーシステム

参考資料

見沼区海老沼川の谷戸の変遷

見沼田んぼから大宮台地に入り込んだ谷戸のひとつ、海老沼川の谷戸について、その変化をたどってみよう。

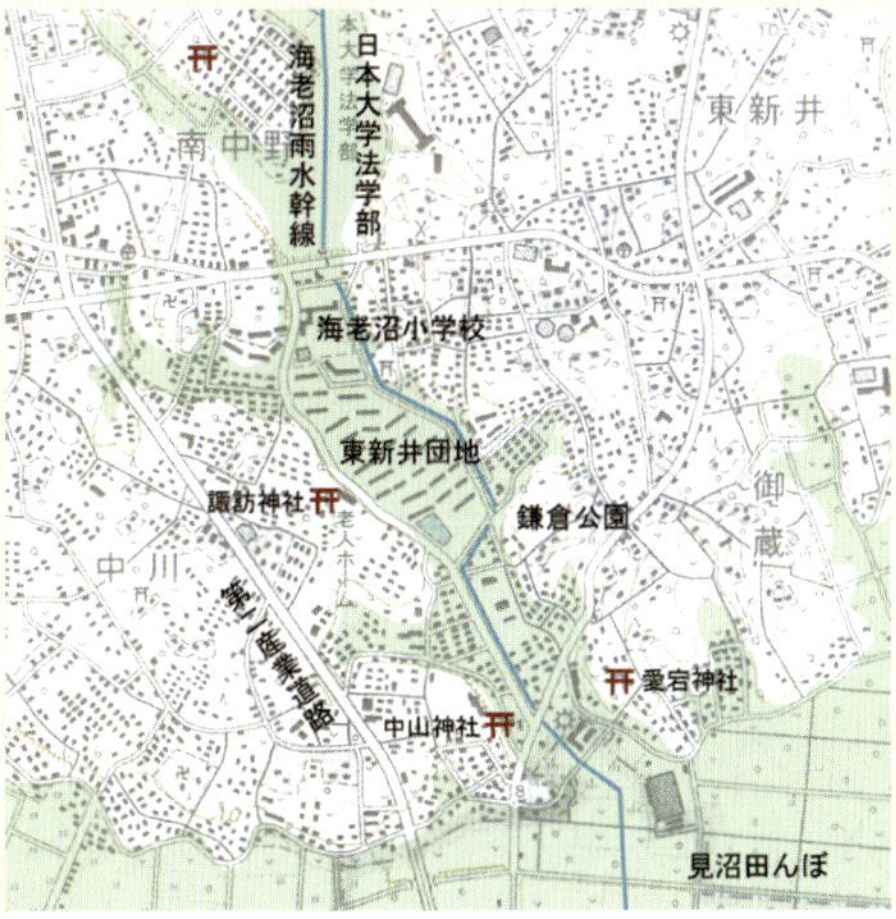

2006年頃の海老沼川の谷戸

この谷戸には、日本大学法学部（1969）、東新井団地（1980年）、海老沼小学校（1980年）などが建設、海老沼川も改修されて雨水幹線となっている。

1950年代の海老沼川の谷戸

芝川の支流、海老沼川に沿った谷戸は、一面の水田で、谷戸両側の台地上には、愛宕神社、中山神社などの神社が立地している。

■公園

AG 01 大崎公園

見沼代用水東縁、大崎地域の安行台地の谷戸を改造して大崎公園が誕生。公園は約3・8haの敷地に芝生広場が広がり、樹々も多くレッサーパンダなど小動物の子供動物園も併設。一年中家族で楽しめる公園である。

緑区大崎
見沼の谷戸／公園

AG 02 大宮花の丘農林公苑

浅間川の開析されたクリーク・澪は、堤はなく、谷戸である。両岸が、ごみ処分場だった浅間川を暗渠化して、覆土整備したのが花の丘農林公苑で今は憩いの場だ。広さ10・9ha、二〇〇〇年開設。

西区西新井、上尾市戸崎、他　谷戸／浅間川／農林公苑／ゴミ処分場再生　関風景AF08　100旧百景＃42

AG 03 元は湿地だった大宮公園舟遊池

明治時代の氷川公園の台地北側に、見沼田んぼから入りこんでいた谷戸に位置する。本多静六の氷川公園改良計画において、湿地、田んぼだったところを、大運動場（現在の競輪場）側を堰き止めて舟遊池が計画された。完成は一九三五年（昭和10）。以来、ボート池として市民に親しまれていたが、水質悪化が著しく、ボートは二〇〇〇年に廃止された。県では、「大宮公園グランドデザイン」に基づき、二〇一一年と二〇二二年に掻掘りを実施して水辺の再生、水質改善を目指すとともに、ボート事業の復活を予定している。

大宮区高鼻町4丁目
見沼の谷戸／大宮公園／本多静六
関風景ＡＣ07
100元百景＃13

■住宅団地

AG 04 海老沼の湿地帯につくられた東新井団地

左が海老沼川、正面は鎌倉公園

江戸時代初期は見沼の開析谷で干拓後も海老沼の湿地帯であった。埼玉県住宅供給公社によって一九八〇年に竣工、五階建て、28棟、総戸数七〇〇戸の大団地である。最南端に公園と調節池がある。鎌倉公園が隣接。

見沼区東新井
海老沼川／見沼の谷戸／高度成長期／公的住宅開発

AG 05 プラウドシティー浦和

浦和駅と南浦和駅の丁度中間に立地し、前地通りを尾根道にした谷戸の中程にある斜面林をうまく利用した大規模なマンション。二〇一三年、竣工。四九二戸。緑と斜面を利用した小公園があり住環境としては良好である。

浦和区前地1丁目
谷戸／民間マンション開発

AG 06 加田屋川谷戸の住宅団地群

加田屋川は、公式には東宮下小学校より上流を加田屋落都市下水路、下流を加田屋川という。一般の河川とは事情が異なり上流が開発され下流が自然豊かな河川になっている珍しい川である。水源は見沼区堀崎町で、見沼用水開発に先立ち江戸の町民、坂東（加田屋）助右衛門が開発した入江新田のための用水であった。水源近くのテラスハウス造りの堀崎町団地（県営）に始まり、見沼区の行政機関、区役所、研修所、図書館、武道館、サッカーやテニスコート、公園地区を過ぎると、東武鉄道を挟んで商店街、戸建て住宅街があり、また団地群が現れる。公務員用の団地やサンコート、グリーンハイツ等の民間団地、県の住宅供給会社による東宮下団地へと続く。東宮下団地は、昭和42年から平成23年まで建設が続いた。4から14階の一五〇〇戸に及ぶ団地）が開渠の加田屋川を挟んで続く。加田屋川も上流の下水路が完備され近年はきれいになった。

東宮下団地

見沼区堀崎町、大谷　加田屋川／見沼の谷戸／高度成長期／公的住宅開発　100旧百景＃93

■公的機関・施設

AG 07 見沼区役所 大宮武道館

見沼区役所の竣工は、二〇〇三年2月。外観は硝子張り主体の構造。大宮台地（片柳支台）上の堀崎町の低地に端を発する「加田屋落都市下水路」を暗渠化し、堀崎中央公園と堀崎公園（多目的スポーツ広場）、大宮武道館を同時に整備して市政と区民の憩いの場とスポーツが出来る場の提供を図った。大宮武道館は、二〇二三年リニューアル工事が完了し利用が可能になった。

大宮武道館

見沼区役所

見沼区堀崎町　加田屋川／見沼の谷戸／区役所整備
関風景AD14

AG 08 NACK5スタジアム

手前は氷川神社神池に連なる白鳥池

ここは見沼田んぼから氷川神社に入り込む谷戸。一九六四年の東京オリンピックに合わせ、全国初のサッカー専用スタジアムとして建設された。後に改修されてJリーグ大宮アルディージャのホームグラウンドとなる。

大宮区高鼻町4丁目　見沼の谷戸／大宮公園／Jリーグ
関風景CD02　100旧百景＃65

AG 09 浦和競馬場

浦和競馬場は、昭和22年（一九四七年）に粕壁競馬場の移転という形で浦和記念公園内に1周、一二〇〇mで開設された。翌昭和23年が初開催となり、地方自治体が主催する初めての競馬場になった。

南区大谷場1·2丁目、太田窪2·4丁目
藤右衛門川／谷戸／河川調節池／公園　関風景AA12

AG 10 市営霊園思い出の里

大谷の西福寺端に連なる谷戸の加田屋新田を埋め立て、一九七六年四月開設された。広い芝墓地の他、三階建ての屋内墓地、三段型壁の屋外墓地、一代限りの合葬式墓地も整備。樹林型合葬墓地も整備中。

見沼区大谷、加田屋新田　見沼の谷戸／墓地公園
関風景AD15

AG 11 見沼の谷戸の大宮聖苑

旧大宮市時代の二〇〇四年、植竹町から移転、建設。市民生活に欠かせない火葬場だが、見沼田んぼの中ではなく、そこから入り込んだ谷戸に隠れるように立地しているのは好ましい。

見沼区染谷2丁目
見沼の谷戸／火葬場

■メガソーラー・システム

AG 12 青葉園関連メガソーラーステーション

墓地拡大のため現墓地下流側に土地を手当てするも交通事情などから当面の墓地化を断念。遊休地の公益的活用のため、ソーラー発電事業用地として賃貸した。墓地事業の将来を睨んだ時限的展開のようだ。

西区三橋5丁目
谷戸／太陽光発電

AG 13 妙宣寺の谷戸とソーラーシステム

緑区間宮の妙宣寺墓苑がある谷地を一般廃棄物最終処分場として埋め立て、跡地に太陽光発電装置を設置して二〇一六年に発電を開始したメガソーラー。四五六枚の太陽電池パネルで、三〇〇世帯の電力を賄う。

緑区間宮
谷戸／ごみ処分場再生／太陽光発電

AH 台地端の風景

A 水と地形に関わる風景

残されている台地端斜面林：西高斜面林

台地端からの眺望：大門の崖地からの眺め

斜面住宅：大和田の斜面住宅

「さいたま市の地形は概ね平坦で」と言われることが多いが、台地と低地や自然堤防から構成されており、台地内にも大小の谷が刻まれている。地形は環境の基盤であり、分けても地震や水害等の災害防止にとっては重要な意味を持っている。とはいえ地形の高低差は小さく、普段は地形の違いに気付くことが少ないかも知れない。台地端部はさいたま市の微妙な地形の変化に気付かせてくれる。ここでは台地端の風景を紹介し、市民に地形の変化に気付いてもらいたい。

台地と低地の境は比高10メートル前後の斜面をなし、元来台地端部はすべて斜面林で縁取られていたであろう。現在では、さまざまな都市開発によって斜面林が失われつつある。また、台地端部には、古来ところどころに寺社が立地していて、印象的な景観をなしている。

近年に至ると、おおむね未利用で立ち入ることもなかった斜面林を、公園・緑地として活用することが始まる。民地のまま保全緑地として、市民が利用できるようにする場合もある。一方、台地端部の都市的土地利用として、公共施設等の立地と住宅開発が進んでいる。住宅化は引き継ぎたい風景ではないが、現実の姿として紹介する。

また、台地端部からの眺望は、さいたま市の地形に気付かせてくれる貴重な機会である。市の外側に向かって遠くの山並み等を遠望する風景と、市内の台地、支台間を眺める風景、および台地内の起伏の風景等がある。

古来、眺望の風景として「〇〇八景」というものが編まれている。さいたま市地域では、日向十景の他、岩槻城、与野本町周辺、緑区の宮本地区に「八景」が残されている。これも貴重な記録だ。

- AH-01 見沼田んぼ・稲の実りと斜面林
- AH-02 西高斜面林
- AH-03 高沼用水沿いの斜面林
- AH-04 加田屋田んぼから西福寺が見える
- AH-05 見沼を向いている氷川女體神社
- AH-06 片柳村の鎮守 熊野神社
- AH-07 新都心に相対する國昌寺
- AH-08 指扇台地の先端にある慈眼寺
- AH-09 大宮台地南端のランドマーク 睦神社
- AH-10 岩槻台地の先端にある光秀寺
- AH-11 大和田緑地公園・特別緑地保全地区
- AH-12 宮本第四公園
- AH-13 船山公園
- AH-14 浦和向公園
- AH-15 三貫清水緑地
- AH-16 台地端に聳えるさいたま市立病院
- AH-17 台地端の東大宮メディカルセンター
- AH-18 大宮体育館と斜面林・桜並木
- AH-19 見沼田んぼの斜面林と老人ホーム
- AH-20 見沼代用水西縁ぞいの斜面林を切り拓いた住宅
- AH-21 大和田の斜面住宅
- AH-22 大門の崖地からの眺望
- AH-23 自衛隊通りから秩父連山遠望
- AH-24 根岸薬師堂からの眺望
- AH-25 沼の上坂からの眺望
- AH-26 日向十景
- AH-27 太田窪の台地から浦和の街の変化を眺める
- AH-28 緑区の区画整理で生まれた起伏に富んだ道路景観
- AH-29 浦和の坂道

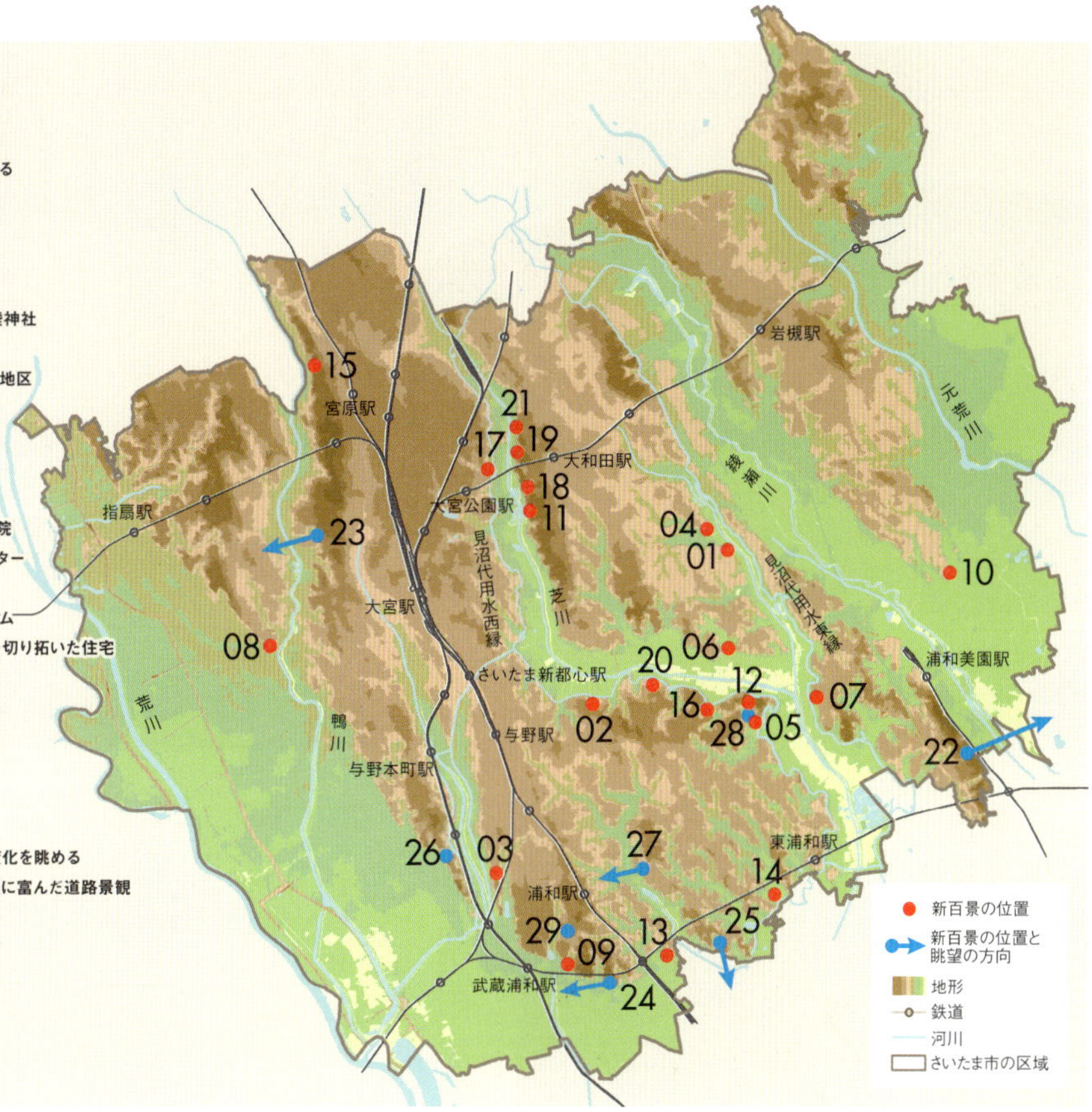

参考資料　さいたま市地形断面図

※『さいたま市史 自然編』より作図

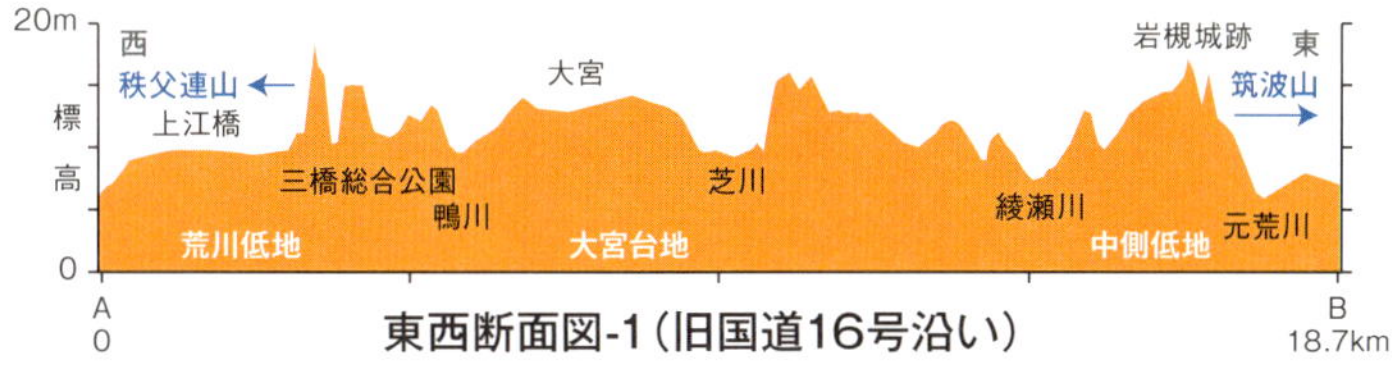

東西断面図-1（旧国道16号沿い）

- 東西断面は、荒川低地から大宮台地に上り、台地上を南北に流れる川がつくった大小多くの谷を越えて、中川低地、元荒川低地に至る。
- 台地の西端からは秩父連山や富士山、東端からは筑波山が望まれる。

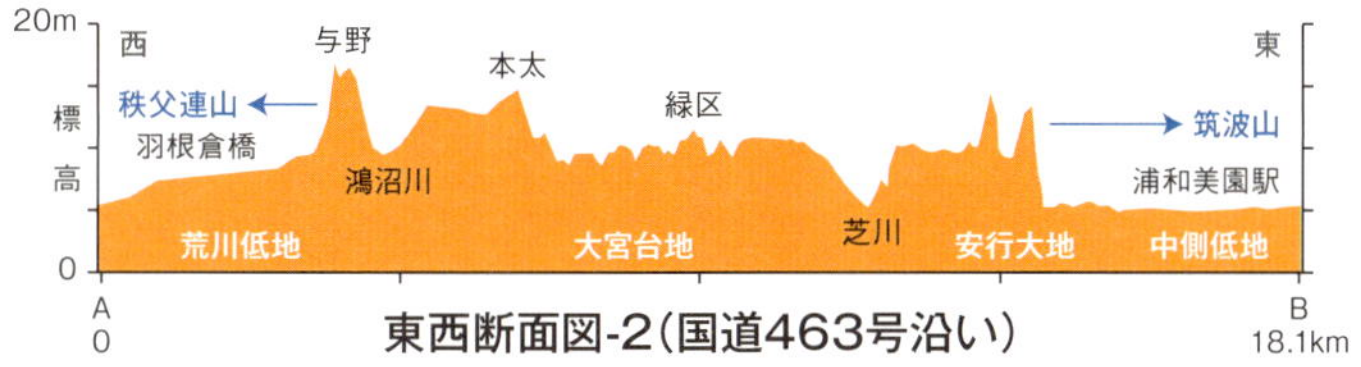

東西断面図-2（国道463号沿い）

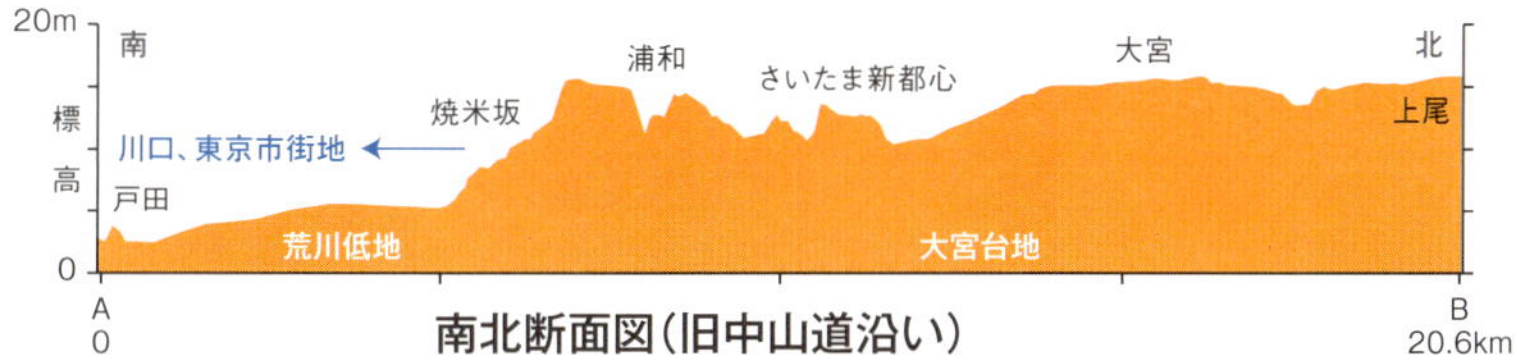

南北断面図（旧中山道沿い）

※断面図は垂直方向を約185倍で表示

- 南北断面は、戸田方面の低地から大宮台地に上り、多少の凹凸はあるが上尾方面まで台地が続く。
- 南端の焼米坂などからは、川口、東京の市街地が望まれる。

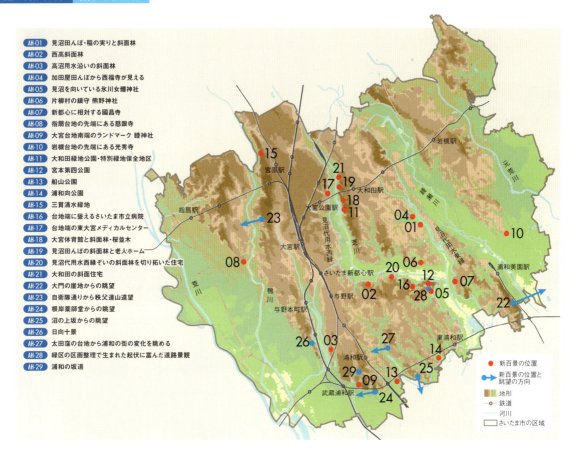

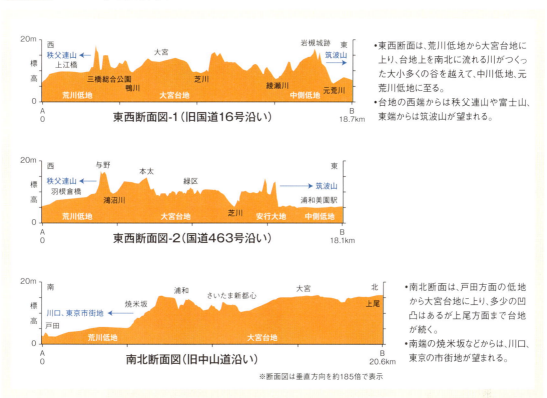

■台地端の斜面林

AH01 見沼田んぼ・稲の実りと斜面林

見沼田んぼは芝川、加田屋川による大宮台地内の谷であり、かつてはその周りの台地端部すべてが斜面林で覆われていたと考えられる。現在ではずいぶん少なくなってしまったが、加田屋新田辺りは両側が市街化調整区域であるので、斜面林が比較的多く残されている。ここは市民団体が運営する田んぼ。稲が色づきつつある田んぼに案山子が並び、東側にも西側にも斜面林が見える。昔と変わらない貴重な風景だ。

東方向、膝子側の斜面林

西方向、染谷側の斜面林

見沼区加田屋2丁目
見沼田んぼ／斜面林
関風景AE03

AH02 西高斜面林

浦和区木崎3丁目
見沼代用水／斜面林／市民活動
100旧百景＃43

浦和西高等学校の背後、見沼代用水西縁沿いの斜面緑地。落葉広葉樹主体の雑木林で、秋の紅葉が美しい。西高斜面林友の会が西高生徒・教職員と協働して、水田が豊かだったころの里山に戻す保全活動を行っている。この東側には正樹院の森、木崎三、四丁目緑地が続き、市街化区域内の斜面林としては珍しくよく残っている。また、前の見沼代用水西縁の土手には、ヤブカンゾウが自生している。

AH03 高沼用水沿いの斜面林

中央区大戸1丁目
高沼用水／斜面林

高沼用水沿いの台地際はどこも斜面林をなしていたが、今では宅地化が進み絶滅危惧種である。ここ東縁沿い、小川医院背後の部分には、ひっそりと斜面林が残る。大通りから数段の階段を降りると、斜面林と用水とが織りなす静かな空間が、戸建て住宅地の脇に一〇〇mほど伸びている。他に斜面林が残るのは、東縁沿いでは町谷本太線との交点あたり、西縁沿いでは河童の森や南の須黒稲荷あたりぐらいだ。

■台地端に立地する寺社

AH04 加田屋田んぼから西福寺が見える

見沼田んぼ周辺の台地端には、60以上の寺社が立地している。田んぼに面した台地部は昔から集落の適地であり、その端に寺社が多く建てられたのだろう。加田屋田んぼに面した大谷の台地端にある西福寺はその典型。大きな緑地の中に浮かぶような伽藍の眺めは印象的だ。足元には蛍の里もある。対岸の見沼代用水東縁の見沼弁財天辺りからの眺めは、大きなビニールハウス（花卉栽培）などによって、西福寺が見えにくくなっているのは残念だ。

台地の緑の間に伽藍が見える

加田屋田んぼからの遠景

見沼区大谷
見沼田んぼ／台地端の寺社
100旧百景＃10

■ 台地端に立地する寺社

AH05 見沼を向いている氷川女體神社

緑区宮本2丁目
見沼田んぼ／台地端の寺社／社叢林／天然記念物
関 風景BF11 100 旧百景＃50

神社は通常集落側を向いているが、この神社は誰も住んでいない見沼を向いている。これは元々船玉神を祀っていて、見沼を行く船から拝んだためだという説がある。女體神社の標高は十二・二m、見沼田んぼとは約六mの差がある。背後の社叢は、クスノキ、タブノキ、シラカシなどの常緑広葉樹の自然林で、下草には暖地性植物が群生し、さいたま市の指定天然記念物（保存緑地）である。

AH06 片柳村の鎮守 熊野神社

見沼区片柳
見沼田んぼ／台地端の寺社

見沼田んぼから片柳の台地に入り込んだ小さな谷戸の入口脇に鎮座する。斜面の樹々に囲まれた中に、社殿に登る石段と赤い鳥居が印象的だ。古くは十二所権現社と称し、熊野三山の神を勧請した修験道系の神社だが、片柳村の鎮守だったことが『風土記稿』に記されている。この奥の谷戸には、昔ながらの長閑な里山の風景が広がる。見沼田んぼをはさんだ南側、三室の台地端にも熊野神社がある。

AH07 新都心に相対する國昌寺

緑区大崎
見沼田んぼ／台地端の寺社／市有形文化財／新都心遠望

見沼田んぼの東側、大崎の台地端にある。足元を見沼代用水東縁が流れ、ここから見沼田んぼを介して、まっすぐに新都心が眺められる。見沼区染谷の常泉寺の末寺として天正年間（一五七三～一五九二）に開山。山門は江戸中期の建築で市の有形文化財に指定、欄干の龍は左甚五郎の作と伝えられている見沼の龍だ。すぐ上流には、用水の原型保全区間、トラスト一号地を挟んで総寺院も並ぶ。

AH08 指扇台地の先端にある慈眼寺

西区水判土
鴨川／台地端の寺社
100 旧百景＃20

さいたま市の中央部を南北に貫く大宮台地の西端にあるのが、西を入間川・荒川、東を鴨川に挟まれている指扇台。その南端にあるのが、旧大宮市では最古の古刹と言われる、慈眼寺だ。下の道路面から3mほど立ち上がった台地上には山門や観音堂が並び、昔から変わらない地域のシンボルだ。当地の地名水判土（みずはた）は、台地が終わり"水辺の端"であることに由来すると考えられる。

AH09 大宮台地南端のランドマーク 睦神社

南区白幡1丁目
大宮台地南端／台地端の寺社／社叢林

二つの谷戸が寄り添う台地縁の入江、それを包むような三つの岬上のランドマーク（真福寺逆さ銀杏、医王寺薬師堂、睦神社）の一つ。山のような社叢林は、縄文海進の頃に由来する暖地性植生を伝え、参道の急な石段を包み込んでいる。崖下には太刀を立てて雨乞いをした池があり、入江の中心にある医王寺薬師堂を挟んで白幡沼を望んでいる。いずれも谷戸出口の水辺で大宮台地南端の代表的風景。

AH10 岩槻台地の先端にある光秀寺

岩槻区尾ヶ崎
岩槻支台南端／台地端の寺社／天然記念物

岩槻南部では道路拡幅工事が盛んに行われているが、道路から一歩出るとまるで別世界のような広々とした田んぼが目に飛び込んでくる。それに面して岩槻台地の南端に建つ光秀寺は、一五六四年、岩槻城主太田氏房の家臣、三上三郎左衛門の開基。一八八五年の火災で建物は焼失し、境内に植わっていたカヤの大木も幹上部を焼失したが枯死せず、現在はさいたま市の天然記念物に指定されている。

斜面林に整備された公園・緑地

AH 11 大和田緑地公園 特別緑地保全地区

見沼田んぼに臨む大和田の台地端部にある。西側は芝川第七調節池。

二〇〇六年（平成18）に特別緑地保全地区に指定、面積1・33ha。クヌギ、コナラ、シデなどの落葉広葉樹主体の樹林で、南側は榎本家の屋敷林に連続する。さいたま市みどり愛護会の人たちが定期的に活動し、キンラン・エビネ等の絶滅危惧種の保護を行っている。現在、樹林の一部を皆伐して若木を植えるなどの「里山再生事業」を実施している。

第七調節池側から見た大和田緑地公園

見沼区大和田町1丁目
斜面林／保全緑地／市民活動
旧百景＃01

樹林の一部では里山再生事業を実施中

AH 12 宮本第四公園

緑区宮本1丁目
区画整理事業／公園

緑区では、広範囲で土地区画整理事業が進められている。その中でも見沼を北側に望む台地端のエリアでは、区画整理で整備が義務づけられる街区公園を、あえて細長い形状で配置することによって、もともとの斜面地形が活かされている。

宮本第四公園はそういった街区公園の一つ。もともとの斜面地形は活かされているが、樹木はソメイヨシノなどで公園整備前の植生は保全されていない。

AH 13 船山公園

南区南浦和3丁目
大宮台地南端／斜面林／公園

藤右衛門川の谷戸の西側、大宮台地南端の細い先割れした台地の一部にある。昭和20年代の地図を見ると、ここから西、東北線の線路までは一面の田んぼだった。南浦和の駅もまだない。今は周り中がマンションの中に、緑の島のような船山公園がある。丘の頂上には、標高9・88mの三角点がある。一九六七年開設した1haに満たない小さな公園だが、マンション街の中の貴重な緑地だ。

AH 14 浦和向公園

南区大谷口
大宮台地南端／斜面林／公園

台地南端の大きな谷戸の出口に向小学校があり、学校を包み込む湾曲部を縁取る斜面林一帯が浦和向公園である。曲線で連なる斜面林は台地南端部では殆ど残っておらず、その最も美しいものの一つである。その先、谷戸の南を見沼代用水西縁が横切り、谷を流下した川が代用水を潜ってから表に出て南へと流れる。かつては東浦和駅へ向かう道路を挟んで大谷口氷川神社へと斜面林は続いていたのだろう。

AH 15 三貫清水緑地

北区奈良町
斜面林／都市緑地／鎌倉街道／市民活動
旧百景＃81

鴨川の谷に臨んだ台地端、南北約三五〇メートルの雑木林。その中を鎌倉街道が通る。斜面林の下からは豊富な湧き水があり、太田道灌由来の三貫清水として有名だが、近年水量が少なくなり、沼地の湧き水をポンプアップして循環させているという。

一九九三年、都市緑地として都市計画決定（面積2・0ha）。以来、「三貫清水の会」の人たちが、鴨川も含めた自然保護活動を行っている。

台地端の公共施設等

AH 16 台地端に聳えるさいたま市立病院

緑区三室
見沼田んぼ／ランドマーク

見沼区見山の台地斜面林の中に建つキノコ研究所前から南方面を見下ろす。盛土された植木畑、わずかに残る田んぼと芝川右岸斜面林が段階的に望めるその先の台地上に、二〇一九年に新築なった十階建てのさいたま市民病院が聳え立つ。右手、三室自然緑地のずっと先に、冠雪の富士山が見える。市民に欠かせない重要な施設であり、見沼田んぼ中央部のランドマークだが、ちょっと巨大すぎるか。

AH 17 台地端の東大宮メディカルセンター

北区土呂町
見沼田んぼ／区画整理事業／ランドマーク

見沼代用水西縁を前にした大宮台地端部に立つ。周辺は土呂農住特定土地区画整理事業（面積約11ha）が実施中で、それに合わせて東大宮駅近くから移転してきた。北側の見晴公園風車とともに、見沼田んぼ北部エリアのランドマークとなっている。東武アーバンパークラインの電車が見沼田んぼを渡って行く。用水路脇の桜並木が病院の足元を覆っていて、見沼田んぼの風景に馴染ませている。

AH 18 大宮体育館と斜面林・桜並木

見沼区大和田町1丁目
見沼田んぼ／斜面林／桜並木／高度成長期／関風景ＣＤ08

見沼田んぼに面する大和田台地端の斜面林の中にある。旧大宮市時代の一九七八年（昭和53）建設、高度成長期における公共施設整備のひとつだ。当時は田んぼと斜面林が広がる風景の中に、忽然と白亜の建物が立ち上がった感じだっただろう。今では前面の桜並木とともに、すっかり馴染みの風景となっているが、屋上のパラペットを立ち上げて、周囲の斜面林から突出させる必要はないのではないか。

AH 19 見沼田んぼの斜面林と老人ホーム

見沼区大和田町2丁目
見沼田んぼ／斜面林／高齢化／富士山遠望

見沼田んぼに面する大和田の台地端の斜面に、一九九八年建設。この辺りの台地端部は、良好な斜面林、斜面林を保全した小さな公園と斜面住宅、そしてこの老人ホームなどが混在する。市街化区域であるので、都市的土地利用が進むのはやむを得ないのか。老人ホームの三階食堂、四階屋上などからは、見沼田んぼの向こうに富士山もよく見え、余生を過ごすのにいい場所かも知れない。

AH 20 見沼代用水西縁ぞいの斜面林を切り拓いた住宅

緑区宮本1丁目、三室
斜面林／斜面住宅

芝川の右岸側堤防から眺望する見沼代用水西縁沿いの住宅地。緑区は広範囲に区画整理が実施されているが、見沼田んぼの低地と住宅市街地が広がる台地の境界にあたる斜面地には、近年まで斜面林が多く残されていた。しかし、計画的に公園として樹林地が保全された一部の斜面地を残して徐々に斜面地の住宅開発が進んでいる。斜面林の連続性が途切れ、縁取られた見沼田んぼの特徴的な景観は失われつつある。

AH 21 大和田の斜面住宅

見沼区大和田町2丁目
斜面住宅／高度成長期

見沼田んぼ、市民の森東側の斜面住宅。この辺りは、通称「紅葉ヶ丘住宅」といい、昭和30年代から開発された比較的良好な住宅地だ。台地上の平坦部が先に開発され、見沼田んぼに面した斜面部は樹林だったが、徐々に住宅が建てられて今のような景観ができた。足元の芝川との間には貸し農園もあり、住民の楽しみとなっているのかも知れない。南側の谷戸際には、大和田村の村社である鷲神社が鎮座する。

台地端から市外への眺望

AH22 大門の崖地からの眺望（東方向）

日光御成道は東川口駅付近から北上し、崖上に沿って進む。貝殻坂付近の御成道の標高は16・2m、坂下にある大門坂下公園は5・6mで、高低差は10m程ある。坂は平均斜度4・2度の少し急な坂である。公園から北への崖地は大門一丁目緑地として整備されて、斜面緑地と遊歩道がある。さらに北に進むと大門神社があるが、その標高は19・4m、崖下とは15m近い高低差がある。

日光御成道を旅する人々にとっても、見晴らし良く、遠方に見える筑波山等で方角を確認出来て楽しかったのではないか。斜面は災害防止が大切だが、景観形成にも重要な場所だ。

東方に筑波山を望む

緑区東大門1丁目
安行支台東端／御成道／筑波山遠望

AH23 自衛隊通りから秩父連山遠望（西方向）

大宮台地上から鴨川の低地に向かってほぼ真西に下る自衛隊通り。

そこからの秩父連山の眺めは、大宮台地から西方向を眺望した風景の代表例だ。冬の晴れた日には、特徴ある形の武甲山をはじめ、山肌のひとつひとつまでがくっきりと見える。

北の日光や赤城の山並みは、地形の関係で高層ビルからしか見えないから、秩父連山の眺めはさいたま市民にとって貴重である。

この坂の上と下の比高は5〜8m程度だが、坂をちょっと下ればもう山並みは見えない。風景にとって坂は大事だ。

坂の南側、農業・食品産業技術総合研究機構の敷地内には、豊富な樹林が残っている。

北区日進町1丁目
坂道／秩父連山遠望
100 旧百景＃83

AH24 根岸薬師堂からの眺望（西方向）

南区根岸1丁目
大宮台地南端／坂道／タワーマンション

ここから西を望む眺望は中山道が台地から深い谷戸の低地に降りていく様子を絵巻物のように横に流し読みする絶景。深く水平に広がる谷は家並みで埋め尽くされ、その向こうを中山道焼米坂が右から左へと降りていく。正面には南浦和小学校、右手には谷を渡る武蔵野線の跨線橋を覆うシェルターが真っ直ぐ伸びて、中山道と小学校の地下へと吸い込まれていく。遠景には武蔵浦和の高層ビル群が並ぶ。

AH25 沼の上坂からの眺望（南方向）

南区太田窪、川口市芝
大宮台地南端／坂道

産業道路を南下すると、藤右衛門川の谷戸出口付近、上谷沼調節池の脇で二十三夜交差点に差し掛かる。二十三夜供養塔がある辺りから眺望が開け、沼の上坂を降りる。沼というが谷戸の出口付近はかつて水田が広がっていた。上谷沼調節池は見えないが、すぐ下流に建つマンションがその目印である。坂下の正面には、長徳寺の緑の島があるが、今は外環道の巨大構造物のため殆ど見えない。

台地間、台地内の起伏の風景

AH 26 日向十景

ここは大宮台地西端の細い尾根状地形で、西側は荒川低地。かつては城館があったといい、その跡に弘法大師ゆかりと伝えられる日向不動尊が建てられた。

不動尊境内には、日向地域からの景観を選んだ日向十景の碑が立つ。江戸時代の天保年間に建てられた碑文には、平野の中の小山の中にも高い山に劣らない素晴らしい眺望が得られるところがあると記されている。ここはまさにそういう所だ。日向十景には、遠くの山を見る遠景「富士雪」「浅間山夕煙」「筑波山暮雪」があり、西側を見下ろす眺望「荒川帰帆」「平野晴嵐」「聖沼落雁」などが謳われている。だが今、低地部は一面の建物で埋め尽くされていて、この絶景は想像しにくい。

「日向十景碑」上段に漢文の碑文、下段に十首の和歌

桜区西堀10丁目
大宮台地西端／富士山遠望／江戸期／十景／石碑

AH 27 太田窪の台地から浦和の街の変化を眺める

緑区太田窪1丁目
坂道／タワーマンション
関風景CA25、CA26
100旧百景＃82

浦和の街は、交通利便性と居住環境を謳い文句にマンションの増加が顕著だ。その数はさいたま市十区中で浦和区が最多、次が隣接する南区で、この二区で市全体の半分近くを占めている。太田窪の台地上からは、浦和の街の中心部で高層建築物が増殖していく様子が眺められる。

庭つき一戸建ての減少とマンションの増加は、「緑豊かで閑静な浦和」と言われたイメージを変えつつある。

AH 28 緑区の区画整理で生まれた起伏に富んだ道路景観

緑区宮本1・2丁目
区画整理事業／坂道
関風景CA08

台地の縁辺部には小さな谷戸が複雑に切れ込んでいるため、比較的平坦なさいたま市域においては高低差の変化が大きい地形となっている。広範囲で土地区画整理事業が進められた緑区では、高低差のある土地に直線的な道路が整備されることで、まるでサンフランシスコのような起伏に富んだ道路景観が形成された。起伏は整然とした低層住宅地に、朝日や夕陽、遠景への眺望などのドラマチックな景観を演出する。

AH 29 浦和の坂道

浦和は坂道が多い。地形的に浦和が大宮台地の南端部にあり、台地と低地が樹枝状になっているからで、この台地と低地を通る道が坂道となっている。

昭和50年代には旧浦和市民から坂の愛称を募集する事業があり、その時多くの坂に名が付けられたが、それ以外に名もない坂道も数多くあり「急坂注意」とだけ表示の坂道もある。

名もない坂

焼米坂：江戸時代、旅人に焼米を売る店があった

神明坂：神明町にある

木遣坂：近くで無形文化財の木遣歌が歌いつがれている

浦和区岸町5丁目、神明2丁目、南区根岸4丁目
大宮台地南端／坂道
100旧百景＃80

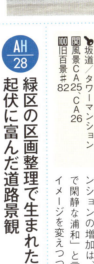

BA 先史時代の風景

さいたま市の遺跡数は一一〇〇か所程判明しており、さいたま市のホームページにある「さいたま市地図情報」を見ると「埋蔵文化財包蔵地」（俗称遺跡）として記載されている。遺跡を面積的にみるとさいたま市の面積が217・49㎢のうち、市内の遺跡面積は34・1㎢となっており、市域の約16％を占めている。先史時代の多くは河川が削った台地際や開析谷（谷底低地）際の台地上に、新しいところでは河川が造った自然堤防上に分布している。

埋蔵文化財は住居跡、貝塚、古墳などの「遺構」と土器や石器などの「遺物」で構成されるが、郷土の歴史文化を知るものとして、残存する風景を遺して、未来を見据えるための貴重な財産として保全したい。先史時代の武蔵野は台地一面に平地林が覆い、狩猟採集が可能な土地であったろう。現在大宮台地に僅かに残る斜面林はその名残であり、防風対策や生態系保全、景観保全などに貴重である。

このシリーズでは旧石器時代遺跡の遺物や縄文海進などに伴う貝塚遺跡、特異な土偶などを造りだした時代の住居跡を持つ遺跡、そして稲作がもたらした群集墳の中から、形を残しているものの代表例を取り上げている。

遺跡などの発掘成果については毎年、さいたま市遺跡調査会の協力で報告会が開催されている。

また埼玉県の埋蔵文化財調査事業団も発掘に携わり、報告書などを作成しているので参考にされたい。

貝塚、遺跡、古墳などの遺構の選出については現物が保全されているか、あるいはそれに近い形で調査結果があるかによることとした。

円墳か方墳、墳丘高3・5m、径40m、7世紀。西区の大宮西小学校の南西にあり、未発掘。稲荷社が鎮座することで保持されて来たようだ。

原稲荷古墳（植水古墳群）
BA-08

円墳、墳丘高5・9m、径35m、6世紀中ごろ、大宮区三橋4丁目。当地の古墳群の中では最大級、埴輪や勾玉などが出土。学校校庭にあり、ガードされているので保存は良い。市指定史跡。

稲荷塚古墳（側ヶ谷戸古墳群）
BA-09

さいたま市内で最も古いと考えられている古墳、桜区塚本にある。形は前方後方墳で、作られた時期は4世紀の中頃と考えられている。高さは6m程。

塚本塚山古墳（大久保古墳群）
BA-10

円墳、古墳時代後期6世紀後半～7世紀前半頃。径33m、高さ4・5m。市内で現存する円墳では最大規模。中浦和駅近くの鴻沼川左岸の標高7～8m程のところにある。神明神社に隣接して保存状態は良い。市指定史跡。

神明神社古墳（土合古墳群）
BA-11

B まちの記憶と文化に関わる風景

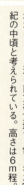

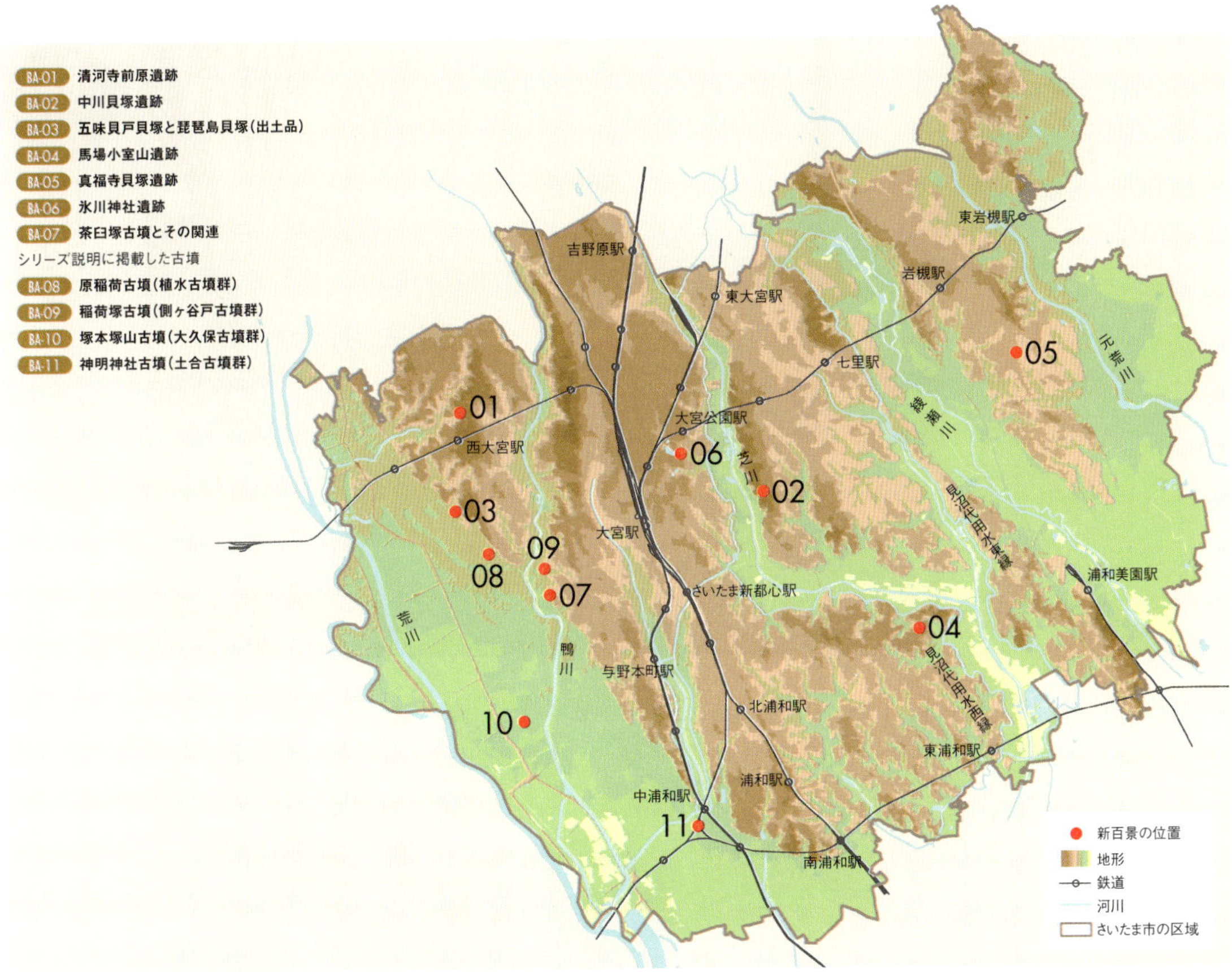

参考資料　さいたま市遺跡年表

時代	時期	西暦	主な出来事	さいたま市内の遺跡
旧石器時代		BC三〇〇〇〇	日本に人類が登場	西大宮バイパス遺跡、清河寺前原遺跡
			市域に人が住み始める	中川貝塚、大和田高明遺跡、北宿西遺跡、松木遺跡、和田北遺跡、明花向遺跡
縄文時代	草創期	BC一〇〇〇〇	石器、（狩猟）（採集） 土器、弓矢、土偶、竪穴住居（分散定住）（採集）	大丸山遺跡、えんぎ山遺跡
	早期	BC八〇〇〇		高井遺跡、稲荷塚遺跡、五味貝戸貝塚、八雲貝塚、大古里遺跡、松木遺跡
	前期	BC四〇〇〇	縄文海進の最大化	側ヶ谷戸貝塚・貝崎貝塚、琵琶島貝塚、大谷場貝塚、太田窪貝塚、黒谷貝塚、柏崎貝塚、大戸貝塚、大古里遺跡
	中期	BC三〇〇〇	大きな集落（集住・栽培）	下加遺跡・八幡耕地遺跡、根岸遺跡、馬場小室山遺跡、南鴻沼遺跡、椚谷遺跡、御屋敷山遺跡、上野遺跡、上木崎足立遺跡
		BC二〇〇〇	小海進	指扇下戸遺跡、土呂陣屋跡、御蔵山中遺跡、馬場小室山遺跡、南方遺跡、真福寺貝塚、膝子遺跡
	後期	BC一〇〇〇	呪術的品々（土偶や耳飾り、巫女）、環状集落、（祭祀）	東北原遺跡、小深作遺跡、奈良瀬戸遺跡、大谷場遺跡、氷川神社遺跡、馬場小室山遺跡、真福寺貝塚、裏慈恩寺遺跡、南鴻沼遺跡、前窪遺跡
	晩期	BC三〇〇		
弥生時代	前期・中期・後期		稲作、金属器、方形周溝墓	原遺跡、大和田本村遺跡、御蔵山中遺跡、松木遺跡、大北遺跡、諏訪坂遺跡、南遺跡、三崎台遺跡、土屋下遺跡、馬場北遺跡、大谷場小池下遺跡、芝原遺跡、井沼方遺跡、上太寺遺跡、中里前原遺跡、木曽良遺跡、本村遺跡
古墳時代	前期	AD三〇〇	古墳、埴輪、勾玉、（豪族）	下加南遺跡、別所遺跡、白幡木遣遺跡、上野遺跡、西溝1号遺跡
	中期			白鍬遺跡、別所遺跡、白鍬塚山遺跡、御蔵台遺跡、本杢遺跡、白鍬宮腰遺跡
	後期	AD七〇〇	仏教伝来（五三八）、寺院建造、大化の改新（六四五）（国家）	根切遺跡、側ヶ谷戸古墳群、本杢古墳、上大久保新田遺跡、一ツ木遺跡、白鍬宮腰遺跡、北宿西遺跡、札ノ辻1号遺跡

※参照：『さいたま市内遺跡発掘調査成果発表会資料・発表要旨 2022.9.10』※表内の青字遺跡はカタログ風景で取り上げ

旧石器時代遺跡

BA 01 清河寺前原遺跡

西大宮3丁目第1公園（正面西区役所）

清河寺前原遺跡は、大宮台地西縁に位置し、荒川に注ぐ滝沼川によって樹枝状に開析された台地上に立地する。標高は約16mである。大宮台地には、後期旧石器時代前半の遺跡は少ないが、本地域には大木戸遺跡、西大宮バイパスNo.4遺跡等が隣接している。現在は西大宮3丁目第1公園となっている。

遺跡は、大宮西部土地区画整理事業に伴って発掘調査が行われ、後期旧石器時代初頭（約3万年前）の石器が一四〇〇点近く出土した。石器の分布には、石器が密集して出土する箇所があり、本遺跡では、2m程度のいくつかの塊が径約15mの環状に並んでいた。石器は黒曜石製で、台形様石器、掻・削器、大形の剥片、石核等が出土し、石器の製作が行われていた。

西区西大宮3丁目
滝沼川／旧石器時代／区画整理事業

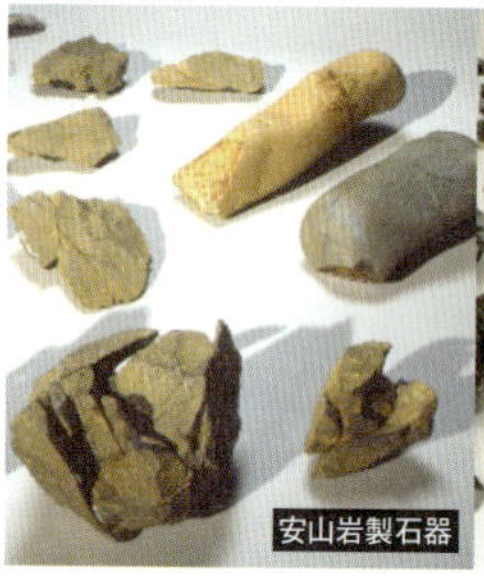
安山岩製石器

黒曜石製石器

BA 02 中川貝塚遺跡

自治医大職員住宅等

旧石器時代から縄文時代に進み、温暖化に向かい、植物系採集も容易化し、土器の発明もあり、次第に人々は定着生活に向かった。海進に伴う海からの恵みもあり、集住生活に耐えうる食糧生産を得ながら、発展してきた。中川貝塚遺跡は名称が「貝塚」であるが、出土品では旧石器時代の石器類が多く見いだされ、市指定の有形文化財（考古資料）となっていて、それらは大宮区高鼻にある「土器の館」に保管されている。一九九八年度の発掘調査ではナイフ型石器、切出し形石器、角錐状石器、スクレーパー等が出土。これらは、大宮市遺跡調査会報告36集（一九九二年発行）や63集（一九九八年発行）に纏められ、さらに「出土品にみる大宮の遺跡」—近年の発掘調査から—も大宮市教育委員会から二〇〇一年発行されている。遺跡は芝川に近い台地にあり、現在敷地は自治医大職員住宅に利用されている。

見沼区中川
旧石器時代／市有形文化財

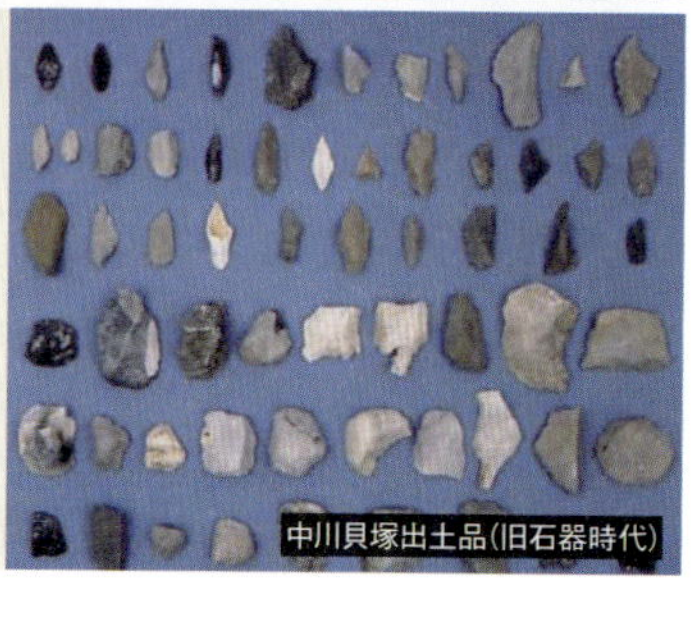
中川貝塚出土品（旧石器時代）

参照：大宮市遺跡調査会

BA 03

五味貝戸貝塚と琵琶島貝塚（出土品）

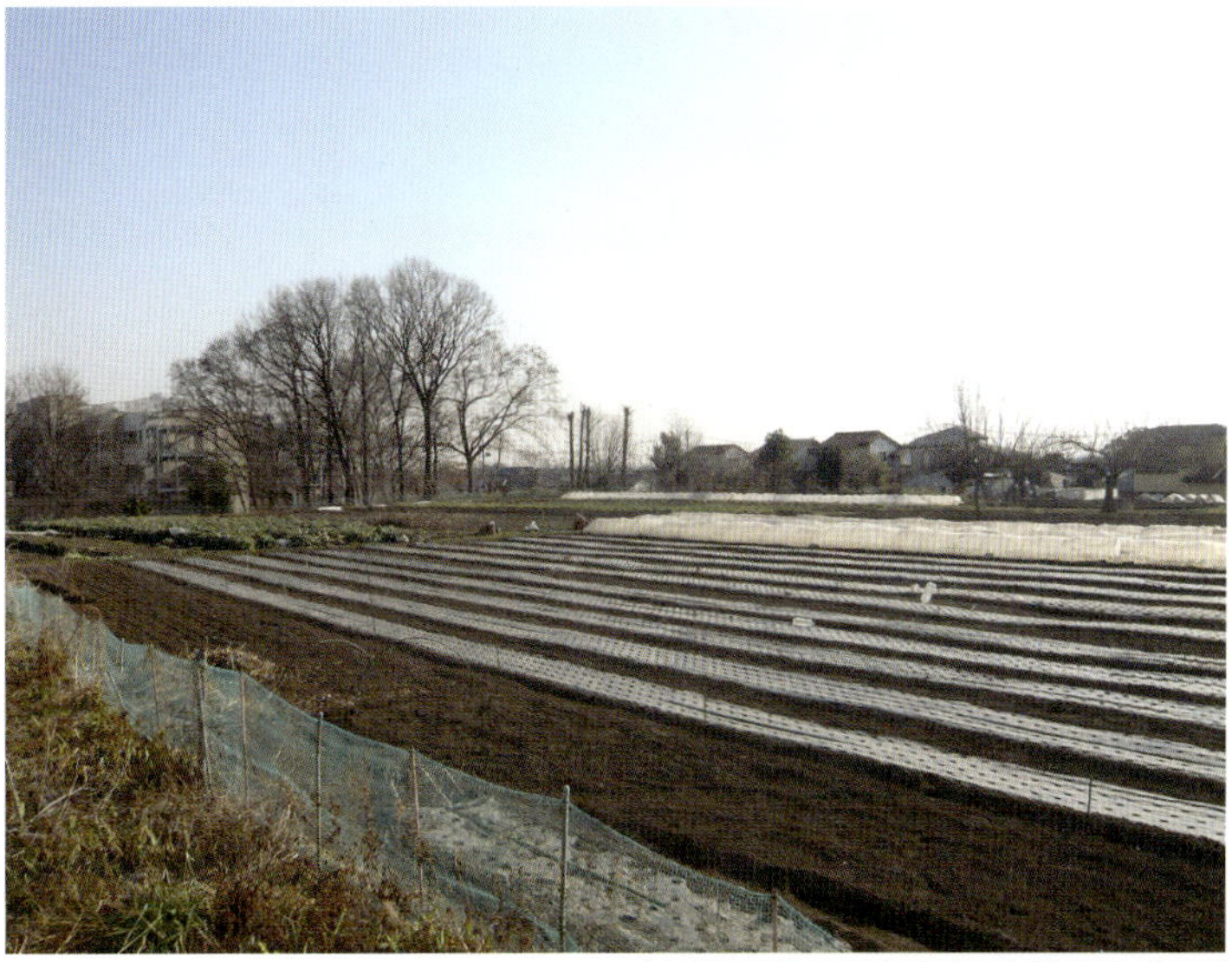

五味貝戸貝塚

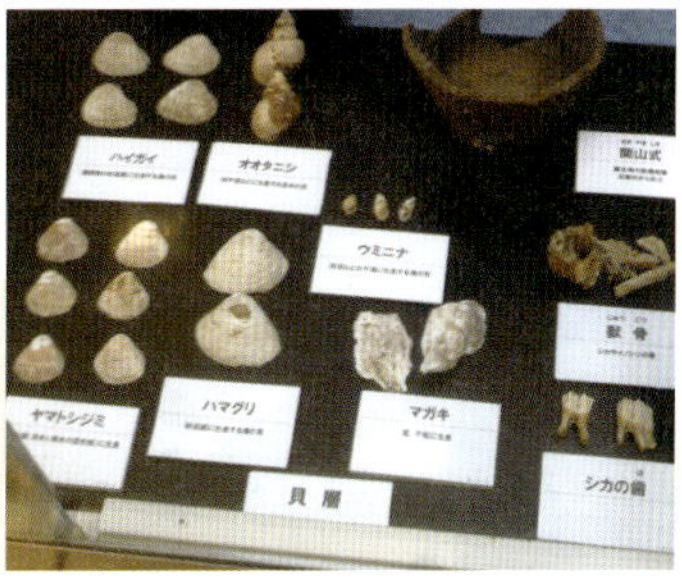

琵琶島貝塚（出土品）

西区指扇

旧入間川／縄文時代／県指定遺跡

■縄文貝塚と二度の海進の関係

五味貝戸貝塚……縄文早期末葉の貝塚

大宮台地・指扇支台の台地際にある貝塚。ヤマトシジミ、マシジミを主体に、巻貝、ハイガイ、オキシジミなども出土、一九六九年10月埼玉県重要指定遺跡。縄文海進が進行中の時期に形成された貝塚で、現在畑・草地などになっているが貝殻などが散在し、貝殻山と呼ばれている。標高は16m弱程度。

琵琶島貝塚……縄文前期初頭から前期中葉の貝塚

五味貝戸貝塚の西北に位置し、標高は12・5m程の台地にある。遺跡区域は五味貝戸を上回り、縄文海進のピーク頃に造られた貝塚。市遺跡調査会による二〇二一年度発掘では住居跡や炉跡、土器、石製垂飾品等も出土。貝層は住居内から出土。汽水性の貝類が主体。

参考資料

縄文海進と貝塚の関係

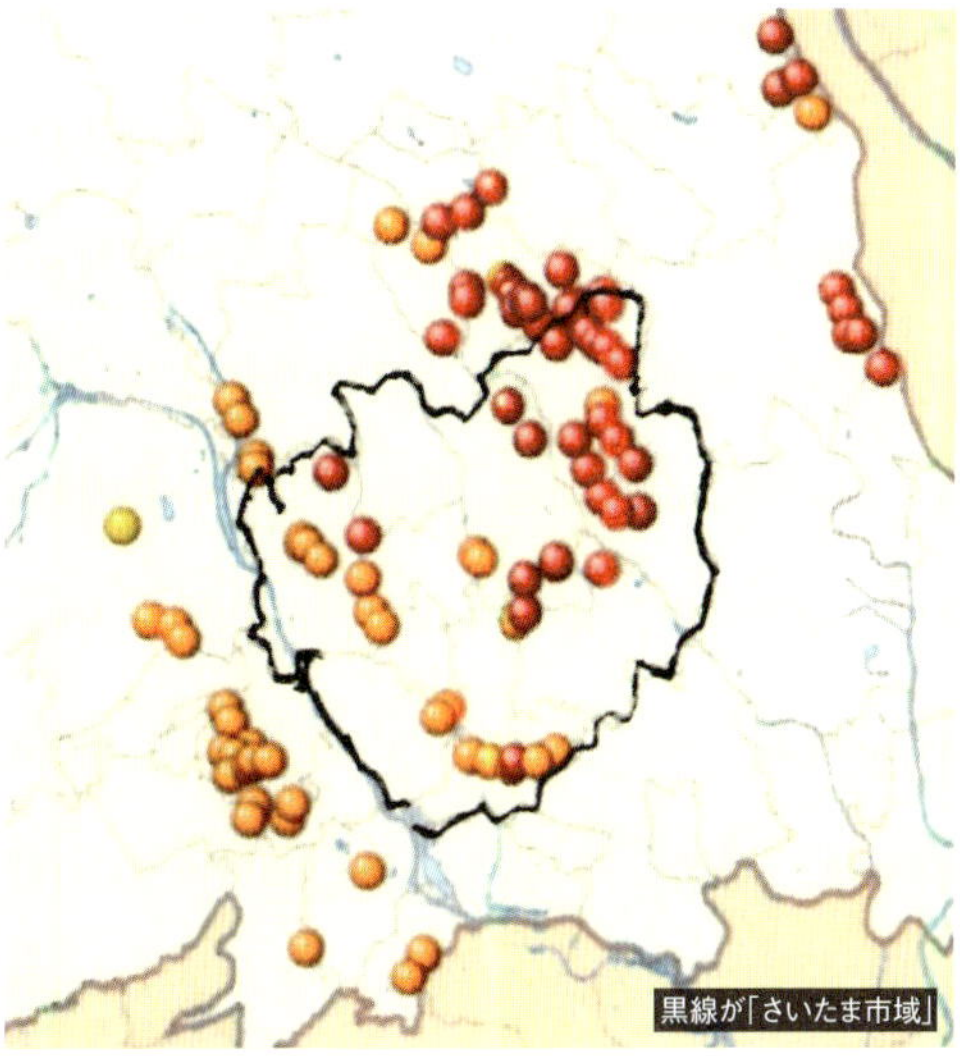

縄文前期貝塚［赤：海水／橙：汽水／黄：淡水］

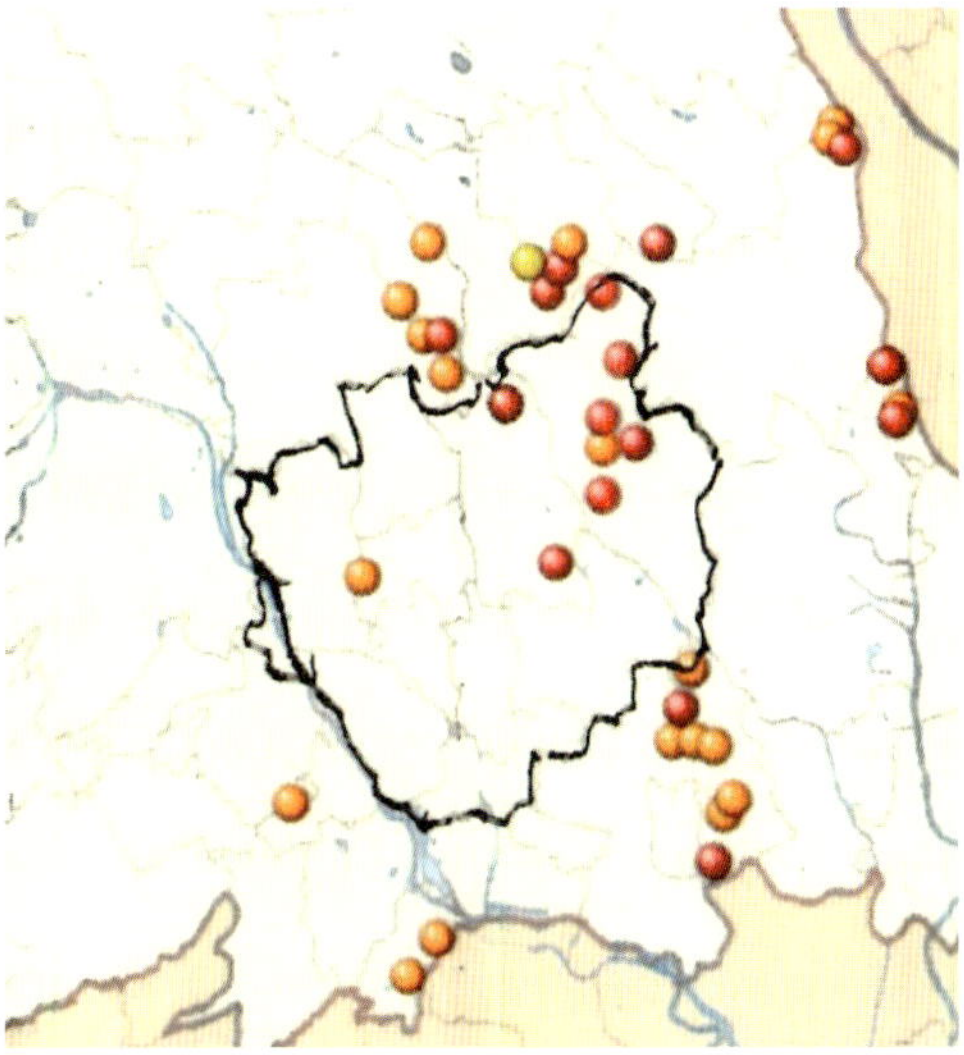

縄文後期貝塚［赤：海水／橙：汽水／黄：淡水］

地球温暖化による縄文海進によって、今から九〇〇〇年前頃には関東地方の陸地が海に飲み込まれ始めた。縄文海進は六五〇〇年前頃にはピークを迎え、現代より2〜3m程海面が高い状態にあった。縄文海進のピークは五三〇〇年前頃まで続いた。その後海面は一旦低下して埼玉の地から海は引き、縄文前期末葉には埼玉には貝塚はあまり見られなくなる。その後再び海面は広がったが、三五〇〇年程前から海は再び後退し始め、遂に二〇〇〇年前に奥東京湾は消滅した。

旧入間川筋の変化が顕著であり、後期に貝塚が市域から消えていることだ。秩父山系からの土砂や淡水の供給が見て取れよう。後期の海進による貝塚分布からも市域の河床の地盤高さが読み取れる。

■縄文後期遺跡・台地遺跡と低湿地遺跡

BA 04 馬場小室山遺跡

雑木林として残されていた馬場小室山遺跡

黄色部分：県指定遺跡の区域

緑区三室、馬場2丁目
縄文時代／環状盛土遺構／県指定遺跡

参照：さいたま市HP　ウィキペディア

当地では縄文の後期～晩期には、窪地を中心とした範囲に「安行式」と呼ばれる土器を指標とするきわめて密度の濃い遺跡が形成された。遺跡範囲内の西側には、直径約50m程の円形の窪地とそれを断続的に取り巻く高まりがある「環状盛土遺構」の他、「土偶装飾土器」、「人面画土器」等石器類、土器類、装飾品などが出土した。遺跡は大半が宅地開発されたが、その内四〇〇〇㎡が二〇一五年3月、市から県史跡に指定替えになった。史跡の現状は、雑木林となっているが、二六五〇年に及ぶ手つかずの雑木林には、里山の景観が残されている。

特記：同期遺跡には前窪、大谷場、氷川神社、奈良瀬戸、東北原、小深作、黒谷田端前、裏慈恩寺等がある。

BA 05 真福寺貝塚遺跡

真福寺貝塚遺跡・環状盛り土域の発掘

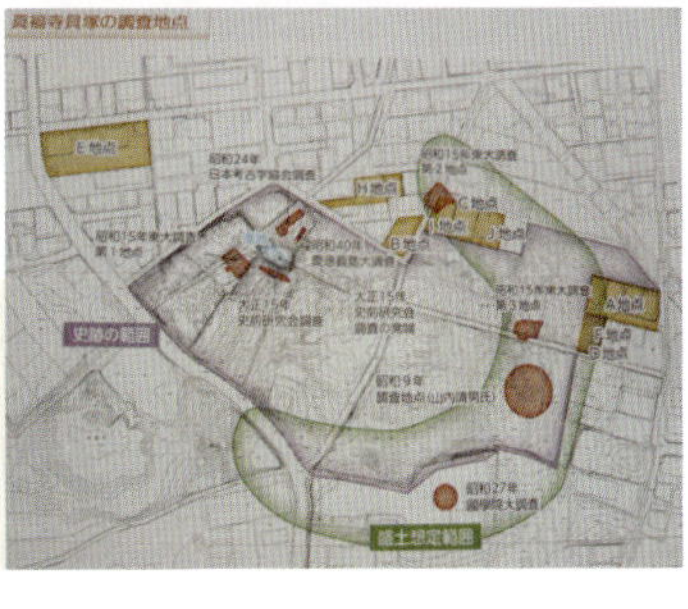

発掘年代及び泥炭層部分（水色とその左側）

岩槻区城南3丁目
綾瀬川低地／縄文時代／環状盛土遺構／国指定遺跡

参照：さいたま市遺跡調査会　さいたま市博物館

当地では一九二六年から発掘調査がなされ、学術的に価値の高い遺構や遺物が数多く発見され、一九七五年国史跡に指定された。二二〇〇年間という居住歴史のある「環状盛り土遺跡」（直径一五〇m）では住居跡や貝塚が、谷戸際の水場を含めて発掘された。貝だけでなく、クジラの骨や鹿や猪も含め、海、陸の恵みを受けていたことが判明している。綾瀬川低地を臨む遺跡で、「安行式土器」や重文とされた「ミミズク土偶」も出土。出土貝類は汽水性のヤマトシジミ主体（谷戸頭に湧水？）。二〇二一年度の発掘では泥炭層の中から約二八〇〇年前の赤漆が塗られた籃胎漆器の一部が出土した。

特記：同時期の低湿地遺跡には膝子、寿能、南鴻沼、大木戸等がある。

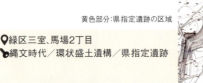

■農耕と神社や古墳の関係について

BA 06

氷川神社遺跡

大宮台地の東縁芝川中流域右岸に臨む台地上に位置する氷川神社周辺の遺跡。二〇一二年の発掘調査で住居跡や土杭、縄文時代の土器・土製品・石器・土偶が出土。本殿を囲むように径一七〇mの馬蹄形の小高い部分が取り巻く。周辺は標高14～15mで中心部との高低差は4～6m。神社社伝にはBC四七三年に分神が出雲から勧請されたとあり、祭祀の場所の継続は氷川神社の宗教性の原点とも考えられる。

氷川神社

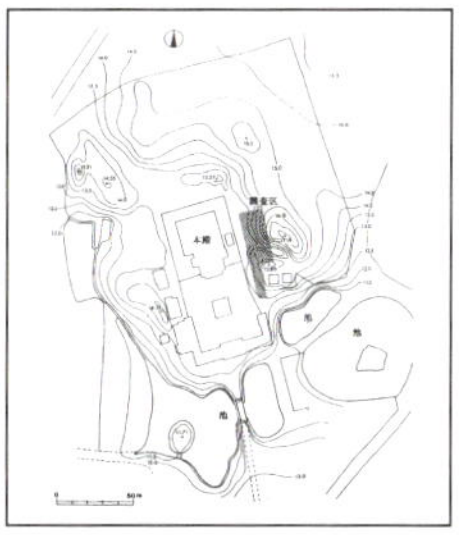

大宮区高鼻町4丁目
縄文時代／環状盛土遺構

BA 07

茶臼塚古墳とその関連

約一五〇〇年前の古墳時代には旧入間川は大宮台地の段丘崖沿いを流れていた。旧入間川は川越付近から現在の鴨川の流路に入り、浦和の別所沼のすぐ西を流れ、芝川の谷地から低地への出口のところを通り、現在の毛無川を流れ、利根川に合流していたと推定されている。また、荒川右岸に聳える武蔵野台地上でも古墳群の発達が顕著で、6～7世紀代に円墳や横穴墓が数多く築かれていた。

さいたま市でも数多くの古墳が築かれ、上流側から、植水、側ヶ谷戸、白鍬、大久保、土合、白幡等に群をなしている。茶臼塚古墳は鴨川に面している側ヶ谷戸古墳群にあり、形状は典型的な円墳で、直径30m、高さ3m程あり、台地の際に6世紀後半に造られた。周辺一帯は旧入間川が形成した自然堤防が多くあり、「殖水郷」という地名の如く稲作に適した氾濫平野と水に恵まれた地域であった。西区三条町辺りでは一町（およそ一〇九m）四方に区画された条里が営まれ、当時の財力の要であった生産性の高い稲作が行われていたものと考えられる。このことから、この地域は「古代足立郡」の中心地であったと推定されている。現在、側ヶ谷戸古墳群で残存している古墳は稲荷塚、上之稲荷、台耕地稲荷、茶臼塚の4か所だが、田んぼとして消えてしまった井刈古墳は前方後円墳であったと埼玉県史に記載されている。

茶臼塚古墳と井刈古墳（前方後円墳）のあった田んぼ

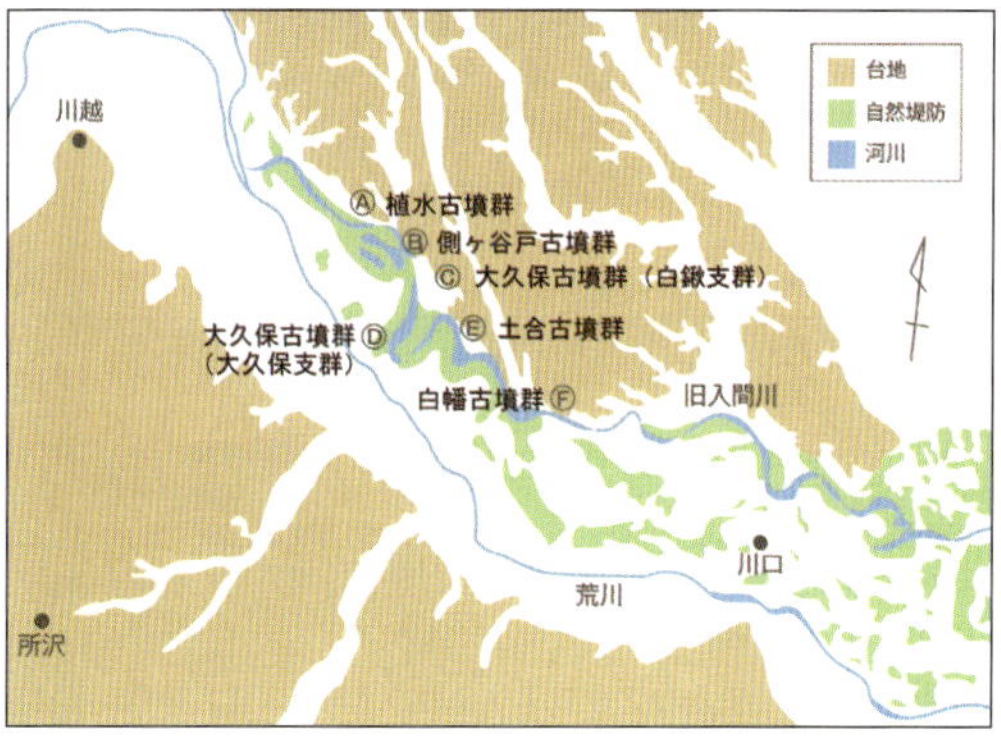

旧入間川筋の群集墳分布

参照：西区文化財ハンドブック さいたまの古墳（市立博物館）

大宮区三橋4丁目
旧入間川／古墳時代／群集墳

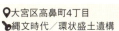

BB 人々の祈りが遺した風景

見沼区片柳の庚申塔

与野公園の富士塚

藤橋の石橋供養塔(石橋復元)

戦のない太平の世でも天災や疫病は襲ってくる。人々は生活の平安や人それぞれに渡る支え合い、非日常の楽しみの共有等で「講」を形成し、怖れや共に生きること等で対峙してきた。講には伊勢講に始まり、念仏講や庚申講、山岳信仰の富士講、大山講、木曽御嶽講などいろいろあった。それぞれには旅行本制作者や御師のような仕掛け人の存在も大きい。

その活動結果として、人々は生活の中で願いや感謝を込めて辻や追分や路傍に石造遺物も設置してきた。それらは大小を問わず、神仏として祀られた。また地域の結束という面では「結」を形成し、公益的なことや共同体維持を図ってきた。

現在では大都市周辺の地縁社会は結束力の面では弱体化している。職域社会化が進行した現代においていかにして「生活都市」の住みやすさを確保するか。

B まちの記憶と文化に関わる風景

このシリーズでは歴史を顧みて、いかにして楽しく、安心して生活が出来るようにするにはどうするかということを考える縁としたい。

ここでは、庚申信仰の結果で生まれた庚申塔、飼育動物の供養を示す馬頭観音、日常の生活などでの感謝を示す石造遺跡、そして富士浅間信仰や富士講がもたらした富士塚等のそれぞれについて、市内にある一部のものを取り上げて構成した。

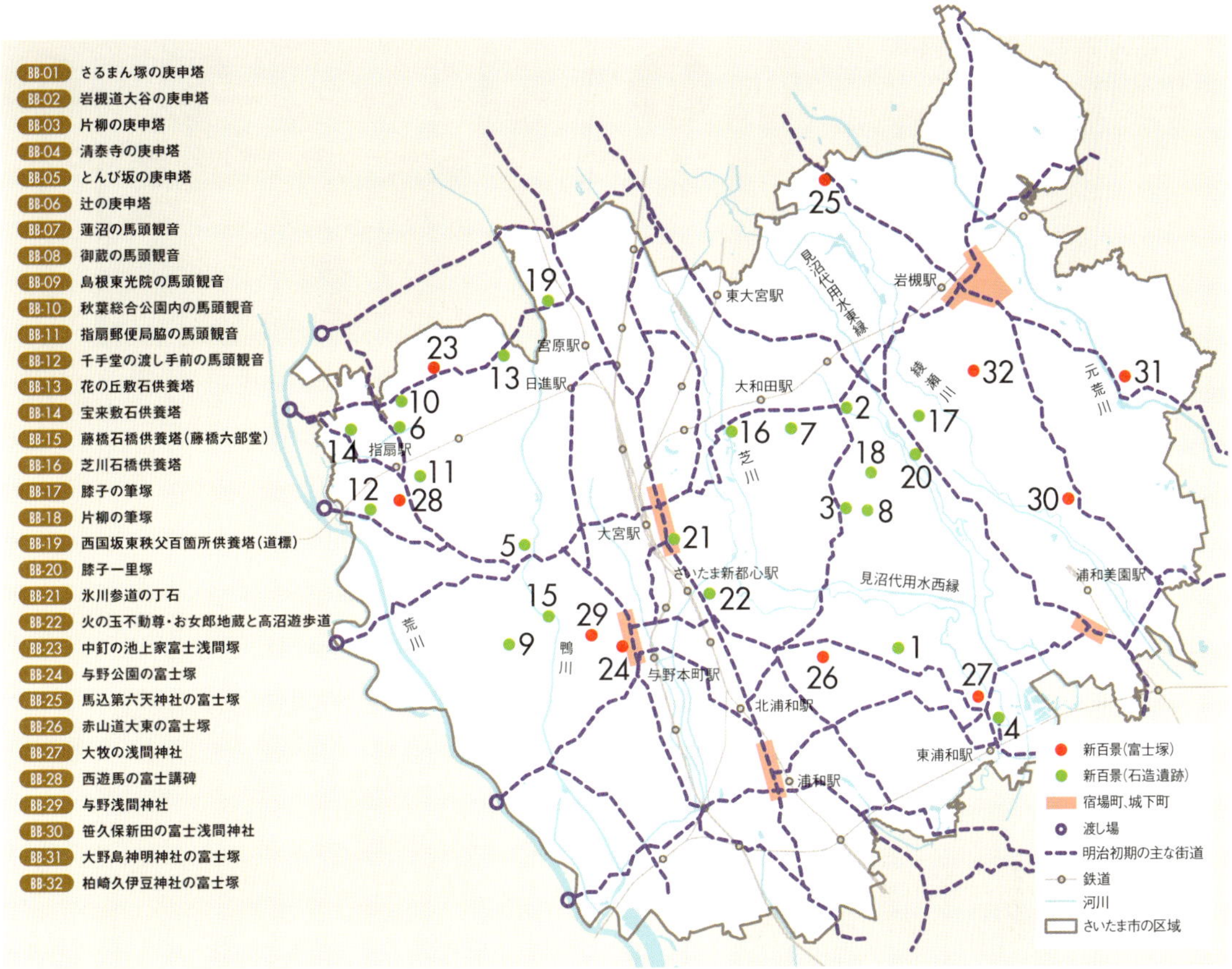

BB-01 さるまん塚の庚申塔
BB-02 岩槻道大谷の庚申塔
BB-03 片柳の庚申塔
BB-04 清泰寺の庚申塔
BB-05 とんび坂の庚申塔
BB-06 辻の庚申塔
BB-07 蓮沼の馬頭観音
BB-08 御蔵の馬頭観音
BB-09 島根東光院の馬頭観音
BB-10 秋葉総合公園内の馬頭観音
BB-11 指扇郵便局脇の馬頭観音
BB-12 千手堂の渡し手前の馬頭観音
BB-13 花の丘敷石供養塔
BB-14 宝来敷石供養塔
BB-15 藤橋石橋供養塔（藤橋六部堂）
BB-16 芝川石橋供養塔
BB-17 膝子の筆塚
BB-18 片柳の筆塚
BB-19 西国坂東秩父百箇所供養塔（道標）
BB-20 膝子一里塚
BB-21 氷川参道の丁石
BB-22 火の玉不動尊・お女郎地蔵と高沼遊歩道
BB-23 中釘の池上家富士浅間塚
BB-24 与野公園の富士塚
BB-25 馬込第六天神社の富士塚
BB-26 赤山道大東の富士塚
BB-27 大牧の浅間神社
BB-28 西遊馬の富士講碑
BB-29 与野浅間神社
BB-30 笹久保新田の富士浅間神社
BB-31 大野島神明神社の富士塚
BB-32 柏崎久伊豆神社の富士塚
東大宮駅
岩槻駅
宮原駅
日進駅
大和田駅
指扇駅
大宮駅
さいたま新都心駅
与野本町駅
北浦和駅
浦和駅
東浦和駅
浦和美園駅
見沼代用水東縁
見沼代用水西縁
綾瀬川
元荒川
芝川
荒川
鴨川
新百景（富士塚）
新百景（石造遺跡）
宿場町、城下町
渡し場
明治初期の主な街道
鉄道
河川
さいたま市の区域

参考資料 石造遺物とは

庚申塔

庚申信仰は中国道教の影響を受けた信仰。60日毎にめぐってきて「守り庚申」が行われた。徹夜で謹慎したりして邪気を祓った。平安時代は宮中で、室町期に全国伝播。江戸時代中頃には一般庶民も講を結成していた。3年18回をもって一座といい、満願時には庚申塔を造立した。

庚申塔の設置場所は講があるエリアの辻や路傍で、日常生活でよく訪ねるところが多い。その後明治維新の神仏分離の影響もあり、神社に移設されたものも多い。寺院への移設もあるが、他の信仰と併せて、大量に寄進されたものもある。

馬頭観音

馬頭観音については、馬頭の名称から身近な生活の中の「馬」に結び付けられ、近世以降、民間信仰に支えられて数多くのものが残されている。近世以降は国内の流通が活発化し、馬が移動や荷運びの手段として使われることが多くなった。これに伴い馬が急死した路傍や芝先（馬捨場）などに馬頭観音が多く祀られ、動物への供養塔としての意味合いが強くなっていった。

馬頭観音は原位置を保持しているものが多く、個人宅の道路に面した敷地に祀られているのをよく見かける。移設先としては寺院境内が多い。

富士塚等

富士浅間信仰は、戦国末期に長谷川角行が信者を富士講としてまとめ、次いで江戸中期に食行身禄が富士講身禄派を興した。更に、江戸末期に身禄派の小谷三志が不二孝を興し、勤労の重視、孝道の実践などを教義の中心に据えたことで庶民の間に広まり、隆盛を極める基礎となった。その後、江戸を中心として急速に広まった富士講の影響は当地周辺にも及び、篤信者を生んでいる。

その他の石造遺物

その他の石造遺物としては敷石や橋、そして筆などへの供養とするものや道標などの生活にかかわるもの等が感謝をこめて祀られている。

西区植田谷本にある藤橋六部堂は石橋建設者の行者を祀っているが、その石橋の古材で橋の復元もなされ、地元の人々の感謝を伝えている。また街道の一里塚や神社参道の丁石、供養塔である地蔵尊なども人々の祈りによる石造遺物であろう。

庚申塔

BB01 さるまん塚の庚申塔

緑区三室
庚申信仰／道標／赤山道

赤山街道沿いの「さるまん塚」に立つ、高さ二五〇㎝の笠付角柱の庚申塔。塔身の正面には浮き彫りで、二童子を従え、邪鬼を踏みしめた青面金剛像を表し、その下に四夜叉を配し、台石には二鶏と三猿を刻んでいる。塔身の側面に、寛保2年（一七四二）に三室村宿組の講中とあり、「東ハ赤山道」「西ハ大宮道」と刻まれ、道標としての機能も有した。大きく複雑な彫刻を持つ稀有な作例である。

参照：さいたま市教育委員会

BB02 岩槻道大谷の庚申塔

見沼区大谷
庚申信仰／大宮岩槻道・浦和岩槻道

見沼区大谷中学校前の東西に走る道は、大宮と岩槻を結ぶ昔からの「岩槻道」である。交通量の多い道で見過ごしてしまいそうな道角に建つ庚申塔は享保15年（一七三〇）に大谷村の吉兵衛等10人が庚申信仰を続けて建てた。碑面に「天下泰平」「五穀豊穣」「萬民安楽」等が彫られている。榎本家でお守りして10月には「しめ縄」を取り換えるなど大変大事にしていると案内板にある。

BB03 片柳の庚申塔

見沼区片柳
庚申信仰／浦和岩槻道

県道214号線根木輪バス停付近に三基の庚申塔が並ぶ。

板碑型は寛文元年（一六六一）市内ではもっとも古い庚申塔のひとつだ。下部に片柳村と9人の名前を刻印。

笠付角柱型は正徳元年（一七一一）青面金剛立像合掌型六臂。側面に庚申満願塔、片柳村と刻印。

舟形光背型は元禄8年（一六九五）青面金剛立像合掌型六臂。三猿の下、多くの名前を刻印。

BB04 清泰寺の庚申塔

緑区東浦和5丁目
庚申信仰／富士信仰
関BB27

清泰寺には見性院の墓がある。清泰寺境内に同じ形の庚申塔三四九基、青面金剛像浮彫の庚申塔1基、自然石の庚申塔1基がある。三四九基の内訳は天明3年（一七八三）のものと万延元年（一八六〇）に奉納された三〇〇基。後者の年は富士山の御縁年に当たることから当時御縁年と庚申待ちとが結びついて寄進されたものと考えられる。寄進の範囲は、県南の各地から、東京、千葉にまで及ぶ。

BB05 とんび坂の庚申塔

西区三橋5丁目
庚申信仰／川越道・平方道・与野道

正徳5年（一七一五年）笠付角柱型。青面金剛立像 合掌型六臂。塔に日月・邪鬼・二鶏台に三猿を彫印。青面金剛は三眼で忿怒相。邪鬼も白目をむく。

左側面 年号を彫り、脇に武蔵國足立郡大野下村 講衆都合二十七人謹白とある。

川越道、上尾・平方道、与野道の三叉路。とんび坂は上尾道方面を指しているが、命名は恐らく近くの鴨川や谷戸の湿地を餌場にしたトンビがよく舞っていたためか。

BB06 辻の庚申塔

西区指扇領辻
庚申信仰／平方道

庚申塔は寛保2年（一七四二年）辻村の名主山口杢右衛門が個人で建立、高さが二五七㎝程ある。笠の上に丸彫りの青面金剛像を置く。辻村の尾根道・平方道に面して置かれている。像の形は享保6年（一七二一）制作の内野上村から大倭神社に移された庚申塔と類似している。近くの石工の作品のようだ。市指定の有形民俗文化財。傍らには寛政5年（一七九三）建立の馬頭観音もある。

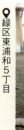

BB07 蓮沼の馬頭観音

見沼区蓮沼
道標／大宮岩槻道

蓮沼の八雲神社前の大谷中通りはかつての大宮―岩槻を結ぶ重要な道「岩槻道」。この道は原市（上尾市）や大門（浦和市）などへ続く路が分岐している。沿道の蓮沼会館の西に庚申塔や馬頭観音菩薩がある。馬頭観世音菩薩に「この方ふかさくはらいちミち」「右いわつき左をふミや大山道」と刻印がある。馬頭観音の建立は安政2年（一八五五）、隣の庚申塔は正徳6年（一七一六）

BB08 御蔵の馬頭観音

見沼区御蔵
区画整理事業

県道65号さいたま幸手線、御蔵白岡バス停近くの東方、東西御蔵自治会地域。区画整理で残された台地の名残か一段高くブロックで囲われた保存小屋がある。中には3基の馬頭観世音があり奇麗に保存されている。左の像には安永元年（一七七二）・御蔵白岡村。中央の像は享保十八年（一七三三）願主白岡村・御蔵の印刻。左の像には御蔵村講中 世話人万右エ門、平右エ門の刻印が読み取れる。

BB09 島根東光院の馬頭観音

西区島根
土屋古堤／川越道

東光院は曹洞宗の寺院で、院内では銅製の馬頭観音像（延宝元年（一六七三）地元の念佛講中の人々29名が奉納）や山門前の20基の石造馬頭観音像（文政元年（一八一八）から昭和14年までのもので、耕地整理等により現在地へ祀り直したもの）と大きな馬頭観音像（文政12年（一八二九）荒川の堤防上・旧川越道沿いに祀ったもので道標を兼ねていた）の3種類を見ることができる。

BB10 秋葉総合公園脇の馬頭観音

西区中釘
辻川／岩槻川越道

秋葉神社から辻川の湿地を川越方面に向かう古道脇に、西に面して置かれている。この観音の右手には南面して庚申塔もある。背後の舌状の丘は墓地になっている。2基の馬頭観音は文政？と明治のもののようだ。大宮台地には小さいけれども多くの開析谷があり、古道はこれらを過るものと遠回りの尾根道等が多く、その苦労からか結構馬頭観音を見かける。最近湿地部分の道路改修工事が行われた。

BB11 指扇郵便局脇の馬頭観音

西区西遊馬
土屋古堤／渡し場

指扇郵便局は土屋古堤と大木戸（今の西大宮1丁目）方面からの古道のクロスしたところにあり、与野や川越への分岐点・辻である。馬頭観音は5基あり、明治28年のものもある。川越へは千手堂の渡し、老袋の渡しで繋がっていた。与野へは佐知川を経て水判土観音前を左折する自然堤防上を向かう古道があった。江戸時代には指扇領では3軒に1軒は馬持ちと言われていたようだ。

BB12 千手堂の渡し手前の馬頭観音

塚上に設置、後方鉄橋は川越線

西区西遊馬
荒川堤外地／渡し場

この馬頭観音は左岸堤外地でさいたま市に属している。嘉永6年（一八五三）「助力馬持中」として馬医、馬売買等が建立。千手堂の渡しへはその前に上流宝来樋管からの滝沼川の水が堤脇を南下していて、これを渡る必要があった。塚が盛られ、石造の観音が祀られたのは馬がこの地で亡くなったのかもしれない。湿地、澪などは難所で、馬方泣かせでもあっただろうと想像させられる。

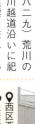

供養塔

BB13 花の丘敷石供養塔

西区西新井
浅間川／供養塔／岩槻川越道

岩槻川越道は花の丘から西へ、清河寺、阿弥陀寺、秋葉神社前を通り、荒川堤から握津をへて、老袋の渡しに向かう幹線。敷石供養塔は戸崎の浅間神社前の谷戸にある浅間川を渡った浅間川右岸にある。この幹線には滝沼川や辻川といった谷戸地を流れる小河川があり、旅人泣かせのところが多い。いわば谷戸道ルートだ。天保3年（一八三二）建立、岩槻側27ヶ村、川越側30ヶ村の名前を刻印。

BB14 宝来敷石供養塔

左岸堤防から秋葉方面への道脇の供養塔

西区宝来
荒川堤防／供養塔／岩槻川越道

敷石供養塔は堤防前の水路を渡った荒川古堤の堤内地側麓にある。嘉永4年（一八五一）建立。今でも道路と田んぼの高さに高低差が小さい。碑は地域住民により2分とか2朱とかの寄付で建てられたようだ。荒川左岸堤外地にある握津は川越市になるが、古堤に近い旧河道が行政区境だったかもしれない。水塚の家の跡も多数あり、国土地理院のGSI地図情報ではその痕跡がはっきりと見える。

BB15 藤橋石橋供養塔（藤橋六部堂）

お堂の前に旧橋を復元

西区植田谷本
鴨川／供養塔

鴨川にかかる藤橋は当初蔓で架けられ、渡るにも、洪水にも悩まされていた。丹後宮津出身の廻国行者小平治がこれを改善すべく、周辺90ヵ村を巡り、寄付を募りながら石材や工事の段取りを行い、寛政8年（一七九六）村人の協力のもと、長さ8・5m、幅2・3m、高さ2・5mの石橋を完成させた。この業績を讃えるお堂（六部堂）の前には旧石橋の一部が昭和52年（1977）復元された。

BB16 芝川石橋供養塔

大宮区寿能町2丁目
芝川／見沼田んぼ／供養塔／大宮岩槻道

大宮岩槻道（現大和田公園通り）が見沼中悪水・芝川を渡る橋、「石橋」の袂の草むらの中にある。左の「石橋供養塔」は安永6年（一七七七）、右の「石橋再建供養塔」は嘉永5年（一八五二）。

「石橋供養塔」には、「土呂村　薄田仲右衛門、同村　小嶋治兵衛、大宮宿　北沢甚之丞、堀之内村　岩井惣右衛門」の名前が刻まれている。周辺の宿場や村落にとって重要な橋だったのだろう。

BB17 膝子の筆塚

見沼区膝子
筆塚／御成道

日光御成道の膝子、樋の口橋、近くに建つ。筆塚は故森田久蔵の日常用いた絵筆を遺言によりこの地に埋めた記念碑である。久蔵は弘化元年（一八四四）生まれで幼にして絵描きに趣味を持ち農作業の傍ら勉強し長男の熊次郎に家業一切を譲り明治33年上京し秋元素幽の門下生となり弓信と号した。35年4月より日本美術協会会員となり同志と交遊し晩年を絵描で送り大正8年12月逝く77歳。

BB18 片柳の筆塚

見沼区片柳
筆塚／江戸文化

筆塚は、使い古した廃筆を埋めて塚を作り、その功に報いたもの。片柳村に生まれた、守屋藤内（守屋巌松斎）が天保12年（一八四一）に建てた。巌松斎は江戸期後半の文化文政期に活躍した人物で、華道、書道にも秀で自宅で書の教授も行った。自宅敷地内の天満宮の床下に沢山の筆を収めたという。その天満宮や筆塚の他、歌碑、灯篭、門人達が立てた花塚等が数多く残っている。

道標など

BB19 西国坂東秩父百箇所供養塔（道標）

北区奈良町の岩槻・秋葉道と上尾・与野道（旧鎌倉街道）の交差するところにある。旧鎌倉街道は三貫清水からこちらに向かうが大宮北高で一旦途切れている。この供養塔は文化10年（一八一三）に百か所巡礼の成就を記念して建立したもの。碑面に「西あきは道　東阿けをみち　南与野道」と彫られている。「いわつき道」「ぢおんじ道」は正面に彫られている。さいたま市には坂東12番札所の岩槻の慈恩寺がある。やはり慈恩寺は特別のようだ。

百箇所供養塔

百箇所供養塔と馬頭観音・写真正面が秋葉道

北区奈良町
供養塔／道標／岩槻秋葉道・上尾与野道／鎌倉街道

BB20 膝子一里塚

県道105号・日光御成街道にある光徳寺より西へ一五〇m程進むと右手に大きな榎のある「膝子一里塚」と出会う。江戸時代の初期に築かれ江戸から八里、岩槻へ一里の往来の指標だった。当時は道路の両側に塚を築き榎を植えた大きなものだったが明治初年に西側が取り払われ東側のみが残る。この塚も道路改修などで築造当時より小さくなり、榎も二代目が茂っているが、塚の土盛が崩れかけ石造も倒れたりしているが貴重な史跡の早い修復が望まれる。

六地蔵

弘法大師像

見沼区膝子
道標／御成道

BB21 氷川参道の丁石

ほこすぎ橋に「大宮をどり」の銘板があり、並木十八町鉾杉つづきの歌詞がある。日本一長いといわれる氷川参道一の鳥居の脇に「是より宮まで十八丁」の石標があり、ここから一〇九m（1丁＝60間（60×1・818））毎に丁石が建てられている。約2㎞の参道で丁石を探しながら鳥居との関連を確認しながら歩くのも楽しいだろう。また一の鳥居の左側には小さな広場があり「氷川参道歩こうMAP」も掲示されている。

十八丁の石標

是より宮まで十八丁

大宮区吉敷町4丁目、他　道標／氷川参道
旧百景＃78

BB22 火の玉不動尊・お女郎地蔵と高沼遊歩道

井沢弥惣兵衛による高沼用水（享保14年・一七二九）は台地が深く開削され、中山道の下を通り、鴻沼エリアの干拓に供された。お女郎地蔵は盗賊真刀徳次郎が大宮宿の女郎千鳥に横恋慕し、それを嫌った千鳥が高台橋から身投げしたため町の人々により橋の傍らに祀られた。その後徳次郎は一族党ともども江戸で捕らえられ、寛永元年（一七八九）4月処刑された。首4体は中山道蕨宿を経て、高台橋袂で悪行に対する見せしめとされたのではないか。高沼用水は暗渠化され「高沼遊歩道」となり、往時の面影を残すものは供養塔である「火の玉不動尊と女郎地蔵」のみとなっている。

大宮区北袋町1丁目
高沼用水／旧中山道／宿場町
関風景AD10、風景BE09

富士信仰関連

BB 23 中釘の池上家富士浅間塚

南に川越岩槻道が東西に走り、中釘川谷戸の頭にある小高いところに南向きで造られている。築造は江戸で「つきたおし」という奇病が流行った元和6年庚申（一六二〇）、まさに富士御縁年の年である。高さ約3・5m、直径25m。塚裾の東側には胎内入口が設けられ、胎内は奥室を含めると奥行約4m。塚上部には小御嶽大神を刻した石碑や角行恩師札で安永3年（一七七四）造立の祠も設置されているが、当塚には講の存在を示す資料はない。

角行の祠

富士塚上の本殿

西区中釘（個人所有地）
富士信仰／川越岩槻道

BB 24 与野公園の富士塚

与野公園は地元住民の要望で明治10年県営公園となった。そのもとはこの塚の脇にある天祖神社にある。これに加えて御嶽神社、大國社、銭洗弁天も含まれた。公園のバラ園は敷地寄贈で井原勇記念園となっている。築山の麓にある沢田屋平左衛門の登山58回の碑は寛政12年から安政4年（一八五七）までとある。富士山御縁年の年からの登山である。塚には別に小御嶽石尊大権現の石碑もあり、この地の山岳信仰・富士講隆盛を物語る。

沢田屋平左衛門の登山碑

頂上からの眺め

中央区本町西2丁目
富士信仰／公園

BB 25 馬込第六天神社の富士塚

馬込第六天神社の創建年代は不明だが、江戸時代後期の地誌『新編武蔵風土記稿』には掲載されている。場所は岩槻から原市へ抜ける東西道沿いで、富士塚は神社鳥居脇に前面道路に面して築山されている。南側低地には綾瀬川が流れ、塚上部には浅間大神の碑が祀られ、小御嶽神社銘の鳥居や富士登山講連名の石碑が設けられている。神社標高16m、神社前面道路標高15・4m、富士塚高さ4m程で、鳥居、大神碑とも南西向きで富士山方向に向いている。

富士塚麓に登山講連名
鳥居建立連名の碑

富士塚頂部に浅間大神碑

岩槻区馬込
富士信仰／岩槻原市道

BB 26 赤山道大東の富士塚

富士塚の築造年は不明だが、塚上部に文化14年（一八一七）の庚申塔が設置されている。庚申塔は辻や集落の出入り口等に建てられることが多いが、塚の上は珍しい。庚申塔は青面金剛立像六臂。武州足立郡領家村とあり、講中は東組、瀬ヶ崎・山崎とあり、西組助成とある。彫師は八丁石工兼右衛門。塚高は3・5m、赤山道標高は14・4m程で、赤山道から登ると富士山を遥拝する形で、赤山道と村道の辻にあり、村人や旅人にも親しまれた存在だったか。

富士塚頂部の庚申塔

大東の富士塚（現在大東北公園）

浦和区木崎
富士信仰／赤山道／公園

富士信仰関連

BB 27 大牧の浅間神社

緑区大牧
富士信仰
関風景BB04

台地際の浅間神社・見沼田んぼの見晴らし良好

大牧は武田信玄の娘・見性院が家康から領地を賜ったところで、この地に創建された浅間神社は甲斐一之宮の分社。見性院は元和8年（一六二二）に亡くなったが、大牧浅間神社は寛永元年（一六二四）創建されたと記録にある。社殿が南西にある富士山の方向を、鳥居は見性院墓所の方を向いているのは面白い。塚ではなく台地際に立地している。神社の標高は13・6m、階段下の道路面は8m。

BB 28 西遊馬の富士講碑

西区西遊馬
富士信仰

富士講の碑

八幡神社境内の本殿脇に富士講碑が祀られている。高さ1m程の塚の上に、木之花佐久夜毘売命を中央にして大山津見神、天津彦根命を刻み、下部に角行、食行の文字も刻んだもので、裏には明治9年（一八七六）と彫られている。その前には石碑と角行祠が置かれ、これの願主名は都築久作、文化4年（一八〇七）とある。この地に富士講が明治にも存続した証。

BB 29 与野浅間神社

中央区八王子1丁目
富士信仰／赤山道／公園

前からあった八王子神社の別当が富士浅間信仰の高まりを機に勧請した浅間神社。浅間神社は八王子神社本殿を見下ろす形で築山の上に鎮座している。石工井原赤太郎の作。塚の高さは約4・5m、直径約12mある大きなもの。その後に本殿台座がコンクリート造で改修され、八角形に造られている。八王子神社への配慮があったのだろうか。両神社は共に西南西を向き、富士を遥拝できる形である。

BB 30 笹久保新田の富士浅間神社

岩槻区笹久保新田
綾瀬川／富士信仰

綾瀬川の自然堤防上の新切橋詰にある。境内の標高は5・7m程、塚高さは4m。本殿が塚上にある。文禄年間（一五九二〜九六）に村人4名による新田開発に、浅間社の加護を得るために祀られた。本殿台座には「再建時明治12年」と寄付者名が記載され、内部には木花咲耶姫座像を安置。東隣の法蔵寺が神社別当として管理。地誌には「村の鎮守で村民持、末社稲荷社、弁財天」とある。

BB 31 大野島神明神社の富士塚

岩槻区大野島
元荒川低地／富士信仰

神社のある大野島は稲作を中心とした農業地域。元荒川に面して、神社は天照大御神を祭る。地誌「風土記稿」には「神明社、村の鎮守にて、普門院の持」とある。普門院はここより南方三〇〇mにあった真言宗の寺であったが廃寺となり、現在は大野島自治会館が建てられている。この神社の背後に浅間大神を祀る塚が設けられている。塚は標高8・7mのところに高さ3m程に築山されている。

BB 32 柏崎久伊豆神社の富士塚

岩槻区柏崎
富士信仰

東北道岩槻ICに近い柏崎の台地際にある。神社境内の標高は13m。天明6年（一七八六）、地誌「風土記稿」には「久伊豆社、村の鎮守とす、村民持ち。荒神社、三島社、第六天社、稲荷社の4社は洞照院持」とある。南側の田んぼと6m程の高低差があり、浅間大神の碑がある塚の高さは2・5m程で、神社本殿と浅間大神碑は共に北東を向いている。碑裏には明治34年1月吉日と記されている。

BC 街中に残る戦前の風景

岩槻の煉瓦造りの旧中井銀行岩槻支店

旧制浦和高等学校の記念碑

与野本町通りの蔵造り町屋：松本家

二〇〇五年に岩槻市が合併して、現在のさいたま市になった。４市それぞれが特徴を持った成り立ちを持っていて風景にも違いがある。浦和、大宮は、単なる宿場町であったのが県庁の所在地、鉄道の拠点となり、都市化が進んだ。一方、与野と明治維新のころは最も大きな町だった城下町岩槻は、鉄道の本線から外れ、都市化のスピードが鈍化した。中山道の宿場だった浦和、大宮では戦前の風情を醸す中山道沿いの町屋は、道路の拡幅もあって姿を消し、マンションやオフィスビル、商業ビルになった。与野や岩槻では少なくなりつつあるが、今でも蔵造りの商家、町屋などが残っている。また、旧町内や街道近くにあった学校や繊維等の企業が移転し、都市のインフラ整備や民間のマンション建設に当てられたことも風景を変化させる大きな要因になった。「むかし、むかし、ここに〇〇ありき。」の記念碑だけが残る。

　さいたま市の街中の風景は、戦後、著しい変貌を遂げたが、これは岩槻、与野、大宮、浦和の各駅周辺の開発による影響が大きい。特にJRの操車場跡地を利用した新駅、さいたま新都心駅を中心とした新しい開発で都市造りが実施され、市のランドマークになるようなこれまでなかった景観が生まれ、さいたま市の新しいイメージになりつつあるのだろう。宿場町や城下町の風情がこれからもなくなってゆくのは避けられないが、街道に沿った街には、代々続く住民がいまだ多くいて百年以上続く商店、医院、企業を続けている。これからは、新旧の調和の取れた魅力ある街づくりが望まれる。開発はこれからも続くが旧四市の駅前を過ぎれば閑静な住宅地で、昭和初期に行われた耕地整理の狭い路地も多く残っていて、ほっとする散歩道になっている。

B まちの記憶と文化に関わる風景

- BC-01 長谷川家見世蔵
- BC-02 旧中井銀行岩槻支店（現東玉大正館）
- BC-03 旧岩槻警察署（現岩槻郷土資料館）
- BC-04 雛の廣榮 本店
- BC-05 鈴木酒造
- BC-06 武家屋敷通り高田家
- BC-07 街中に残る長野家の茶室
- BC-08 市宿通りの街並み
- BC-09 鉄道の町の記憶 赤レンガ倉庫
- BC-10 製糸の町の記憶 コクーン新都心
- BC-11 一の宮通りの戦前の町家建築
- BC-12 大正期の大宮医院建築
- BC-13 大宮製油合名会社
- BC-14 大宮聖愛教会
- BC-15 大宮遊園地ホテルの門
- BC-16 本町通りの街並み
- BC-17 蔵造り住宅 松本家
- BC-18 蔵造り住宅 石川家
- BC-19 蔵造り住宅 中村家
- BC-20 蔵造り住宅 北の井原家
- BC-21 蔵造り住宅 手打ちそば なかむら
- BC-22 蔵造り住宅 きもの洋装店 大木屋
- BC-23 蔵造り住宅 井原庸次家（解体）
- BC-24 蔵造り住宅 武川家
- BC-25 二木屋（旧小林家住宅）
- BC-26 浦和宿風情の民家と高層マンションとの対比
- BC-27 中山道の町屋・原田表具店
- BC-28 昔からのうなぎ屋 中村家
- BC-29 文教都市への礎・師範、旧制浦高、浦中、一女
- BC-30 浦和諸聖徒教会・麗和幼稚園
- BC-31 街中に残る銭湯 稲荷湯
- BC-32 細淵家住宅
- BC-33 浦和町の耕地整理終了の碑
- BC-34 浦和宿本陣跡
- BC-35 浦和宿二七の市の碑
- BC-36 常盤公園の煉瓦塀

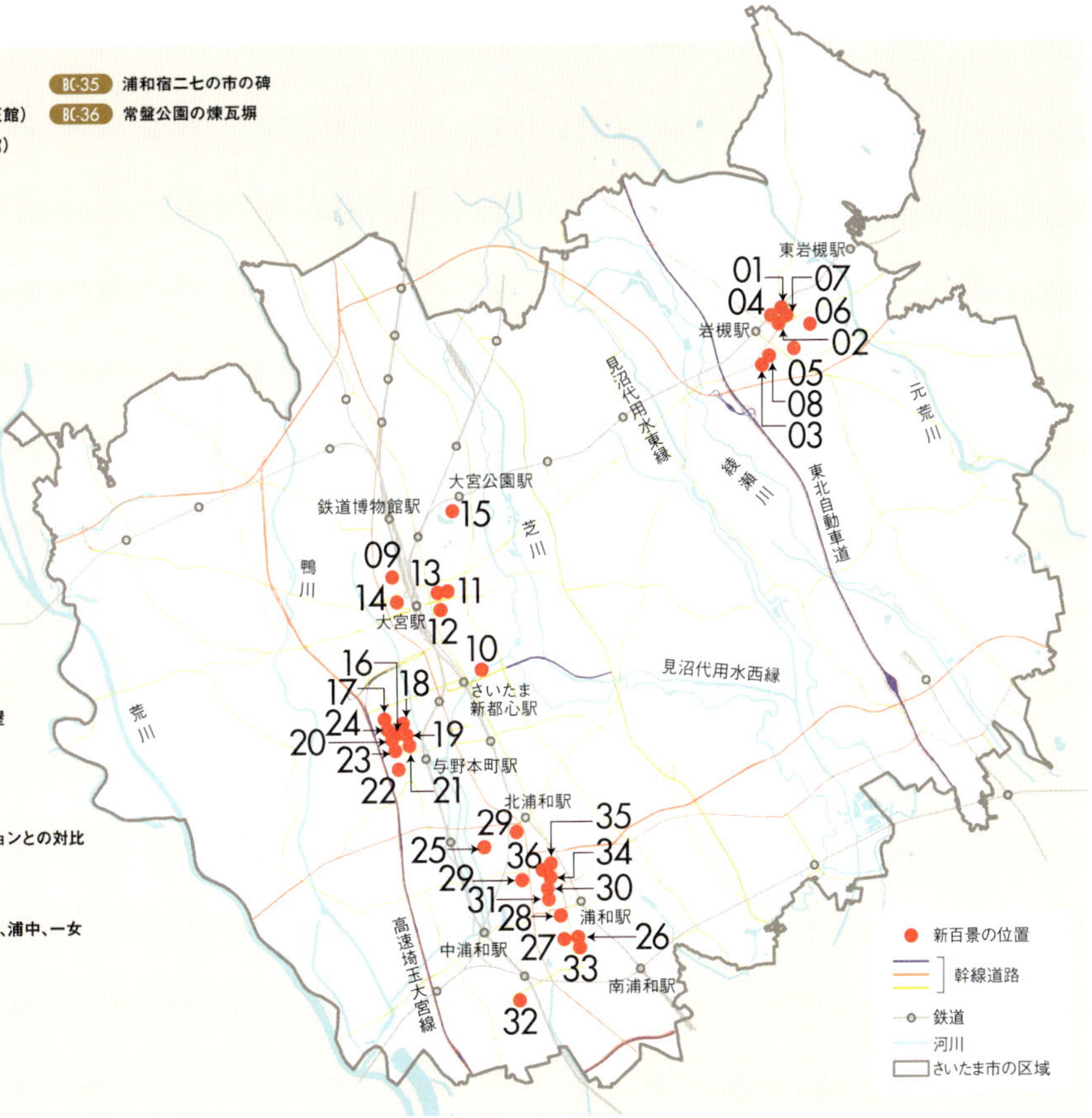

参考資料 さいたま市の戦前の街並み

大宮地区

昭和10年頃、大宮駅東口駅前通りと中山道の交差点：「写真でみる 大宮の昔と今」（旧大宮市）より

浦和地区

昭和13年、埼玉会館から県庁通りと埼玉県庁を望む：「写真アルバム さいたま市の昭和」（いき出版）より

岩槻地区

昭和初期、岩槻警察署屋上から市宿通りを望む：「写真アルバム さいたま市の昭和」（いき出版）より

与野地区

昭和33年、本町通り、南方を見る：「与野まち風土記」（旧与野市）より

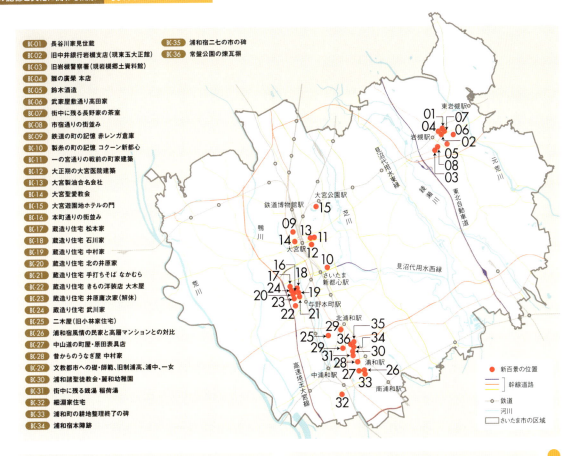

岩槻地区

BC 01 明治期の建物 長谷川家見世蔵

長谷川家は、江戸時代から続いた「白木綿商」で、明治10年（一八七七年）頃、火災、盗難避けのためこの土蔵を建てたことが、一九八一年の改装修理した時に発見された棟札で明らかになった。

内部には、現在のシャッターの原型である「擦り揚げ戸」が防犯用として設置され、箱階段、電話室、総けやき造りの神棚があり、奥の居間との仕切り扉は、観音開き、30cmもの厚みで重厚さに驚かされる。

この土蔵は、関東大震災にもびくともせず百有余年の風雪に耐え、二〇一六年に国の登録有形文化財に登録された。裏手には当時の商家の庭が残っているが非公開である。

岩槻区本町3丁目
蔵造り住宅／明治期／登録有形文化財

BC 02 大正期の建物 旧中井銀行 岩槻支店（現東玉大正館）

明治の初めいち早く埼玉県に進出した両替商・中井新左衛門が銀行業に改組し、岩槻支店として明治16年（一八八三年）に開業した。大正10年（一九二一年）に現在の煉瓦造りの2階建て店舗を建築。昭和2年（一九二七年）の金融恐慌で売却され、昭和銀行になり、その後、安田銀行、富士銀行を経て、昭和35年（一九六〇年）人形の東玉が譲り受けて、数々のイベントにも利用される人形の店舗にした。城下町岩槻には西洋建築が極めて少なく、大正時代の建築意匠を伝える貴重な建築物として二〇〇七年に岩槻区初の国の登録有形文化財になった。建物の裏手に突き出すように大金庫跡がある。

岩槻区本町3丁目
大正期／御成道／登録有形文化財

BC 03 昭和期の建物 旧岩槻警察署（現岩槻郷土資料館）

現在の岩槻郷土資料館は、岩槻警察署旧庁舎を利用して一九八二年に開館した。展示物は、「大昔のくらし」「岩槻のあゆみ」「暮らしの道具」や今では全容が失われた岩槻城の全体模型、藩校を開いた児玉南珂文書、国指定史跡・真福寺貝塚出土品、岩槻八景（模写）などが常設展示されている。建物の外観は、機能主義を基調にした装飾性のない簡素なものであるが、内部は、一九二九年から一九三九年にかけてフランスを中心にヨーロッパで流行したアールデコ調のデザインで建材もかなり贅沢な材料を使用している。

岩槻区本町2丁目
昭和前期／御成道／登録有形文化財

BC 04 雛の廣榮 本店

築88年の木造総2階建て。当初の平屋建てをお神楽工法により2階を増築したものである。卸問屋を経て小売に転向後も店舗として使用している。入口の土間、奥行きの深い畳敷きは、当時の繁栄が偲ばれる。

岩槻区本町3丁目　昭和前期／人形文化
関風景BG24

BC 05 鈴木酒造

明治4年（一八七一年）創業の酒蔵会社。創建当初の木造2階建ての母屋が残り、天井の棟木は、味わいのある自然木の形状を残した造りだ。2階のギャラリーには、四季折々の人形、勝海舟と山岡鉄舟の書が展示されている。

岩槻区本町4丁目
酒蔵

BC 06 武家屋敷通り高田家

岩槻城を中心として大構えという土塁が築かれ、その内側に武家屋敷などがあった。現在の道幅も当時のままの痕跡があり、裏小路に岩槻藩の重臣であった高田家が残っている。建物は、新築されたが象徴的な松が残る。

岩槻区本町6丁目
岩槻城・城下町

BC 07 街中に残る長野家の茶室

岩槻中心地ビル街の敷地内に佇む茶室は、母屋解体の古材（二〇〇年経過）を使用し宮大工手により造られたものである。築50年を経過しているが、今も堂々とおちついた風情を醸し出している。

岩槻区本町4丁目
岩槻城・城下町

BC 08 市宿通りの街並み

市宿通りは、日光社参の所謂「御成道」の道筋にあたり、江戸より9番目の一里塚があった岩槻宿の入口、「加倉」から本町」までの間で「六斎市」がたったのでこの名称となった。室町時代の永禄3年（一五六〇年）勝田佐渡守が午頭天王をまつり、1と6のつく日を定日として市を開いたのが始まりと言われる。近年行われた都市計画道路によって通りが拡幅され、幅員18メートルの電柱のない明るい道路になった。拡幅に当たっては、地元商店の協力もあって歴史ある建物が数多くセットバックに応じてそのままに建て直され残された。邪気を払うという瓦鍾馗が立つ屋根を持つ家が6軒もある。江戸時代の高札を模した案内板や、屋号と実際の商売とのミスマッチした商店、昔ながらの和菓子店などがあって懐かしい。

土蔵を利用した和菓子屋

市宿通り全景

市宿通りの町屋

岩槻藩高札場(復元)

岩槻区本町1·2丁目
御成道／六斎市／道路拡幅

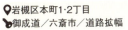

■大宮地区

BC 09 鉄道の町の記憶 赤レンガ倉庫

大宮工場で製造されたD51

大宮工場全景昭和36年

赤レンガ倉庫

大宮は鉄道の街といわれる。明治18年に大宮駅が遅ればせながら高崎線・東北線の分岐点として開業する、明治27年に日本鉄道大宮工場ができると、その後の街の発展の中心となった。工場では最盛期には五〇〇〇人を超える従業員が働き、機関車のD51も生産した。周辺には社宅が立ち並び商店街も発展するなど、工場と地域社会との関りは長く続いている。赤レンガ倉庫は明治30年建設。当初の工場開設時の従業員大量採用の頃に、米の貯蔵庫として使用され、米の販売や正月の餅つきなどもしたようだ。東京駅と同じレンガを使用、貴重な文化遺産である。さらに大宮駅には巨大な操車場が作られ日本の三大操車場と言われるほどの規模であった。そしてその跡地が新都心へと生まれ変わった。

大宮区錦町
鉄道／煉瓦造
関風景BG09

BC 10 製糸の町の記憶 コクーン新都心

繭をイメージしたコクーンシティ

大正10年の片倉製糸工場

生糸をイメージした大宮区役所外壁

大宮のまちは繊維業によっても発展した。明治後半、横浜港へ鉄道が繋がっていて、豊富な労働力があった大宮駅周辺に、長野の製糸業者が工場を作ったのが転機となる。地域の産業の発展と共に教育支援など製糸業の経営者たちの多大な貢献がまちを支えてきた。今ではそれを確認できる施設は殆ど残っていないが、与野の渡辺組は旧日赤の開設に土地を提供し、氷川参道沿いの山丸製糸は大宮区役所となった。片倉製糸はコクーンシティに変わり、新都心の核になっている。区役所の壁面が生糸のイメージで覆われ、コクーン(繭)や生地のモチーフがコクーンシティのイメージとして使われていることが、微かに製糸のまちの名残を伝えている。

大宮区吉敷町4丁目
新都心開発

BC 11 一の宮通りの戦前の町家建築

一の宮通りは、明治になって中山道大宮宿の中心から川越岩槻道へ斜めに結んだ新しい道。岩槻新道と呼ばれていたが、近年一方通行化に合わせて「一の宮通り（オレンジロード）」と名付けられた。こういうちょっと中心から外れた道沿いに、古い建物が残っているのはよくあることだ。老舗の酒屋や呉服店は改造されてはいるが、昔の面影を残している。すでに閉店して建物だけが残っている店もある。

蔵がある酒屋

昔ながらの呉服屋

大宮区大門町3丁目
町家／岩槻新道

BC 12 大正期の大宮医院建築

片倉新道は明治になった整備された道。中山道と直交して、かつての片倉製糸に行く道だったのだろう。この裏道にも、大正時代の木造、下見板張りの医院建築が残っている。当時としては、とてもモダンな建物だったと思われる。岩槻新道（一の宮通り）にも、木造の医院建築が一軒残っているが、こちらはすでに廃業しているようだ。いずれにしろ、存続が危ぶまれる風景である。

一の宮通りの元医院建築

片倉新道の木造医院建築

大宮区仲町2丁目
医院建築／大正期／片倉新道

BC 13 大宮製油合名会社

明治年間操業の老舗の油屋さん。スクラッチタイル貼りの小規模ながら風格のある建物は昭和初期の建設で、レトロモダンなインテリアも見どころ。都市計画道路区域にかかっており、再開発の中で残そうという動きもある。

大宮区大門町3丁目
昭和前期／道路拡幅

BC 14 大宮聖愛教会

蔦の絡まるこの教会は、一九三四年（昭9）J・マキム主教の聖別によりこの地に誕生。大宮駅西口至近にありながら静逸な雰囲気だ。今もバザーやキャンプなど、古き良き教会の伝統を残している。

大宮区桜木町2丁目
昭和前期／教会建築

BC 15 大宮遊園地ホテルの門

大宮遊園地ホテルは一九二一年（大正10）、当時の氷川公園の北側、ボート池が造成される前の湿地を挟んだ台地に建設された。地元の大工棟梁が苦心して建てた三階建ての洋風建築だった。渋沢栄一や後藤新平などの名士が訪れて講演している。戦後は競輪選手の宿泊所等に使用されていたが、一九六七年、老朽化により解体。今はその大谷石造りの門だけが残っている。

当時の絵葉書の大宮遊園地ホテル洋館（『氷川の杜を訪ねて:古絵葉書集』より）

大宮公園百年の森の一角に残る大谷石造りの門

大宮区高鼻町4丁目
大正期／大宮公園／擬洋風建築

与野地区

BC 16 本町通りの街並み

与野の本町通りは室町時代に市場の記録があり江戸時代は脇往還の市場町で賑わった。広い道路と店の前の空地（前庭）はその名残である。蔵造りの街並みは江戸時代から続いた大火への対策から形成された。昭和初期までは桜並木が続く美しい通りであったという。空から見ると幅の狭く奥行きのある街道の街並みは残っているが、蔵造りの家は減る一方だ。与野の夏祭りは宝永年間から続いていると言われる。市場町だった与野の蔵つくりの街並みと前庭の空間が夜祭りの雰囲気を盛り上げる。

本町通りの街並み

宝永年間から続いている与野の夜祭り

中央区本町東、本町西
市場町／本町通り
関風景BG31

BC 17 蔵造り住宅 松本家

中央区本町西4丁目
蔵造り住宅／本町通り／明治期

本町通りと赤山通りの交差点にある風格のある家。昔の屋号は「八百屋」。店蔵は切妻2階建出桁造り平入の土蔵造りで、壁厚が八寸八分の格式のある黒塗り仕上げの店蔵。室内も昔の雰囲気を残した懐かしい家具や空間が残されている。明治元（一八六八）年から3年にかけて建造。大火への備えとして作られてきた蔵作りのまちで、技術的にも経済的にも与野を代表する建物である。

BC 18 蔵造り住宅 石川家

中央区本町東4丁目
蔵造り住宅／本町通り／明治期

当家は江戸時代後期の頃からの穀物仲買問屋で、紅花商人としても活躍し江戸末期には名主でもあったようだ。質屋も営み、一山神社に鳥居を寄進しているとのこと。漆喰白塗り仕上げだが、戦時中は標的にされるのを避けて黒塗りにしたらしい。明治10年頃の建造と言われるが、店蔵は京呂組の構造で、開口部が多くなり、平面の自由度も増している。本町では後期の形式という。

BC 19 蔵造り住宅 中村家（解体）

中央区本町東4丁目
蔵造り住宅／本町通り／明治期

与野の蔵つくりの町並みは江戸時代からの度重なる火事への備えからうまれた。明治前期築造のこの蔵造り住宅はその代表的なもの。広い前庭の確保は市と防火対策のためであり、長く連なる町並みの冬の北からの延焼を防ぐため北側の壁は厚くし、さらに袖蔵を北側に配置して、防火機能を高めるなど、本町通りの蔵つくり住宅の典型とされていたが、令和6年5月に解体された。

BC 20 蔵造り住宅 北の井原家

建て替え後の北の井原家

中央区本町西2丁目
蔵造り住宅／本町通り／明治期

与野の歴史に大きく関わってきた井原家のうち北の井原家と呼ばれる住宅。幕末には仲町の三分の一は井原家のものだったという。代々名主や町長を務めている。明治の初めは醤油の製造販売を行っていた。現在の建物は平成に建て替えられているが、外観に旧宅の雰囲気を残している。解体前の店蔵は明治17年建築で開口部を大きくとり、構造材はすべて檜を用いた贅沢なつくりだったという。

BC 21 蔵造り住宅 手打ちそば なかむら

中央区本町東3丁目
蔵造り住宅／本町通り／明治期

一八九七（明治30）年竣工。切妻二階建て瓦葺きの出桁造り。もと材木商だったが四代目の時に蕎麦屋に転業した。通りに面した二階には格子戸があり、一階のガラス戸と合わせて歴史を感じさせる。市場町の名残を留める店前の空間は駐車場で、シラカシの木が大きく茂っている。明治後期には通りの向かい側に製糸場があった。本町通りの昔を偲ばせる風情のある風景となっている。

BC 22 蔵造り住宅 きもの洋装店大木屋

中央区本町西1丁目
蔵造り住宅／本町通り／江戸期

通りの店側からは解りにくいが、蔵作り住宅である。江戸末期から明治前期までの建造と推定される。屋号は大木屋。江戸中期の俳人鈴木荘丹の名跡を継いで鈴木家に改名した。近世埼玉の代表的な俳人である荘丹は、多くの弟子達と「与野八景」を残すなど、与野を拠点として活動した。この店では、足の神様の大国社へ奉納する草鞋や、与野七福神の色紙を購入できる。

BC 23 蔵造り住宅 井原庸次家（解体）

中央区本町西4丁目
蔵造り住宅／本町通り／解体
100 旧百景＃62

文政年間の「与野町絵図」に唯一の蔵つくり住宅として描かれていて、与野町独自の蔵つくりの基本となった形式を示すこの地の重要な住宅であった。前庭を利用して中央区の蔵作りコンサートなども行われていたが、近年取り壊されてしまい昔の面影はなくなった。隣接するかつての袖蔵も町役場、信用金庫と変遷をたどったが、それもなくなりつつある。時代の流れとはいえ、残念なことである。

BC 24 蔵造り住宅 武川家

中央区本町西3丁目
蔵造り住宅／本町通り／明治期

与野本町通りの仲町に建つ武川家住宅は、看板の裏に続く土蔵二階建ての店蔵をもつ町屋である。建築年代は明治24～25年。江戸時代の眼科医の武川元的は、江戸にも知られた名医だったという。屋号は松屋という。この南側の白鍬に続く道路は大正時代に作られ、松屋横丁または大正道とよばれたそうだ。交差点から北はアルディージャ、南はレッズの旗がなびくという分岐点になっている。

BC 25 二木屋（旧小林家住宅）

二木屋は、政治家小林英三の孫である玖仁夫氏が、一九九八年に住居をいまでいうリノベーションして懐石料理屋として開業した。建物は、昭和10年に、元軍人の住居として建築され、英三によって戦中に購入され、政治家となった昭和22年には、政治活動に必要な大広間（宮殿）や洋館を増築した。二〇〇二年には、政治家の屋敷遺構として国の登録有形文化財に指定されている。10月に庭で催される能、狂言をはじめ、玖仁夫氏コレクションの四季折々の展示も楽しみである。

邸宅と庭園

政治家屋敷の門構え

中央区大戸4丁目
リノベーション／登録有形文化財

浦和地区

BC 26 浦和宿風情の民家と高層マンションとの対比

旧中山道浦和宿に面する町家の青山茶舗。裏手に明治24年建築の土蔵造りの建物があり、現在は1階が日本茶カフェ、屋根裏を改装した2階はギャラリーとして活用されている。この建物の南側は様々な花木が端正された庭が広がり、カフェと一体となりとても気持ちの良い空間だ。浦和駅周辺では近年高層マンションの建設が進み景観の変貌が激しい。旧浦和宿の風情を伝える建物と背景の高層マンションの対比が現在の浦和のまちを象徴しているようだ。

浦和区岸町4丁目
リノベーション／旧中山道／町家／登録有形文化財

BC 27 中山道の町屋 原田表具店

懐かしい2階建ての町屋で、建築は昭和期のものだが、表具店自体は創業慶応4年、一五〇年余の歴史がある。屋号を文寿堂、店名は原田表具店という。少ない専門職人の店には、全国から依頼が来る。

浦和区岸町7丁目
旧中山道／町家

BC 28 昔からのうなぎ屋 中村家

昭和12年、埼玉会館前の現在地に開業の老舗。平成5年、「浦和のうなぎを育てる会」の発足に関わり、天然うなぎの保護、環境保全、食文化の継承のためのうなぎ祭りの開催、うなこちゃん像の設置などの活動を行っている。

浦和区高砂3丁目
町家

BC 29 文教都市への礎—埼玉師範、旧制浦高、浦中、一女

埼玉師範跡の碑

旧制浦高跡の碑

旧制浦中の碑

旧制浦和高等女学校碑

明治期、県都となった浦和は、帝都に近く町民も教育熱心で、教育施設の建設に熱心だった。浦和郷学校、師範学校の附属小学校を経て大正10年浦和尋常小学校となった現高砂小学校、明治29年開校の第一尋常中学校（現県立浦和高等学校）、高等教育の中枢として、明治6年には学校改正局を設置し、小中学校師範を統合した師範学校を明治11年に現在の埼玉会館の地に開校した。師範学校は、その後現在のさいたま市役所の地に移り、埼玉県中の小中学校へ教員を送り込んだ。大正10年には官立の浦和高等学校が、地元の応援もあって現在の北浦和公園の地に建設された。戦後、埼玉大学文理学部になり学部統合を経て下大久保に移転した。

浦和区常盤4・6・9丁目、高砂3丁目
文教都市／石碑
関風景BG13

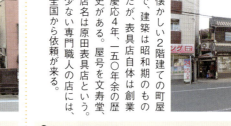

BC 30 浦和諸聖徒教会 麗和幼稚園

一八九九年、浦和に教会の講義所が開設され、一九〇二年初代の礼拝堂が完成した。現在の教会は、一九二七年に完成している。教会の事業として幼児教育に取り組み、付属の麗和幼稚園が完成。埼玉県で、初めて認可された幼稚園で、さいたま市で最も長い歴史を持つ。百十年間、キリスト教の精神に基づいた幼児教育を実践している。二〇〇三年から公開講座「浦和絵本大学」を開設し、子供と絵本の関係を探っている。

浦和区仲町2丁目
教会建築／幼児施設／明治期

BC 31 街中に残る銭湯 稲荷湯

年々少なくなる唐破風造り、格天井の昔ながらの銭湯。創業は大正13年。創業者は、新潟出身の丸山健吉氏。銭湯入口に像がある。現在の建物は、40年ほど前に、廃業した高田馬場の銭湯を移築したもの。

浦和区仲町2丁目
移築復元

BC 32 細淵家住宅

武蔵浦和駅近くのマンション群の間にあってタイムスリップしたような細淵家。18世紀後半築の国の有形文化財の長屋門（伝岩槻城城門）と武家屋敷風の板塀で囲まれた大正15年建築の主屋がある。

南区沼影1丁目
登録有形文化財／大正期

BC 33 浦和町の耕地整理終了の碑

大正11年、浦和、与野、六辻、谷田、木崎の町村で始まった耕地整理事業は、昭和10年に終了。その記念碑が調神社境内にある。大事業であったが宿場部分は含まれず、現在のドミノマンションの林立の原因となった。

浦和区岸町3丁目　耕地整理事業／石碑
関風景CA01

BC 34 浦和宿本陣跡

パインズホテルの北側の仲町公園が浦和本陣跡で、明治天皇の行在所の碑が残る。本陣跡については、建物平面図が付いた説明板があるのみであるが敷地一二〇〇坪、建坪二二二坪の規模を知ることが出来る。

浦和区仲町2丁目　旧中山道／宿場町／石碑
関風景BD20

BC 35 浦和宿二七の市の碑

常盤一丁目の慈恵稲荷社の社頭に「御免毎月二七市場定杭」と刻まれた石杭がある。秀吉の家来の浅野長政から市場の開場を許可する文書も、本陣文書として文書館に保管されている。六斎市として昭和の初めまで続いた。

浦和区常盤1丁目
六斎市／宿場町／石碑／旧中仙道

BC 36 常盤公園の煉瓦塀

常盤公園は、それまであった浦和地方裁判所、検察庁が昭和48年に県庁に移転し、跡地を利用して設置された。日本庭園風の公園だったが、裁判所時代の煉瓦塀を残して、二〇一三年、広場を中心にした明るい公園に変身した。

浦和区常盤1丁目
明治期／煉瓦造／公園

BD

郊外に残る戦前の風景

自然の中にある民家園の風景（旧浦和市農業協同組合三室支所倉庫）

長屋門（永田家長屋門）

酒蔵（内木酒造）

土地に刻まれた暮らしの記憶を継承していくためには、古い建造物がその手がかりとなる。町並みの中に挟み込まれ、人々の日々の活動の中にある風景とともに、郊外にある古い建物は、自然と繋がる暮らしの歴史を語る貴重な風景を形作っている。

酒蔵や石蔵は、時代の変化の中で今でも現役として使用され、産業や生活の歴史を感じさせてくれる。しかし住宅など古い建築物の中には個人による保存が難しく、移築によってその姿を留めているものもある。見沼くらしっく館のように、周辺の環境と共に現地保存されるのが理想的だが、今では簡単なことではない。

見沼田んぼの中心に位置する民家園は、旧浦和市内の民家などを集めて移築復元したもので、当時の環境から切り離されながらも、広々とした自然の中で、貴重な昔の暮らしの建築物の保存を図っている。

さいたま市に多い長屋門は、もともと近世以降、武家屋敷の敷地の周囲に家臣を住まわせていた長屋の一部を門として開いたものだが、その後村や町でも本陣や郷村武士や庄屋の家などにも普及した。家屋敷への統制が厳しかった江戸時代に、農村の長屋門は豪農の象徴、誇りであったのだろう。

明治以降も裕福な家などの家格の象徴として長屋門は作られていった。また長屋門の両側は使用人の住居、納屋、作業所として使われており、農家の暮らしに必要な建物であった。

さいたま市内には武家の長屋門に加え、農家の納屋に由来するものも改装を施され多く残されている。長屋門の風景からは、それぞれの家や土地への愛着と歴史を尊重する気持が伝わってくる。

B まちの記憶と文化に関わる風景

- BD-01 浦和博物館
- BD-02 通船堀差配・鈴木家住宅
- BD-03 旧坂東家住宅「見沼くらしっく館」
- BD-04 旧高野家離座敷
- BD-05 加藤家住宅母屋
- BD-06 長島家の白河石蔵
- BD-07 片柳農協の大谷石石蔵
- BD-08 旧浦和市農協三室支所倉庫
- BD-09 内木酒造の佇まい
- BD-10 大滝酒造の佇まい
- BD-11 永田家長屋門
- BD12 大間木住宅地の長屋門
- BD-13 本太の長屋門
- BD-14 大川家の長屋門
- BD-15 大谷口 富田家の長屋門
- BD-16 本郷の長屋門
- BD-17 松沢家の長屋門
- BD-18 旧武笠家表門
- BD-19 岩槻にある長屋門
- BD-20 大熊家表門
- BD-21 大谷口 野口家の茅葺屋根

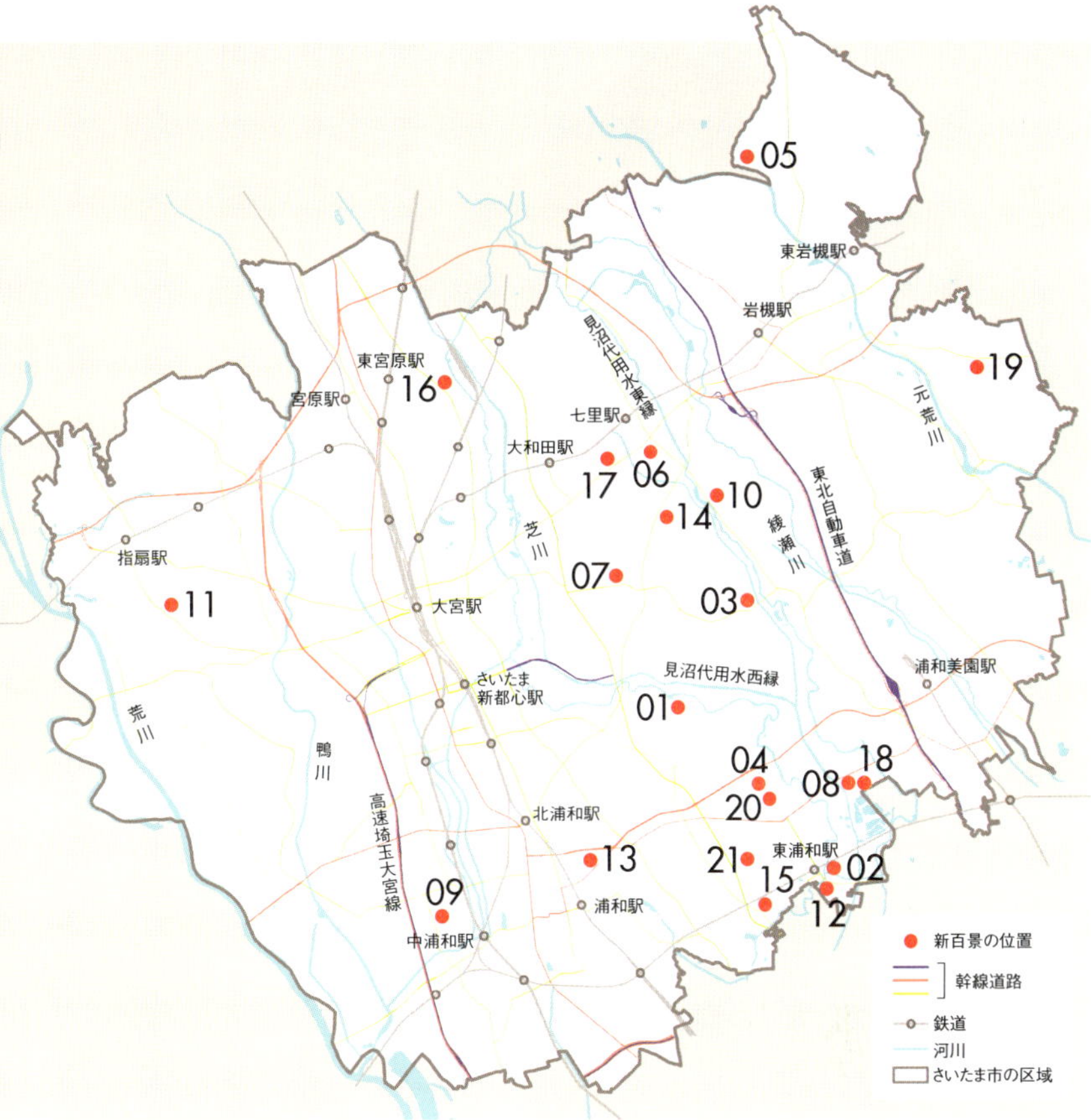

参考資料　文化財に指定されている戦前の建物等

種別	建物名等	カタログNo.	所在地
国指定史跡	通船堀鈴木家住宅	BD02	緑区
県指定史跡	大門宿本陣表門	―	緑区
	岩槻遷喬館	BG27	岩槻区
市指定史跡	浦和宿二七市場跡	BC35	浦和区
	浦和宿本陣跡	BC34	浦和区
国登録有形文化財	二木屋主屋、門及び塀	BC25	中央区
	内木酒造	BD09	桜区
	青山茶舗および納屋	BC26	浦和区
	細渕家住宅主屋、長屋門	BC32	南区
	旧浦和市農協三室支所倉庫	BD08	緑区（民家園内）
	長谷川家見世蔵	BC01	岩槻区
	旧中井銀行岩槻支店（東玉大正館）	BC02	岩槻区
	旧岩槻警察署（岩槻郷土資料館）	BC03	岩槻区
	加藤家住宅主屋	BD05	岩槻区
市指定有形文化財（建造物）	永田家長屋門	BD11	西区
	旧坂東家住宅	BD03	見沼区
	旧高野家離座敷	BD04	緑区
	吉祥寺山門	AF20	緑区
	大熊家表門	BD20	緑区
	深井家長屋門	AF06	緑区
	國昌寺門	AH07	緑区
	旧武笠家表門	BD18	緑区（民家園内）
	旧蓮見家住宅･旧野口家住宅･旧綿貫家住宅･旧高野家住宅	―	緑区（民家園内）
	大門宿脇本陣表門	―	緑区

※赤字はBC、BDシリーズ掲載風景、黒字はその他シリーズの掲載風景

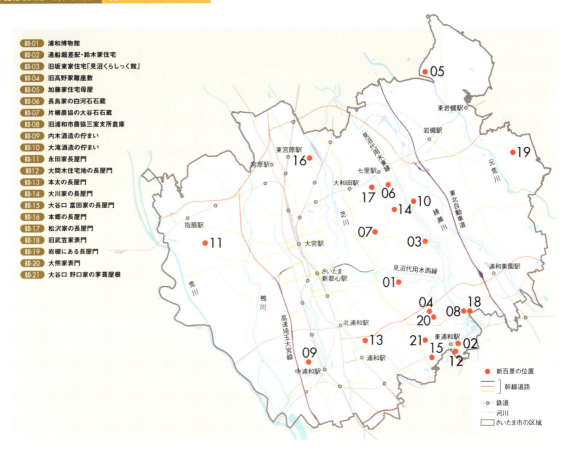

学校建築

BD 01 浦和博物館

市立浦和博物館の建物は、明治11年に建築され、鳳翔閣と呼ばれた旧埼玉県師範学校校舎の正面入口部を忠実に復元したもの。現代学校建築の範といわれた鳳翔閣は、2階建て、間口67m、正面の入口上部は、円柱と装飾のあるバルコニーになっている。教室が3室ずつ上下に配置されていた。設計者は、不明。元の建設地は、現在の埼玉会館の一画。戦後、県立の図書館として利用されたが新しい埼玉会館、図書館建築のため解体された。

鳳翔閣バルコニー柱頭部のアカンサス葉の彫刻

緑区三室
文教都市／移築復元
関風景BG13

旧家住宅

BD 02 通船堀差配・鈴木家住宅

緑区大間木　見沼代用水、赤山道／国指定史跡／江戸期／舟運　関風景AB11、風景CC09　100旧百景＃21

八丁堤の上、赤山陣屋にいたる旧街道沿いにある。見沼通船堀舟運の差配を行っていた鈴木家が文政年間（一八一八～一八三一）に江戸屋敷から当地に移ってきた頃の建設と推定される。国指定史跡・見沼通船堀の一部で、裏の納屋には通船堀で使っていた高瀬舟の模型がある。近年の道路拡幅に伴い、下屋の軒を切り詰めている。前面の赤山街道を含め歴史を伝えるエリアとしての景観整備が望まれる。

BD 03 旧坂東家住宅「見沼くらしっく館」

見沼区片柳
解体復元／茅葺屋根／市有形文化財
100旧百景＃27

さいたまの広大な農村地帯である見沼田んぼの縁にあった坂東家旧宅を解体復元し現地保存したもの。当家は加田屋という紀州出身の江戸の商人であったが、享保年間の見沼代用水の開削に合わせて開発、加田屋新田を拓いた。式台を持つ格式の高い名主家の住宅だが、現在は野外博物館となり、江戸時代の農家の暮らしや行事を体験できる。周囲の環境も含め雰囲気のある見沼の貴重な施設である。

BD 04 旧高野家離座敷

緑区大間木3丁目
赤山道／茅葺屋根／江戸期／市有形文化財

江戸時代末期蘭方医・高野隆仙が主屋の離れとして建てた茅葺き寄棟の小規模な建物。赤山街道の道筋の旧高野家の敷地内にあった。4畳半・3畳の二間で、4畳半には茶席用の炉を切り、床の間や隅切の下地窓を設けた「数奇屋造り」と考えられる。逃亡中の高野長英が立ち寄ったと伝わる。現在は新興住宅に囲まれて寂しく孤立した印象で、忘れ去られないかと心配になる。土、日曜のみ開館。

BD 05 加藤家住宅母屋

岩槻区古ヶ場
江戸期／登録有形文化財

岩槻区古ヶ場に所在し、村の組頭を務めた旧家であり、残された資料から一八五九年（安政6）頃の建築と推定される。木造二階建て寄棟造り、瓦型銅板葺きで、内部は三室二列の六室構成で、仏間には幕末の「打ち壊し」に備えたといわれる格子戸が残っている。西の客間には平書院を設け、上質な屋敷を持つ大規模農家である。二〇一七年に国登録有形文化財として登録された。

BD 06 長島家の白河石石蔵

戦国時代織田軍の攻撃を受けた伊勢国長島氏は下野国足利に逃げ延び、さらに岩槻領慈恩寺へ身を潜めた後、当地へ僧形にて土着帰農したと伝わる。その長島の系統を引く長島家の石蔵、昭和初期米倉として建てられた。数年前屋根瓦の修復時に記録が現れ福島県産の白河石と判明。大谷石よりも強くて白い。屋根瓦の大棟は瓦の七段積み、観音扉の唐破風庇にも特徴がある。大きな敷地は屋敷林も無く周囲は新興住宅に囲まれて、白河石石蔵と正門が整然と佇む。当主の子供の頃、周辺は屋敷林に囲まれて畑と田と沼が広がっていたという。

門の脇には弘化四年の馬頭観音碑

見沼区新堤
石蔵

BD 07 片柳農協の大谷石石蔵

見沼区片柳
石蔵

戦前の農業会の時代から引き継いだ片柳農協の発足時にこの石蔵が建てられたという。建設は戦後である。周囲は田んぼと畑で、農業者は手押し車でこの米蔵に米俵を運んだ。「JAさいたま片柳」に代わり、傷んだ蔵の庇部分を鉄骨の柱で補強したため道路側からは石蔵の全体像が見えにくい。現在は肥料の保存倉庫として活用されている。裏手に回ると米倉の壁面補強に大谷石積みの構築がみられる。

BD 08 旧浦和市農協三室支所倉庫

緑区下山口新田
石蔵／登録有形文化財／移築復元
100 旧百景＃32

栃木県小山市内の干瓢問屋の倉庫として一九一七年（大正8）建築、使用されてきたが、一九五六年（昭和31）浦和市農協三室所に移築され米穀倉庫として使われた。一九九四年（平成6）市に寄贈され、市立の民家園に大谷石土蔵造りの倉庫として保存された。間口27・3m、奥行き7・3m、高さ9m、寄棟構造、瓦葺き、アーチ形入り口。均整のとれたデザイン性で国の登録有形文化財に指定された。

BD 09 内木酒造の佇まい

桜区西堀6丁目
酒蔵／登録有形文化財
100 旧百景＃31

さいたま市内には4つの酒蔵があるが、西堀の内木酒造は一七七五年（安永4）創業の市内最古の、そして旧浦和市域内では唯一の酒蔵とされる。敷地中央に面した店舗兼母屋と離れが国の登録文化財に指定されている。醸造してきた旭正宗は全国新酒鑑評会でたびたび金賞を得ている。二〇二一年10月、自社での製造（酒造り）を終了したが、今は搾りたての原酒など、わずかに直売もしている。

BD 10 大滝酒造の佇まい

見沼区膝子
大宮台地西端／酒蔵

見沼区膝子の台地端に建つ大滝酒造。台地を下ったすぐの低地は農地転用で老人福祉センターを建設中。その先には大宮東高校。東部環境センターの建て替え工事も進む。屋敷林に囲まれた静かな佇まいだ。一八八四年（明治17）創業以来4代目の酒蔵で銘柄は九重桜。昭和初期建設の酒蔵はどっしりと落ち着いている。酒蔵の見学開放は行っていない。搾りたて原酒など、わずかに直売もしている。

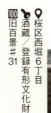

長屋門

BD 11 永田家長屋門

桁行21・16m、梁間4・75m、棟高6・18m、面積100・51㎡。市内最大規模の武家の長屋門。右手に出格子二つ。長屋門両端に曲折の忍び返しの付いた鯱子塀（築地塀）が続く。建築年代は江戸時代後期と推定される。さいたま市指定文化財。江戸時代初期に新田開発や土木事業に貢献した関東代官伊奈備前守忠次が、荒川下流域の河川管理の陣頭指揮にあたった「土屋陣屋」の長屋門である。家臣永田氏が拝領した。昭和初期の当陣屋跡の句会で高浜虚子は「いつの世の大蜂の巣や長屋門」という句を残しているという。

西区土屋
長屋門／市有形文化財

BD 12 大間木住宅地の長屋門

現在は、住宅に隠れて見る事ができない

緑区大間木
長屋門

緑区大間木に残されている長屋門。母屋の敷地だったと思われる北側の土地は二〇二二年（令和4）夏まで商業店舗と駐車場用地として使われていたが、再開発でドラッグストアが整備され、南側でも分譲住宅が建設された。以前の開発でも今回の再開発でも、機能としてはまったく意味を持たないと思われる長屋門が残されることで、僅かながらもこの土地の記憶が継承されていく。

BD 13 本太の長屋門

浦和区本太3丁目
長屋門
100旧百景＃24

長屋門は、元は大名や武家屋敷内の家臣の長屋に使われたものだが、その後裕福な農家が、農作物や農具の保管、作業場として作り始めた。浦和の長屋門の多くは、農家型長屋門で、当初は茅葺き、土壁造りであったが、戦後、屋根を瓦葺きや鉄板葺き、壁も漆喰になった。本太の見事に並んだ長屋門の屋敷も、屋敷林を伐採してマンションを建てたり、駐車場にしたりと近代化が進行中である。

BD 14 大川家の長屋門

見沼区大谷
長屋門／保全緑地

大谷の東楽園通りの北側に面した耕作地奥に大川家の大きな長屋門がある。左右には白壁の長塀が築かれていて、桜を初め多くの樹々に覆われている。母屋の背景は大きな屋敷林で、保存緑地指定627号に登録され、屋敷奥には大きな土蔵もあり、古くから格式ある裕福な農家と思われる。長屋門前の耕作地は多くの樹々を植栽、特に銀杏の樹が茂るこの秋はギンナンの収穫で忙しそうである。

BD 15 大谷口 富田家の長屋門

緑区大谷口
長屋門

第二産業道路大谷口陸橋を超えた先、大谷口向のバス停隣に富田家の長屋門がある。ここは大谷口氷川神社と地続きの広い敷地で、大きな欅の屋敷林があったが、隣の台地斜面林を切り開いて建造された企業建屋や個人の新築民家等から落葉の苦情を受け切り倒さなければならなかったようだ。この長屋門と奥の本家屋は際立ってきれいに管理され落ち着いた景観である。

■ 長屋門

BD 16 本郷の長屋門

北区本郷町
長屋門
旧百景＃25

見沼田んぼ西側の台地上、旧本郷村にある蓮見家の長屋門は旧岩槻城三の丸居宅の長屋門を明治になって移築したもので、典型的な武家門だ。長屋門の柱には「剣道・空手　直道館」という大きな看板が掛かり、子供たちが通っていたが看板の字も薄れ、今もやっているかは不明だ。新しい住宅に囲まれた中で、見沼通船の荷上場もあり豊かな農村地帯だった旧本郷村の風景が、ここだけに残っている。

BD 17 松沢家の長屋門

見沼区蓮沼
長屋門

県道さいたま・春日部線の蓮沼辺り県道から奥まったところに松沢家の長屋門がある。門前の広い畑作地は転用され、ドラッグストアや飲食店が並び駐車場に充てている。その奥に行くと、長屋門が2棟、一族だろうか並び建つ。道路の反対側には元八木アンテナの工場跡地が整備され大型ホームセンターがオープンして賑やかだ。この県道沿いの畑地も商業施設に代わってしまうのだろうか。

BD 18 旧武笠家表門

緑区下山口新田
茅葺屋根／移築復元／江戸期
旧百景＃32

緑区三室の農家の武笠家より寄贈され一九九四年、民家園に移築復原された。天明3年銘の護摩札が確認されており、江戸時代後期の建築と推定される。寄棟茅葺の長屋門で、門構えが内側に下がらず、両開きの引き分け戸で右側に潜り戸がついている。広い土間があり日常的に作業場や納屋として使われた。この門を開くのは婚礼や葬儀などの日に限られ、普段は通用門を使用していたらしい。

BD 19 岩槻にある長屋門

岩槻区増長
長屋門

主要地方道岩槻野田線、増長の香取神社に隣接し、屋敷林に囲まれた田中家は江戸時代より庄屋として代々引継がれてきた。近隣一帯は今も農村地帯が広がり、その中に改装された瓦葺の屋根、白い漆喰の目立つ長屋門が輝きを見せている。母屋は既に取り壊され、風情のある介護付有料老人ホームとして生まれ変わり、左手に一九八〇年に新設された岩槻バンビ保育園も開園されている。

■ その他

BD 20 大熊家表門

緑区大間木2丁目
宿場町／移築復元／市有形文化財
関風景BC34

江戸時代末期の薬医門（門柱の後に控柱が2本設けられた門）で、中山道浦和宿本陣であった星野家の表門が一八六八年（明治元）にこの場所に移築されたものである。浦和宿唯一の本陣遺構で市指定有形文化財となっている。この地は浦和宿から4～5㎞離れた住宅地で、区画整理され整然とした街並みの中に唐突にこの門がある。解説板を読まなければこの建物の由緒を想像することは難しい。

BD 21 大谷口 野口家の茅葺屋根

緑区大谷口
茅葺屋根／保全緑地

第2産業道路大谷口陸橋端、武蔵野線に沿って北東に二五〇m程下る。左手の細い道を進むと垣根と木戸門の奥に貴重な茅葺屋根の母屋が望める。周囲は大きな樹木に覆われ、その背後は「大谷口向特別緑地保全地区」で、この緑地は、防風林、井戸の水源及び燃料材の資源として、野口家が代々保全活用した山林である。

なお、木戸門前の畑地端に、0時運動創始者の野口喜市氏の「0の発見」看板がある。

BE

近代の土木構造物の風景

治水橋の向こうにかつて旧治水橋と接続していた横堤が見える

煉瓦調のデザインを施した現在の末田大用水取水口／治水構造物の近代化を象徴する煉瓦造の千貫樋

土木構造物は災害から地域を守り、産業の基盤を形成する。それは社会の恵みとも障壁ともなる自然や地形を改造し、一体となって地域の風景を決定づける。

さいたま市は江戸時代の河川事業、戦後の利根導水事業など、治水利水関連の土木事業の舞台であった。いずれも首都の発展を支える大事業だが、幕末から戦前の近代化の時代には、街道筋のそれ程大きくないまちが、近代的な県都に変貌し、土木事業が一気呵成に進められた。

この時代の目立った土木事業は、荒川上流部河川改修工事、道路の近代化の契機となった耕地整理事業と荒川渡河橋梁群、市の発展の原動力となった鉄道事業だろう。そこには、石材木材を主とする近世に代わり、新しい構造や素材、意匠が施された。近代化の特徴とも言える煉瓦造の建造物も登場し、規模が小さい樋管や橋梁など細部の意匠に拘った構造物も造られた。

その後、現代の構造物は標準化が進んで没個性になった。また都市の成長に伴って建造物が更新される中、技術史的な価値の高い土木遺産の多くが消失してしまった。水害多発地帯の歴史を伝える煉瓦水門等は、埼玉県に突出して多く残存するが、さいたま市では千貫樋1基しか残っていない。

都市を守る機能は永続的に求められるが、老朽化すれば新技術の建造物に更新される。しかしそれは往時の社会情勢や地域の地形、自然環境を知る大きな手がかりでもある。ここでは土木事業の中でも地域のランドマークであった建造物に焦点をあて往事の土木構造物の風景も掲載しつつ、地域の特徴や発展に貢献したものを取り上げる。建造物だけでなく周囲の風景も併

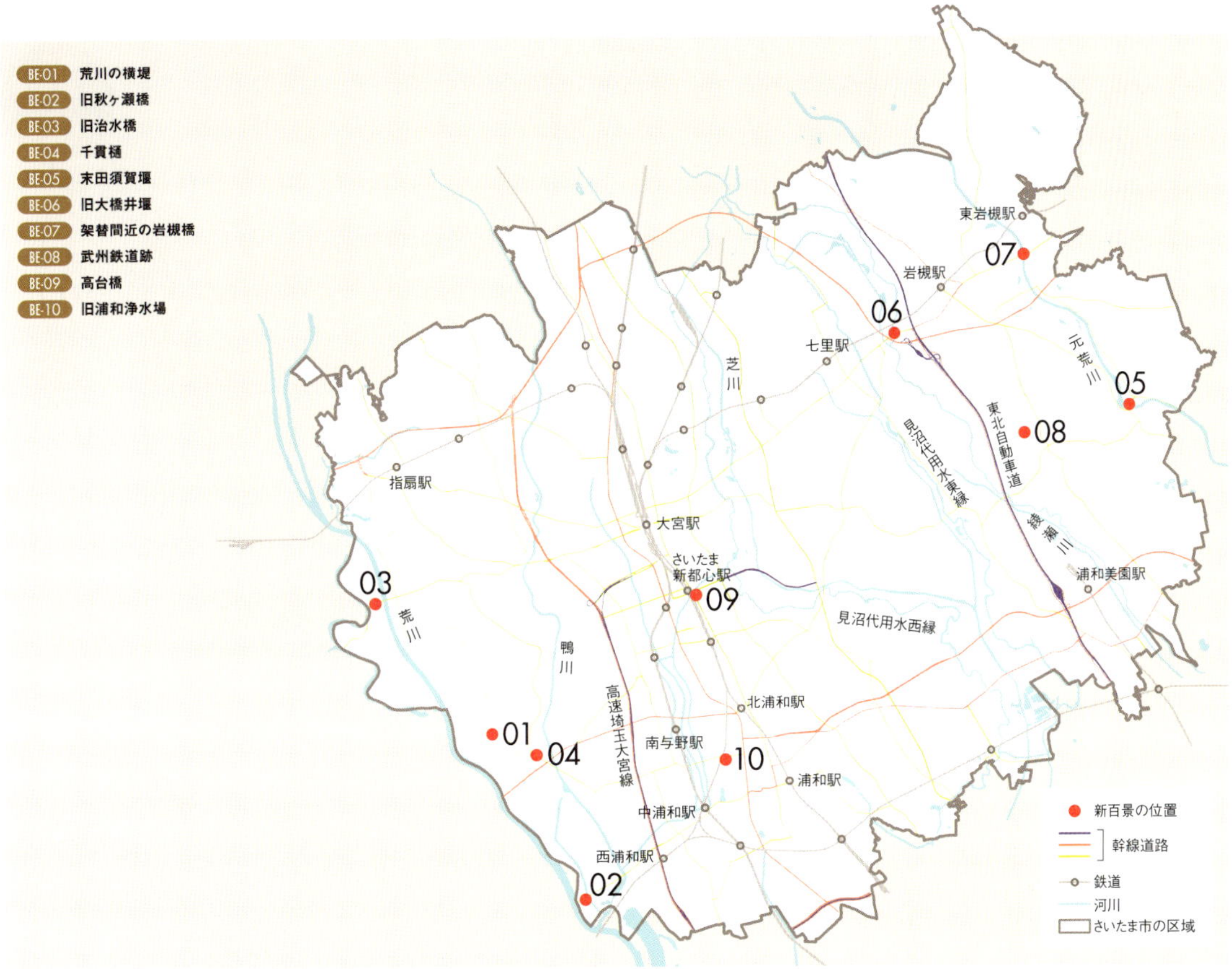

参考資料　さいたま市近代土木史年表

明治4年(1871)	廃藩置県(埼玉県設置)～土木技術・制度の近代化
明治10年(1877)	浦和・熊谷に電信分局開設
明治16年(1883)～	日本鉄道(株)上野～熊谷間に鉄道開通(明治16年)、大宮～宇都宮間開通(明治18年)
明治22年(1889)	深谷市に日本煉瓦製造(株)工場が竣工
明治	埼玉県内の大洪水～埼玉県での洪水の頻発
	荒川に関わる明治の大水害(M18、M23、M40、M43)
明治27年(1894)	日本鉄道(株)大宮工場開業
	初代上江橋(木造冠水橋)が川越新道整備とあわせて架設
明治29年(1896)	旧河川法制定～利根川・荒川の国直轄河川化と低水工事から高水工事への転換、舟運の衰退へ
明治37年(1904)	日露戦争(明治37～38年)
明治38年(1905)	末田須賀堰 煉瓦造堰枠築造
明治39年(1906)	浦和・熊谷に電灯がともる
明治41年(1908)	初代秋ヶ瀬橋(木造冠水橋)架設
大正5年(1916)	浦和～志木、大宮～粕壁、大宮～原市に乗合自動車(バス)運行開始
大正7年(1918)	荒川上流改修工事はじまる
大正8年(1919)	旧道路法の制定 ～政府の鉄道優先策による道路整備の立ち後れ
大正11年(1922)	浦和での初の耕地整理組合認可 ～近代的な住宅地基盤整備の進展
大正12年(1923)	関東大震災 ～被災地東京から人口を受けとめる住宅基盤整備、鉄道、道路の発達
大正13年(1924)	武州鉄道(蓮田～岩槻間)開業(昭和11年神根まで延長、昭和13年廃業)
大正15年(1926)	末田須賀堰 左岸側にストーニー式鋼製ゲート築造(平成6年改築)
昭和4年(1929)	総武鉄道(大宮～粕壁間)開通
昭和7年(1932)	京浜東北線(赤羽～大宮間)電化、乗り入れ開通
昭和9年(1934)	近代橋梁として治水橋架設(平成5年架け替え)
	新国道(国道17号志村～大宮)開通
昭和11年(1936)	上江橋の近代橋梁化着工、一部橋脚橋台の完成後、戦争により工事中断
昭和13年(1938)	秋ヶ瀬橋の近代橋梁化完成(昭和57年架け替え)
	羽根倉橋が秋ヶ瀬橋の木材を再利用し仮橋として架設
昭和15年(1940)	国鉄川越線(大宮～高麗川間)開通
昭和16年(1941)	太平洋戦争(昭和16～20年)
昭和17年(1942)	産業道路(大宮北袋周辺)着工
昭和22年(1947)	キャスリン台風、利根川と荒川が決壊
昭和29年(1954)	羽根倉橋、木造冠水橋として架け替え(永久橋化は昭和48年)
	荒川上流改修工事完成
昭和32年(1957)	上江橋開通～さいたま市の近代化時代終盤の橋梁

せて想像してみて頂きたい。

現在の土木整備では災害から地域を守るために、自然環境を保全し、その恵みを活かしながら費用をかけずに整備することが重視されるようになった。昔からある建造物を長く上手に使うことも大切だろう。

BE 01 荒川の横堤

荒川ならではの土木構造物、整備中の荒川第二調節池内に残る横堤

荒川上流改修工事平面図（大正14年度直轄工事年報付録図面、国土地盤情報デジタルアーカイブズより転載）

西区、桜区（堤外地）
荒川／荒川堤防／河川改修／土木遺産／昭和前期
関風景CD09

横堤は川の流れに沿って造られる堤防から川に向かって直角に突き出した堤防。大正時代からの荒川上流部の改修では広大な河川敷の中で河道の直線化が進められた。併せて横堤により洪水流の流速を落として堤防や農地を保護しながら広い河川敷に水を留める。もともと河道付近で水流を減ずる効果のあった樹林がもととなったと考えられている。一九二九年（昭和４）から戦後にかけて戸田市から吉見町まで27カ所に設置され、全国的にもユニークな治水整備の成果として重要な土木遺産と位置づけられている。整備当時、横堤は荒川を渡るさいたま市内４基の橋梁の土台としても機能するよう効率的に整備されており、現代の大規模治水整備の場である荒川調節池の中に引き続きその特異な姿を留めている。

BE 02 旧秋ヶ瀬橋

親柱に特徴的な意匠が感じられる旧秋ヶ瀬橋

川面付近にポニー型ワーレントラス」（土木学会附属土木図書館所蔵）

桜区下大久保、志木市下宗岡
荒川／渡し場／志木街道
100 旧百景＃77

かつて志木街道は秋ヶ瀬の渡しで荒川を往来していたが、一九〇八年に木製の冠水橋が架設された。この橋は治水橋と同年代一九三八年に木造橋梁から近代橋梁として生まれ変わった。両岸に建設された横堤が竣工した後、それらを結び架橋された。設計は全国各地の橋梁設計で活躍した増田淳。川面付近に背丈が控えめなポニー型ワーレントラスという構造が採用されていて特徴が感じられる。道路上空に部材がなく開放的で、広大な荒川の風景に突出しないスマートな橋梁だった。塔状の親柱は昭和初期に日本でも流行したアールデコ調のデザインで、残されていないのが惜しい。

■荒川の土木構造物

BE 03 旧治水橋

東京の北、荒川上流の直線化工事実現に尽力した埼玉の治水翁こと斎藤祐美の名を冠した橋梁。彼の運動により実現したこの橋梁は河道の直線化で土地を奪われ分断された地域への罪滅ぼしの意味があったとも言われる。この橋は近代的な荒川改修の中でもユニークな横堤（川の横断方向に突き出る堤防、左岸側、馬宮第一横堤）とともに工事が進められ、その上に取付道路を設置、そこから橋を接続した。洪水対策を兼ねた荒川ならではの架橋計画であった。広大な河川敷の上をゲルバー式鋼鈑桁の構造で、低水路を曲弦ワーレントラス構造で渡した。一九九三年に新橋に架け替えられたが今も埼玉の近代河川改修のシンボルとも言える橋梁である。

治水橋開通式、「馬宮のあゆみ」刊行委員会編集発行『馬宮のあゆみ～荒川の流れとともに～』

西区（堤外地）
荒川／河川改修／治水翁・斎藤祐美
旧百景＃77

治水翁の記念碑。橋梁部材の部分保存

BE 04 千貫樋

千貫樋はさいたま市に現存する唯一の煉瓦水門である。かつて鴨川が荒川に合流するあたりにあって、洪水時には荒川から逆流する水から地域を守るために一九〇四年（明治37年）に建設された。千貫樋水郷公園は荒川堤防のあやめ園から現在の鴨川まで、昔の旧流路を人工水路化した公園。埼玉県に数多い煉瓦水門の中でも規模が大きく特に姿形に優れた美しい水門である。水の流れは昔とは逆だが、煉瓦水門をすぐそばに感じ、とりわけ内部を通り抜けられる点は他にあまりない特徴。洪水の逆流を防ぐ観音開きのマイターゲートが失われているが、水流によって自然と閉じるゲートの様子も含め何らか再現できると地域防災学習として効果的だろう。

川表側の面壁の様子

桜区五関
旧鴨川／水門／煉瓦造／土木遺産
旧百景＃54

千貫樋水郷公園に再現されたかつての鴨川の流路

水門内部

■元荒川・綾瀬川の土木構造物

BE 05 末田須賀堰

現在の末田須賀堰

末田須賀堰は、元荒川にいくつかある堰の1つ。溜めた水は多くの用水より周囲の水田に配られ、再び元荒川に落ちる。それを次の堰が溜めて配水するというように川と田んぼで水が循環する。その歴史は古く、江戸時代に石を詰めた竹籠を積み上げた堰から始まり、幾度か改修され現在に至る。4月初旬から9月中旬までの米作りの時期には広々と水を湛えた風景が上流まで続く。河川施設の近代化の特徴は煉瓦の活用だが、一番堰と言われる榎戸堰から下流まで煉瓦造の堰が続いていた。一九〇五年（明治38）には右岸側に県最大規模となる10のゲートを有する煉瓦堰枠が登場し、末田用水圦樋（取水用樋門）も煉瓦造だったが、いずれも残っていない。

旧末田須賀堰

岩槻区新方須賀、末田
元荒川／農業用水堰／水争い
関風景AB06
100旧百景＃18

BE 06 旧大橋井堰

既に改修されて近代土木遺産としての構造物は失われているが、木造の堰を一九三一年（昭和6）にコンクリート造で拡張したもので、堰と綾瀬川を渡る橋が一体的に整備されていた。現在も堰としては綾瀬川に残る唯一の取水堰で左岸に農業用水を配水している。大橋は江戸時代からの古い橋で将軍が通る御成橋とも呼ばれていた。左岸には明治以降に成立したと思われる加倉河岸（新河岸）がある。大正時代には5トンの発動機船綾瀬丸も登場し、この辺りは東京と舟運で繋がっていた。

左岸下流側からみた大橋井堰

岩槻区加倉2・3丁目
綾瀬川／農業用水堰／御成道
関風景AB08

BE 07 架替間近の岩槻橋

岩槻橋は旧16号が元荒川を渡る橋である。架替のため近代土木遺産としての橋は二〇二四年に撤去予定である。一九四一年（昭和16）に近代橋梁として架け替えられたRC造カンチレバー橋（片側に張り出した桁に桁を載せる構造）であった。近年は橋側面の雑多な付属物で気づきにくかったが、桁下部のテーパーの曲線は滑らかで当初は付近の田園風景に映える近代的建造物だっただろう。この橋梁の歴史は古く、一八八八年（明治21）に架設された木橋が架替えとなったもの。

建設中の岩槻橋

掛け替え前の岩槻橋と仮橋

岩槻区本丸4丁目、太田2丁目、南平野1・2丁目
元荒川／土木遺産／解体

BE 08

武州鉄道跡

さいたま市アーカイブズセンター提供

武州鉄道は、鉄道路線から外れてしまった岩槻において構想され、紆余曲折を経て一九二四年（大正13）に蓮田～岩槻間6・4㎞が開通。その後、岩槻～武州大門、さらに神根まで延伸され、川口・赤羽等での省線との連絡を図ったが、採算悪化のため一九三八年（昭和13）開業から14年で廃止された。その鉄道路線跡が、本町五丁目の浄安寺前に「武州鉄道の小径」として残されている。その他岩槻区から緑区大門にかけて、武州鉄道ルートが道路や細長い住宅地として各地に残されている。目白大学正門前の直線道路、平林寺公民館の入口通路などがそうだ。また、伝右川の鉄橋橋台の名残が最近まで残っていたが、浦和美園の土地造成で伝右川の河川改修とともに失われた。21世紀に入り、埼玉高速鉄道が武州鉄道の計画をなぞるように赤羽から浦和美園駅まで整備され、今後岩槻までの延伸が計画されている。武州鉄道の悲願が実現されることになるのか。

岩槻区、緑区
鉄道／大正期／昭和前期

目白大学正門前の直線道路は武州鉄道のルート跡だ

BE 09

高台橋

1922年（大正11年）の頃の高台橋（東側）（出典：さいたま市の100年より）

埼玉県でも珍しい煉瓦の道路アーチ橋で、一八八九年（明治22）頃に木橋から架け替えられた。アーチ部分の煉瓦小口の巻数が5重、両端の親柱、面壁を区切る笠石、大きな要石など華やかな意匠。中山道の近代化を象徴する建造物だが、高沼用水もろともコンクリート生き埋めの姿がさいたま新都心駅のホームから見える。昔、高沼用水は台地を直線的に横切り、掘割の水路が旧中山道に直角に交差していた。親柱の銘板は水路を向き、ハイカラな姿を舟で通る人に見せていた風景が目に浮かぶ。

大宮区北袋町1丁目
高沼用水／旧中山道／煉瓦造／土木遺産
関風景AB13、AD10、BB22、

BE 10

旧浦和浄水場

建設中の旧浦和浄水場・水道タンク

昭和初期までの飲料水は各戸の浅井戸に頼ってきたが、人口増、衛生面から上下水の拡充が求められ、浦和市、大宮町、与野町、六辻村、三橋村の5市町村が一体となって一九三四年（昭和9）に埼玉県南水道組合を発足。翌年、本庁舎を現在のさいたま市水道局南部水道営業所の地に設置、同時に建設された浦和と大宮浄水場から給水が開始された。浦和浄水場は当初、供給人口一五〇〇〇人、供給量一日四四〇〇㎥、普及率13・4％であった。また鉄骨塔上の水道タンクが目を引くランドマークとなっていたが、老朽化のため一九七四年の開局40周年記念を機に取り壊された。

浦和区常盤6丁目
水供給／解体

BF 地域の知られざる伝統行事の風景

B まちの記憶と文化に関わる風景

5月「南部領辻のささら獅子舞」

12月「一山神社の冬至祭」

9月 敬老の日「篠岡八幡大神社の古式土俵入り」

「まつり」の語源は「祀る（まつる）」ともいい、神に供え物を献上する意味合いも持つ。古代では五穀豊作や平和、災いの退散を願うなど祭りは人々の暮らしと密着していた。江戸時代は「娯楽化」された神輿や獅子舞・花火といった派手な演出で庶民中心の大衆文化が定着、祭りを復興させる動きは「神事→祈祷→娯楽」へと徐々に変化した。日本の祭りの最大の特徴は「多様性」と言えるでしょう。さいたま市にも地域ごとに興味深い伝統的行事（祭り）が残されている。ここでは主に明治以降から続く旧四市の地域ごとの祭り文化を挙げてみたい。「知られざる伝統行事」はさいたま市域の特に旧市が違えば互いに知らない行事が多いのではないか。それらを掘り下げて紹介した。また、明治期以前にルーツがある「伝統行事」や昔からあったが途絶えていた行事、近年復活させたものも取り上げた。それらを暦順に、または同系行事をまとめて紹介する。

年始、北区「日進の餅つき踊り」は新年1月1日の0時と同時に4人組の餅つき踊りが始まる。2・3月、旧与野地域の「金毘羅堂のだるま市」桜区「田島氷川社の獅子舞」。5～7月、岩槻「慈恩寺の稚児行列」は玄奘祭で子ども達が西遊記の孫悟空の衣装で歩く。緑区「南部領辻のささら獅子舞」「秋葉ささら獅子舞」「深作ささら獅子舞」、大宮区「武蔵一宮 氷川神社夏越の大祓」。初山参りは「大宮浅間神社」「岩槻富士浅間神社」他。見沼区「砂の万灯」「氷川女體神社の名越祓え」。

9・10月、子ども古式土俵入りは「篠岡八幡大神社」「釣上神明社」。岩槻「久伊豆神社の黒奴踊り」。12月、コロナ禍でマスク姿の火渡り神事は「中山神社の鎮火祭」「田島御嶽神社」「一山神社の冬至祭」と歴史的伝統行事も奇妙にみえた。

参考資料　伝統行事カレンダー

月	開催日	行事名（カタログ番号）	場所（区）	備考
1月	1/1	日進餅つき踊り（BF01）	日進神社（西区）	市無形民俗文化財
2月	2/10	金比羅堂のだるま市（BF02）	鈴谷妙行寺（中央区）	
3月	3/15辺り	田島の獅子舞（BF04）	田島氷川社（桜区）７月、10月にも	市無形民俗文化財
5月	5/5	慈恩寺の稚児行列（BF03）	慈恩寺・玄奘塔（岩槻区）	
	5/15辺り	南部領辻のささら獅子舞（BF05）	鷲神社（緑区）10月にも	市無形民俗文化財
6月	6/30	氷川神社夏越の祓	大宮氷川神社（大宮区）	
7月	7/1	大宮浅間神社の初山参り（BF08）	浅間神社（大宮区）	
	7/1	冨士浅間神社の初山参り（BF09）	冨士浅間神社（岩槻区）	
	7/14	砂の万灯（BF10）	八雲神社（見沼区）	市無形民俗文化財
	7/15辺り	秋葉ささら獅子舞（BF06）	秋葉神社、永昌寺（西区）	市無形民俗文化財
	7/31	氷川女體社の名越祓え（BF11）	氷川女體神社（緑区）	市無形民俗文化財
8月	第3か第4土曜日	深作ささら獅子舞（BF07）	深作氷川神社（見沼区）	市無形民俗文化財
9月	9/8	氷川女體神社磐船祭	氷川女體神社（緑区）	
	敬老の日	岩槻の古式土俵入り（BF12）	篠岡八幡大神社（岩槻区）	国重要無形民俗文化財
10月	10/19	黒奴おどり（BF14）	久伊豆神社（岩槻区）	
	10/21辺り	岩槻の古式土俵入り（BF13）	釣上神明神社（岩槻区）	国重要無形民俗文化財
12月	12/8	鎮火祭、火渡り神事（BF16）	中山神社（見沼区）	
	12/18	秋葉神社の祭礼（BF15）	秋葉神社（西区）	
	12/19	火渡り神事（BF17）	田島御嶽神社（桜区）	
	冬至	冬至祭・火渡り神事（BF18）	一山神社（中央区）	市無形民俗文化財

新春から春の行事

BF 01

日進餅つき踊り

1月1日 年始

しんしょう搗きでリズミカルに踊る

この餅つき踊りは、「接待餅」とも呼ばれ、江戸時代中山道の伝馬夫役に出た若者達が旅の慰安と接待で通行する大名や武士たちの宿で餅をついた事が芸能化したといわれる。現在は日進神社境内で、毎年1月1日午前0時に餅つき踊りが披露される。ふかした餅米を先頭に、大ぎね・小ぎねをもった一行が木遣歌を歌いながら入場し餅米を臼にあけ左回りに総勢で餅米を練りあげる。こね取りと中ぎね四人が交代しながら餅を搗き、やがて「しんしょう搗き（真鉦搗き）」が始まり、こどもも交えての早い回転。空臼を搗く「曲搗き」には、豊穣、瑞祥、大勝利（感謝）の三調子があり、四人一組となり、リズミカルに杵を回し臼を叩いて舞う。スピードに乗った餅搗き踊りは見ごたえのある景色である。

北区日進町2丁目
市無形民俗文化財

ふかした餅米を頭上に掲げて登場

BF 02

金毘羅堂のだるま市

2月10日

中央区鈴谷の妙行寺金毘羅堂前にあるカヤの木は、樹齢一〇〇〇年と言われる巨木で、国天然記念物に指定されている。鎌倉時代、この木を神木として金毘羅天が祭られ「カヤの木金毘羅」とも呼ばれ信仰の対象となってきた。毎年二月十日この金毘羅堂の前で「だるま市」が立つ。早朝から店が出る「朝市」として知られており、この日は、大小のだるまが販売され地元の人々が一年の商売繁盛を祈る。お堂の前に新しい門も作られ、住宅街の中貴重な伝統行事が続いて行く事を願うばかりである。

中央区鈴谷4丁目
天然記念物

BF 03

慈恩寺の稚児行列 玄奘祭

5月5日

慈恩寺の玄奘塔（通称十三重の塔）は、一九四四年に中国から日本に分骨された三蔵法師玄奘の霊骨の一部をお祀りしている。毎年五月五日の子供の日に玄奘祭が行われる。玄奘祭の「子供孫悟空お練り」では、西遊記に登場する猪八戒、沙悟浄に扮した大人達に先導され、孫悟空の衣装をまとった子供たちが慈恩寺から玄奘塔までの田んぼ道約1kmを歩く。白馬と三蔵法師を中心に百人近い子供孫悟空の稚児行列を、子供たちの保護者や見物客が見守る。地域に根付きつつある微笑ましい行事だ。

岩槻区慈恩寺
少子化
旧百景＃60

新春から春の行事

BF 04

田島氷川社の獅子舞

3月15日辺り

桜区田島4丁目
獅子舞／市無形民俗文化財

埼京線中浦和駅から徒歩15分ほど、田島氷川社がある。創建年代は不詳ながら、慶安2年（一六四九）には徳川家光より社領7石の御朱印状を拝領したと伝わる。「田島の獅子舞」は3頭の大獅子、女獅子、中獅子からなり未成年の女子が花笠をつけて立つ。楽器は獅子のつける太鼓と笛方の笛だけでササラは使わない。舞いの形では、大獅子が大きな弓の弦の間を瞬時に飛び越える「弓掛」の場面が見どころである。

BF 05

南部領辻のささら獅子舞

5月15日辺り

緑区南部領辻
ささら獅子舞／市無形民俗文化財
100旧百景＃59

九百年程前、源義光が軍勢を鼓舞し鷲神社に獅子舞を奉納したのが起源とされる。後継者不足などで一九六九年に一度途絶えたが二千年に復活。毎年5月と10月に鷲神社に奉納される。横笛と竹を使った簓（ささら）の音色に合わせ、太夫獅子、女獅子、中獅子の3頭が腹に付けた太鼓を打ち、体を上下に激しく揺らし勇壮に舞う。5月の「村祈祷」では、地区内を獅子舞一行がお神楽を舞い練り歩く。

夏の行事

BF 06

秋葉ささら獅子舞

7月15日辺り

西区中釘
ささら獅子舞／市無形民俗文化財

室町時代末期、秋葉三尺坊の山伏が伝えたといわれる獅子舞。五穀豊穣、悪疫退散、厄除けを祈願して、大獅子、中獅子、牝獅子の3頭の獅子が勇壮華麗な舞いを披露する。秋葉神社と、永昌寺の秋葉三尺坊の2箇所で舞う獅子舞は勿論、天狗や獅子、ひょっとこ、ささらを持った花笠役などに神霊が宿るよう、笛や太鼓を高らかに奏でながら行列をつくって公開場所に向かう「道行（みちゆき）」も見所である。

BF 07

深作ささら獅子舞

8月第3か第4土曜日

見沼区深作2丁目
ささら獅子舞／市無形民俗文化財

江戸初期に「日雅和尚」が五穀豊穣、悪疫退散を願って伝授したのが起源と伝わる「深作のささら獅子舞」は、境内に築いた土俵の四隅に青竹を立て、天幕を張った舞場（シバ）で披露される。3頭の獅子が土俵の上を激しく躍動し悪戯好きの天狗が縦横無尽に駆けまわる。小さな子供が天狗に抱かれ土俵に上ると「縁起が良い」とされる。毎回小さな子ども連れで賑わうが、少子化で子供の参加不足が心配される。

BF 08

大宮浅間神社の初山参り

7月1日

大宮区浅間町2丁目
富士信仰

大宮浅間神社は、江戸中期見沼田んぼの新田開発測量の為に築いた山の上に、神社を祀ったと伝わる。初山参りは、富士山の山開きの7月1日に行う伝統行事で、お払いの後幼児のおでこに朱印を押し健康を祈願する。ここでは、地元浅間町の住民を中心に約50人で行われる。自治会長は「最近インターネットで知った人も多く訪れてくるが、引っ越した人が遠くからこの行事の為に帰ってくるのがうれしい」と話す。

BF 09

岩槻冨士浅間神社の初山参り

7月1日

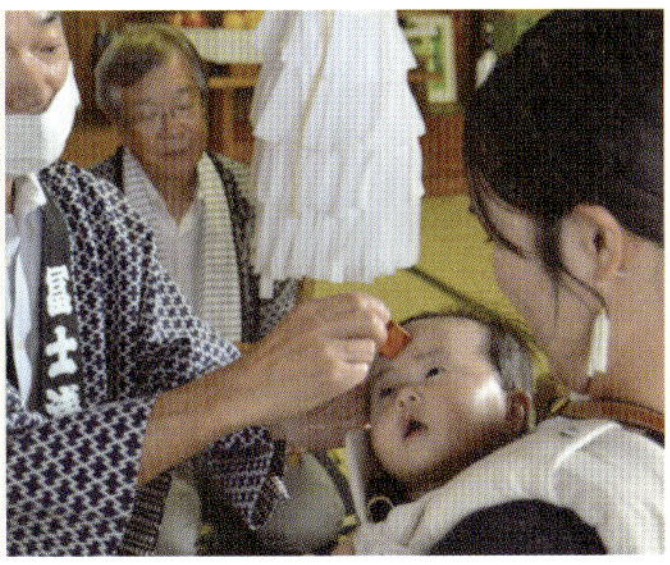

岩槻区府内1丁目
富士信仰

毎年7月1日に初山が行われ、この1年間に生まれた子供達の無病息災を願って神社境内にある冨士山に詣でる行事。参拝した赤ちゃんの額に「浅間神社」の御朱印を押す。また色々な絵柄のうちわを買い求め身内に配る風習がある。近年廃れて来た行事に付近の氏子さん達の喜捨による岩槻特産の小麦粉で作った「一日饅頭」が参拝者に配られている。今、和菓子組合では「一日饅頭」の商品化が進んでいる。

夏の行事

BF10 八雲神社 砂の万灯

7月14日

見沼区東大宮1丁目
市無形民俗文化財

砂町の八雲神社の天王様（7月14日）は「砂の万灯祭り」の名で知られている。七組の万灯組が、各々意匠を凝らして飾り付けた万灯の上の人形が呼び物である。万灯は華美な装飾を施した枠の中に灯をともす「一万灯（いちまんとう）」を中心に据え、下部を朱で統一し、上部は「花挿（はなざし）」を飾り、頂上に人形を戴く。総高6mにも及ぶものでかつては村内を担いで練り歩いたが今は固定されている。

BF11 氷川女體神社の名越祓え

7月31日

『大宮氷川神社と氷川女體神社』より

緑区宮本2丁目
見沼田んぼ／市無形民俗文化財
関風景AH05
旧百景＃50

古来神道では、6月と12月の晦日に大祓を行う。6月晦日の大祓が名越（夏越）の祓で、三室の氷川女體神社では、月遅れの7月31日に行っている。行事は江戸時代からの伝統に則り、まず半年間の罪穢れを人形に移してから、それを見沼代用水に流す。その後、神主を先頭にして、階段上の鳥居に取り付けられたマコモの輪を潜る、輪を潜る前に和歌を読み上げ、八の字に潜る。見沼のほとりの古式ゆかしい行事だ。

秋から冬の行事

BF12 篠岡八幡大神社の古式土俵入り

9月敬老の日(隔年)

岩槻区笹久保
国重要無形民俗文化財／少子化

ほぼ一年おきの9月の敬老の日、子供たちの成長と五穀豊穣を祈って、篠岡八幡大神社の秋祭りに奉納される。豆力士たちは派手な襦袢を着て「祭」の文字を金刺繍した化粧廻しを締め、神主や行司等と行列を組み、村内を練り歩く、神社拝殿前でお祓いを受けて土俵に向かう。行司軍配を合図に襦袢を脱ぎ捨て土俵上に、神主の祝詞に続き行司が祭文を唱え土俵入りが始まる。

BF13 釣上神明社の古式土俵入り

10月21日辺り

岩槻区釣上
国重要無形民俗文化財／少子化

江戸期貞享年間から継承される「古式真砂子土俵入り」は、子供達の健やかな成長と村民の安泰を祈り釣上神明社に奉納する。神社近くの行司宿で子供達は褌に化粧回しと赤い襦袢を羽織り、行司等と行列を組み神社へ。土俵際で祓い祝詞の後赤い襦袢を脱ぐ。土俵の入退場の際、右手の掌を外に向け額に当て左手を後ろに回し一足毎に左右の手を入れ替えて歩く「ヤッコ」は岩槻独特の所作である。

BF14 久伊豆神社の黒奴踊り

10月19日

岩槻区宮町2丁目
岩槻城・城下町／江戸期
関風景AF16
旧百景＃58

岩槻の総鎮守久伊豆神社に、二〇〇八年、54年ぶりに復活した黒奴踊りは、毎年秋の例大祭神事として奉納される。江戸時代徳川幕府の財政に寄与する為、日本三大奴として制定。甲府勤番の白奴、日光東照宮の赤奴、それに岩槻の黒奴である。

現在埼玉商工会議所青年部有志を中心に岩槻伝統文化を蘇えらせ、園児の「稚児黒奴」も12年前から奉納されている。可愛いチビッコ奴の将来の活躍が期待される。

BF15 秋葉神社の祭礼

12月18日

西区中釘
旧百景＃57

秋葉神社の祭礼は4月18日と12月18日の例祭で人出が多い。当然その時は露店などが多数出て、境内から外の道まで人で埋まる。火防・盗難・厄除け・交通安全・初宮もうで・七五三・事業繁栄など何でもござれなので、拝礼に訪れる人の列は凄い。ユニークなのは安中の鍛冶屋さんや生き鯉をその場で裁く露店などで、人だかりが多い。植木市も出ていて、購入者も目立つ。兎に角昔懐かしい空間が楽しい。

秋から冬の行事

BF16 中山神社の鎮火祭 火渡り神事

12月8日

中山神社の創建は人皇十代崇神天皇の御代二年と伝わる古社。中氷川の由来は見沼に面した三室（女体）、高鼻（男体）の中間点にあることから「中氷川」と名付けられた。明治40年周辺の神社合祀があり鎮座地の中川の「中」と、江戸期新田開発で氏子付き合いを深めた上山口新田の「山」を合わせ「中山神社」と改称。境内の「御火塚」は当社の特殊神事「鎮火祭」を行う場である。毎年12月8日に行う鎮火祭は特に有名で焚き終わった炭火の上を神主始め氏子衆が素足で渡り、無病息災及び火難が無いよう祈願する。コロナ禍の中関係者皆のマスク姿は異様に見えた。

見沼区中川
火渡り神事

神主が炭火の上を素足で渡る

BF17 田島御嶽神社 火渡り神事

12月19日

令和2年、ここ「鎮火星祭大祭」は「田島の火渡り祭」と名称変更された。火渡り祭は1年の穢れを火に鎮め、来る年の星共を祀り、厄除けと招福開運を祈る。御嶽信仰とは木曾御嶽山を中心とした山岳信仰である。毎年12月19日、燃やすヒバの山の祭壇に神名を記した掛け軸や山界曼荼羅風の絵画を掛ける。行者や山伏は祭文の掛け軸を掲げ、ヒバの山を周回してヒバに火を放つ。結界の四隅に行者が立ち、宮司は鐘を鳴らし祝詞を読む。ヒバが燃え尽きる頃、行者が炭火を竹棒でならし塩を撒きながら炭火を渡る。その後一般の老若男女が渡る姿に心打たれる。

桜区田島3丁目
火渡り神事

行者が塩を撒き炭火を渡る

BF18 一山神社の冬至祭 火渡り神事

12月冬至

一山神社は嘉永年間（一八四八～五三）に木曾御嶽講中が創立。福徳の神として恵比寿様と八幡様を祭る。毎年冬至の日に無病息災、火災予防を願う「冬至祭」は、令和四年コロナ禍で規模を縮小して斎行。さいたま市でも数少ない「火渡り神事」の珍しい所は燃え上がるヒバの火中にお祓いをしながらユズを投げ入れる事から、別名「ユズ祭」とも言われる。拝殿での祭典後、境内でユズ、神饌物を備え、祝詞をあげ神火をつけ火焚神事が行われる。ヒバが燃え尽きた熾火に向かい、マスク姿の宮司が塩をまき最初に火渡りをする。行者、氏子、参拝者と続き一年の災厄を清める。

中央区本町東4丁目
火渡り神事／市無形民俗文化財

宮司がユズを投げ入れる

BG さいたま文化の風景

B まちの記憶と文化に関わる風景

埼玉県立歴史と民俗の博物館

別所沼のヒアシンスハウス

岩槻遷喬館

大都市の江戸・東京の影響を受け発展したさいたまは、特色がないと揶揄される一方で、独自の穏やかな文化を育んできた。

大宮は多様な顔を持つ町である。鉄道の町といわれるのは明治27年の日本鉄道大宮工場の開設が始まりである。大宮公園は明治大正の頃は行楽地であり、また大宮は氷川神社の門前町でもある。盆栽村は大震災をのがれ東京から移住した人々によって新しい町として造られた。

浦和は文教都市と言われる。県都の環境を生かし、明治6年の学制改正局から始まる教育機関の充実により、多くの人材を輩出してきた。大震災後に京浜地区からの芸術家の移住があり、浦和画家が生まれた。その他多くの文化人が居住し浦和文化を形成したのは、浦和の落ち着いた街並みの産物かもしれない。

岩槻は、徳川将軍の日光社参の宿泊施設として、代々譜代大名の居城となった岩槻城の城下町であった。そのため岩槻には埼玉では少ない武家の文化が残されている。まちには武家屋敷、町屋がそれぞれ整備され、宿場町としても賑わった。日光東照宮の造営がきっかけとなって人形文化が花開き、岩槻は人形の町としてその名を高めている。

与野は江戸時代の市場町として栄え、明治までその繁栄は続いた。本町通りにはその名残が残されている。江戸時代には江戸近郊という立地に恵まれ、江戸の学者や文人が与野に集まり、サロンを形成した。昭和になると自動車産業の町となった。

さて、4市に新都心が加わったさいたま市には新しい文化の意識が生まれているのだろうか。それぞれの特色ある地域の文化の記憶が希薄化していくことが気がかりである。

BG-01 大宮の盆栽文化 盆栽園
BG-02 大宮の盆栽文化 盆栽美術館
BG-03 大宮の盆栽文化 大盆栽まつり
BG-04 大宮の漫画文化 漫画会館
BG-05 大宮の教育文化 愛仕幼稚園
BG-06 前川國男設計の建物 埼玉県立歴史と民俗の博物館
BG-07 大宮の鉄道文化 鉄道博物館
BG-08 大宮の鉄道文化 大栄橋からの眺め
BG-09 大宮の鉄道文化 大宮総合車両センター
BG-10 大宮公園 児童遊園地と小動物園
BG-11 大宮公園と明治の文豪たち
BG-12 浦和の教育文化 高砂小学校
BG-13 浦和の教育文化 浦和の高等学校
BG-14 浦和の教育文化 埼玉大学
BG-15 前川國男設計の建物 埼玉会館
BG-16 立原道造の夢 ヒアシンスハウス
BG-17 浦和の画家文化 アトリエハウス
BG-18 浦和の画家文化 美術と町巡り
BG-19 浦和の画家文化 県立近代美術館
BG-20 岩槻の人形文化 岩槻人形博物館
BG-21 岩槻の人形文化 流しびな
BG-22 岩槻の人形文化 人形供養祭
BG-23 岩槻の人形文化 まちかど雛めぐり
BG-24 岩槻の人形文化 雛の廣榮
BG-25 岩槻の人形文化 鈴木人形店
BG-26 岩槻の城下町文化 岩槻城
BG-27 岩槻の城下町文化 遷喬館
BG-28 鈴木荘丹と与野八景
BG-29 与野の文化人
BG-30 与野の七福神巡り
BG-31 与野本町の市場文化
BG-32 新国道と自動車関連産業
BG-33 芸術劇場と芸術劇場通り
BG-34 与野本町駅前公園のオブジェ
BG-35 新都心のオブジェ群
BG-36 与野の教育文化 いずみ高等学校

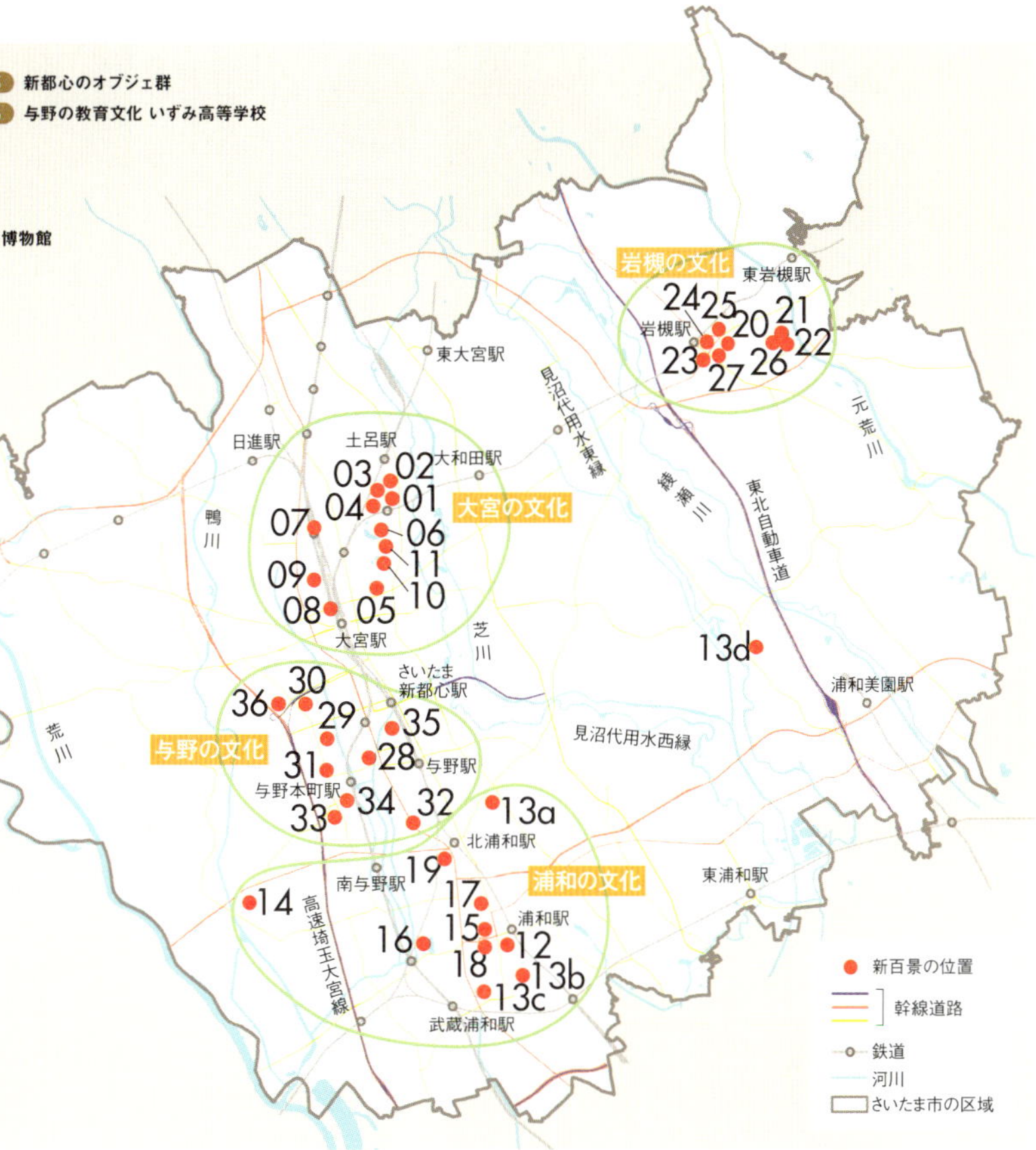

参考資料 さいたま市文化史年表

時代	大宮地区 年号	事項	浦和地区 年号	事項	岩槻地区 年号	事項	与野地区 年号	事項
中世	927	氷川神社延喜式に記載	771	調神社創建	1457	岩槻城築城	鎌倉時代	鎌倉街道羽根倉道
			平安時代	玉蔵院創建	1587	大構が築かれ城下町が確立	室町時代	与野に市場(市場の祭文)
江戸	1628～	中山道往還替え、大宮宿整備	1591	氷川女體神社創建		日光東照宮造営の工匠たちが人形づくり開始	1600頃	円乗院が道場から移設される
			1601頃	浦和御殿造営	1671	時の鐘設置	1731	鴻沼新田開発
			1609頃	廓信寺創建	1799	児玉南柯が私塾遷喬館を開設	江戸後期	与野八景作成
			1731	見沼通船堀開通				文化人サロンが形成される
明治	1885	大宮駅開設、氷川公園開園	1871	浦和郷学校(高砂小学校)開校	1873	岩槻城廃城	1872	与野学校開設
	1891	正岡子規、氷川公園内に滞在	1895	第一尋常中学校(県立浦高)創立			明治後期	本町通りがさくらの名所
	1894	日本鉄道大宮工場が業務開始	1898	山田いち・紅赤発見				
大正	1921	本多静六らの氷川公園改良計画	1912	麗和幼稚園創立	1924	武州鉄道、岩槻・蓮田間に開通	1912	与野停車場開設
	1923	アプタン、愛仕母学会設立	1920	「桜草自生地」国の天然記念物に	1925	岩槻城跡、県史跡に指定		
	1923	関東大震災	1922～	浦和耕地整理事業開始				
	1924	盆栽村建設開始	大正末期～昭和前期	浦和画家アトリエハウス				
	1925	大宮町耕地整理開始						
昭和	1945	太平洋戦争終戦	1949	新制埼玉大学発足	1930～40	鈴木人形店、雛の廣栄開店	1929～	与野町耕地整理事業
	1953	大宮公園の動物園開園	1956	文教都市浦和へと標語の変更	1938	武州鉄道廃止	1933	横尾惣三郎農民講道館開設
	1961	大栄橋完成	1966	前川國男・埼玉会館完成	1965	人形供養祭開始	1934	新国道開設
	1966	漫画会館開館	1982	県立近代美術館開設	1987	流しびな開始	1965頃	自働車関連産業の隆盛
	1971	県立博物館(歴史と民俗の博物館)開設					1985	七福神始まる
平成・令和	2007	鉄道博物館開設	2004	ヒアシンスハウス	2004	まちかど雛めぐり開始	1994	芸術劇場開設
	2010	大宮盆栽美術館開館	2009	県立文書館蔵「埼玉県行政文書」重要文化財指定	2013	城下町岩槻鷹狩り行列開始	1994	与野本町駅前公園整備される
			2016	美術と街巡り開始	2020	岩槻人形博物館開館	2000	新都心オブジェの設置

※青字はカタログ風景関連事項

大宮地域の文化

BG 01 大宮の盆栽文化 盆栽園

残っている盆栽園のひとつ、芙蓉園

北区盆栽町
関東大震災／盆栽文化
100旧百景＃79

関東大震災後、駒込辺りの盆栽業者が良好な環境を求め、大宮北の源太郎山に集団移転し、盆栽村を創設した。以来百年近くになるが、全国、海外からも多くの人が訪れる盆栽のメッカである。

しかし、往時は30ほどあった盆栽園も今では6園に減少。広い敷地を要するが農地ではない盆栽園は、相続等により存続が危ぶまれている。さいたま市が、百年後に伝えていかなければならない資産である。

BG 02 大宮の盆栽文化 盆栽美術館

北区土呂町2丁目
盆栽文化

盆栽文化の拠点として二〇一〇年にオープン。世界初の公立の盆栽に関する美術館。盆栽町北側に隣接する県の医療センター等の跡地に建設された。盆栽の名品を所蔵しつつ、盆栽文化の発信と人材育成等による盆栽園の支援を目的としている。

たまに訪れると、四季折々の盆栽を眺めて、ゆったりとした時間を過ごすことができる。外国人も多く訪れているが、来館者数は当初見込みを大きく下回っているらしい。

BG 03 大宮の盆栽文化 大盆栽まつり

北区盆栽町
盆栽文化

盆栽村の最大のイベント「大盆栽まつり」は、毎年5月の連休に行われる。盆栽四季の道を中心に、全国からの盆栽業者が盆栽や植木の店を並べ、多くの盆栽愛好者等が訪れる。

地元の植竹小学校では、五年生全員、約一二〇人が秋から盆栽をつくり、ここに展示する。樹種は全部真柏だ。卒業後は自宅に持ち帰って世話をする。もう20年近くになるそうで、盆栽文化が地元に根付いている証だ。

BG 04 大宮の漫画文化 漫画会館

手前は、盆栽四季の道のひとつ、かえで通り

北区盆栽町
漫画文化

全国初の公立の漫画に関する美術館として、一九六六年オープン。盆栽町のかえで通り沿い、日本漫画の祖北沢楽天の旧居跡に建てられた。楽天の和風のアトリエが復元され、楽天の作品を所蔵、展示するほか、近年では現代の漫画文化の発信に力を入れている。市民漫画展では北沢楽天漫画大賞を出している。東光寺にある楽天のお墓は、地元の漫画家、あらい太郎のデザインである。

BG 05 大宮の教育文化 愛仕幼稚園

大宮区高鼻町1丁目
幼児施設／アプタン女史
関風景BC14

明治後期に聖公会宣教師として来日したアプタン女史は、埼玉の幼児教育の基礎を築いた人である。自ら資金調達をしながら川越から熊谷、浦和・大宮など県内各地に手作りで幼稚園兼仮礼拝堂を開設した。埼玉の幼児教育と幼児教育者の育成に貢献したとして大宮市名誉市民となった。大正初期に大門に愛仕幼稚園を開設、のち高鼻の現在地に移った。一〇〇年を超える歴史のある幼稚園である。

BG 06 前川國男設計の建物 埼玉県立歴史と民俗の博物館

中庭にある女神像

大宮区高鼻町4丁目
前川國男
関風景BC15

大宮公園北西部にある歴史と民俗の博物館は一九七一年10月竣工。前川國男建築の代表作のひとつ。広い前庭、彩色豊かなタイルを敷き詰めたアプローチを進むと打ち込みタイルの外壁が現れる。年を重ねその風格は増し、都市の中の緑に包まれて佇む博物館は市民の誇りと言える。ホールは広々とした無柱空間。中庭には、かつて旧埼玉会館のてっぺんから浦和の町を見ていた「女神像」が移設されている。

大宮区大成町3丁目
鉄道
100旧百景♯90

BG 07 大宮の鉄道文化 鉄道博物館

近年の社会教育施設は、体験型のものが主流となっているが、鉄道博物館も例外ではない。鉄道車両といったハードの変遷のみならず、列車の運行システムや駅の仕組みなど、鉄道に関わるソフト面の発展についても体験的に学ぶことができる。また、線路の曲がり方など機械工学という科学の視点から鉄道の仕組みを学ぶものもあり、タブレットを手にした子ども達が楽しげに学んでいる。

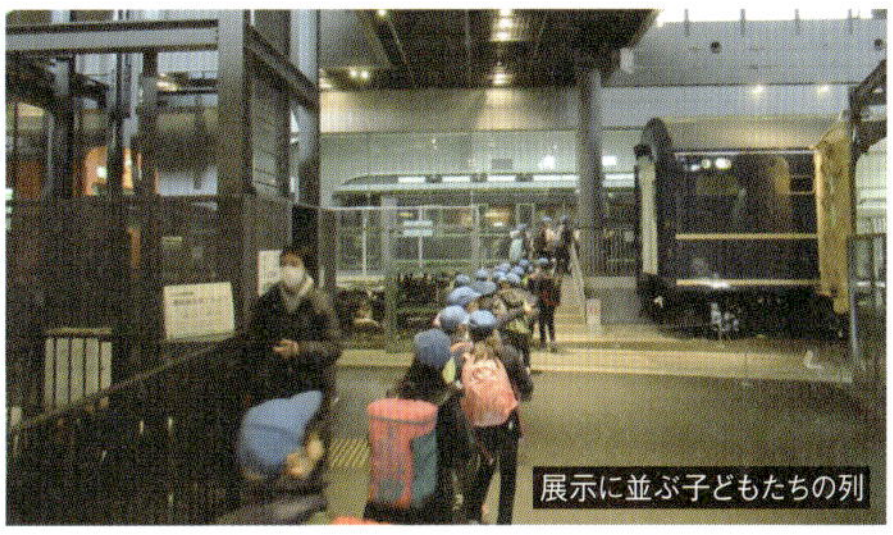

展示に並ぶ子どもたちの列

BG 08 大宮の鉄道文化 大栄橋からの眺め

大宮区錦町
鉄道／白井助七

大宮駅には、新幹線、JR在来線、東武線、ニューシャトルを含めて13路線が乗り入れている。数では、東京駅に次いで全国二位だという。大宮駅北側に架かる大栄橋から、この13路線の発着する様子が見られる。

一八八三年（明治16）上野〜熊谷間に鉄道が開通した時、大宮に駅はなく、その後東北への分岐点として大宮駅ができた。駅開設に奔走した白井助七が大宮の名誉市民だったのは当然だ。

BG 09 大宮の鉄道文化 大宮総合車両センター

大宮区錦町
鉄道
関風景BC09

一八九四年（明治27）に旧日本鉄道大宮工場が当地に開設された。現在の大宮総合車両センターである。客車や貨車の修繕・補修、さらには蒸気機関車の製造も進められた。塀に大宮工場製作のD51が展示されている。現在は規模縮小されたが、大宮のまちづくりに大いに寄与した重要な工場である。再開された「鉄道のまち大宮 鉄道ふれあいフェア」は、子供から大人まで人気のイベントとなっている。

BG 10 大宮公園 児童遊園地と小動物園

大宮区高鼻町4丁目
大宮公園

大宮公園の児童遊園地は一九三三年（昭和8）開園と古いが、現在のようになったのは、一九五〇年に長岡市から譲り受けた飛行塔が設置され、一九五三年に小動物園が開園してからだ。県知事に北海道から送られた子熊を飼う小さな檻を作ったのが動物園の始まりだとか。動物の種類は鳥類が主であるが、今も熊はいて、夜、熊の吠える声が聞こえる。餌やりの様子など、生態展示にも力を入れている。

BG 11 大宮公園と明治の文豪たち

今は日本庭園になっている石州楼跡

大宮区高鼻町4丁目
大宮公園／正岡子規

大宮公園は一八九五年（明治18）氷川公園として開園以来、大正の頃まで料亭が並ぶ歓楽地であった。東京の奥座敷として数多くの文人たちが来園している。正岡子規が万松楼に来て感激し、夏目漱石を呼び出した話は有名だが、森鴎外が「青年」の舞台に使い、正宗白鳥、田山花袋、国木田独歩、樋口一葉他の文豪たちが公園を背景に作品を描いている。大宮公園は文学散歩を楽しめる場所でもあるのだ。

BG 12

浦和の教育文化 高砂小学校

高砂小学校は一八七一年（明治４）創立。当初は浦和郷学校として開校、翌年の学制発布により浦和第一番小学校となる。さいたま市内では最古の小学校だ。初めは埼玉県師範学校の教育実習を担っていた。

一九八五年（昭和60）、浦和市制50周年を記念して、尋常高等小学校当時の門柱を復元した「高砂門」と、浦和市章付きの瓦屋根に白壁の「真砂塀（まさごべい）」が造られた。今では浦和駅西口の再開発事業による高層建築物群の背後にひっそりと佇んでいるが、教育のまち・浦和を象徴する風景だ。

高砂小学校の真砂塀

高砂小学校全景

浦和区岸町4丁目
教育文化

BG 13

浦和の教育文化 浦和の高等学校

さいたま市には、県立19校、市立5校の合計24の公立高等学校と10の私立高等学校がある。その内、旧浦和市内にある高校は、県立が８校、市立が2校、私立が5校の15校である。さいたま市全体の約半数の高校が旧浦和地域にあることになる。東京に近い地域性と県都としての意識から教育が重視されたためである。これまで浦和の高校が精彩を放ったのが高校サッカーであった。師範がサッカーを体育教育の一環として採用し、戦後、市内の新制高校による10回の全国制覇となって結実し、埼玉のサッカー王国を築いた。これからは、進学だけでなく人生行路を決める高校の多様性がより求められていくのではないか。

【13a】花園に毎年期待される進学校
県立浦和高校 明治28年創立

【13b】コーラスは常に全国トップ
県立浦和第一女子高校 明治33年創立

【13c】町の商店主が学んだ実業高校
県立浦和商業高校 昭和2年創立

【13d】最も甲子園に近い高校
私立浦和学院高校 昭和53年創立

浦和区領家5丁目、岸町3丁目、南区白幡、緑区代山
教育文化
関風景BC29、BD01

BG 14

浦和の教育文化 埼玉大学

一九四九年に新制大学として発足した埼玉大学は、七万八千人以上の卒業生、一万五千人以上の大学院修了生を輩出してきた。根岸右司は、高校教員を勤める側ら絵を描き続け、日本芸術会員となった。ノーベル物理学賞受賞者の梶田隆章は、在学中弓道部に属し、文武両道の学生生活を送った。五輪銀の溝口紀子は、スポーツと女性の問題の研究を進めている。多士済々の埼玉大学である。

埼玉大学卒業式（ソニックシティ）

桜区下大久保
教育文化
100 旧百景＃15

BG 15

前川國男設計の建物 埼玉会館

一九六六年５月27日開館。前川建築代表作のひとつで鉄とコンクリートとタイルを駆使し、利用者の憩いの場、散策の場が設計コンセプトである。歩道から緩い階段を上るとエスプラナードがありエントランスへ導かれ、さらに階段を上ると二つ目のエスプラナードがある。埼玉会館は夜景も美しく外壁からの照明も優しい。名画「砂の器」のラストコンサートシーンは大ホールで撮影された。

浦和区高砂2丁目
前川國男
関風景BG06

BG 16 立原道造の夢 ヒアシンスハウス

ヒアシンスハウス（風信子荘）は夭折の詩人・建築家の立原道造が別所沼の畔に構想した夢の庵（独居住宅）を、「詩人の夢の継承事業（さいたま市政令市記念市民事業）」としてヒアシンスハウスをつくる会が実現させた。公園の活用を市民運動で提案した稀有な取り組みである。立原は東京大学で丹下健三の1年上で辰野（金吾）賞を3回受賞し建築家として将来を嘱望されていた。ヒアシンスハウスはジャンルを超えたアート活動の場として活用されている。

別所沼

ヒアシンスハウス

南区別所4丁目　別所沼公園／立原道造
関風景CB16

BG 17 浦和の画家文化 アトリエハウス

浦和は、鉄道が通じて美術館や博物館、美術学校が集まる上野に近いことから多くの画家が注目する町になった。特に関東大震災以降、耕地整理も進み現さいたま市庁舎の南側の鹿島台が、沼や緑で風光明媚とのことで多くの画家が居住するようになった。これが浦和画家の始まりで、多いときには40名を超える画家が集まった。師範や中学校に優れた美術教師がいたことも影響して浦和生まれの画家も多く誕生している。現在、当時の画家のアトリエ付きの家は、浦和生まれの画家・高田誠邸など、残り少なくなった。

浦和生まれの画家・高田誠（1913−1992）のアトリエのある家

浦和区常盤1丁目
画家文化／高田誠

BG 18 浦和の画家文化 美術と町巡り

毎年3月の2日間、旧中山道沿道を軸にして、街を歩きながら美術作品を巡るツアーが行われている。普段通り過ぎている街角や入ったことのないお店などで現代作家達のアートを鑑賞し、毎回参加の高砂小で学校フェンスに展示されている子どもたちの作品を見学する。浦和宿の街角に刻まれている歴史も辿りながら、運が良ければ玉蔵院の早咲きの枝垂桜を見られる。拠点になっている埼玉会館の建築美も堪能しながら、過去と現代が入り混じるひと時を歩く。

裏門通で店先の展示を拝見

高砂小のフェンス前で生徒たちの作品解説

浦和区高砂町、仲町、他
画家文化

BG 19 浦和の画家文化 県立近代美術館

黒川紀章の設計による初めての美術館である。一九八二年11月3日開館した。駅至近に多くの緑を擁した北浦和公園に近代美術館があることは市民にとってはうれしいことだ。椅子の美術館としても有名であり、さらに音楽噴水や彫刻広場等も配置されている。近年黒川設計の中銀タワーのカプセルも設置された。さらに南側の浦和北公園には楷風亭や茶室等も備えた恭慶館があり、知的好奇心を満たしながら一日を過ごせる有意義な施設である。

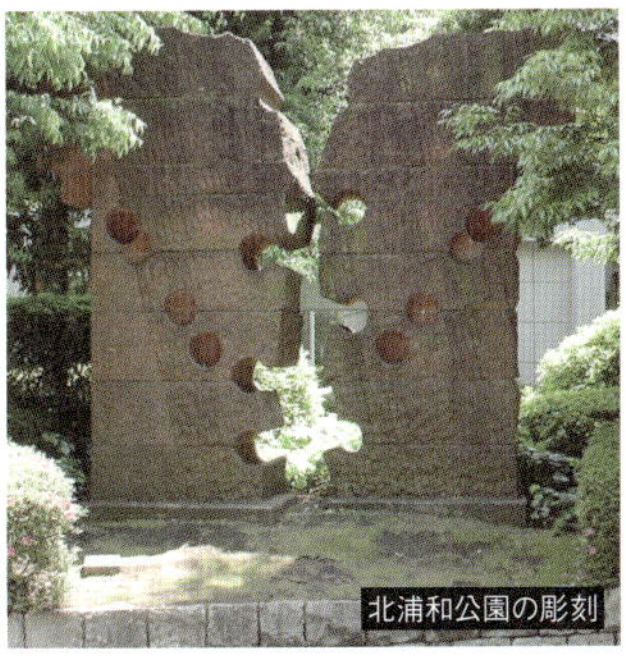
北浦和公園の彫刻

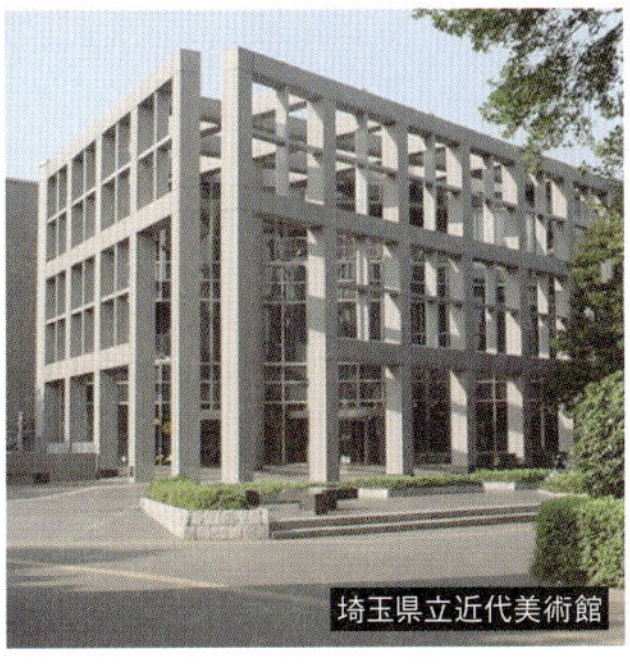
埼玉県立近代美術館

浦和区常盤9丁目
画家文化／公園／黒川紀章

岩槻地域の文化

BG20 岩槻の人形文化 岩槻人形博物館

日本有数の人形の産地である岩槻に、日本で初の公立の人形博物館として二〇二〇年2月に開館した。岩槻の歴史的風土と調和のとれた大屋根が印象的な、和風モダン建物である。収蔵品は西澤笛畝が収集したコレクションが柱となり、全部で五千点以上の資料が収蔵されている。また、文化財修復専門技術者により、人形の伝統的技法で制作されているものや、経年劣化が進んでいるものの修復作業が、館内の作業所で継続的に実施されている。

岩槻区本町6丁目
人形文化
関風景CB14

BG21 岩槻の人形文化 流しびな

平安時代から行われていた上巳の節句（五節句の一つ）の行事が「流し雛」の始まりと言われている。子供達の健やかな成長を願って、災いやけがれ、病苦などを人形に託して川や海に流すという風習である。「人形のまち岩槻」の流しびなは、3月3日直前の日曜日に、岩槻城址公園内の八つ橋が架かる菖蒲池で行われ、古式ゆかしい絵巻物の世界が広がってゆく。「子供達よ健やかにあれ」と願う親の温かい心を表した、日本の麗しい伝統行事の一つである。

岩槻区太田3丁目（岩槻城址公園）
人形文化／岩槻城址公園
100旧百景＃61

BG22 岩槻の人形文化 人形供養祭

岩槻人形協同組合が人形を大切にしている方々の、捨てるに忍びないというやさしい気持ちに答えようと、毎年11月3日（文化の日）に岩槻城址公園人形塚で行われている長く続いてきた伝統行事で、人形が約二万二千体、参加者が六千人も集まる。当日は、古くなって飾れなくなったり、壊れたり、使えなくなった人形の持ち主が、受付の際に渡される供養札に厄災を移し負わせ、大勢の僧侶の読経のもと参加者が焼香し、おたき上げをして冥福を祈る。

岩槻区太田3丁目（岩槻城址公園）　人形文化／岩槻城址公園
100旧百景＃61

BG23 岩槻の人形文化 まちかど 雛めぐり

二〇〇二年に町の有志が「人形のまち岩槻」イメージアップのため始めた行事で、上巳の節句を中心に数日間行われる。子や孫にお雛様を買うため人形店を巡り、同時に各料亭がひなまつりに因んだ特別メニューでもてなす。従来岩槻は職人の町として人形の店頭販売には力を入れていなかったが、この行事を機に店の装飾にも力を入れ、幟旗が町を彩ることとなった。雛めぐりは全国八十数ヵ所で行われているが、メーカーが集まった町では岩槻を嚆矢とする。

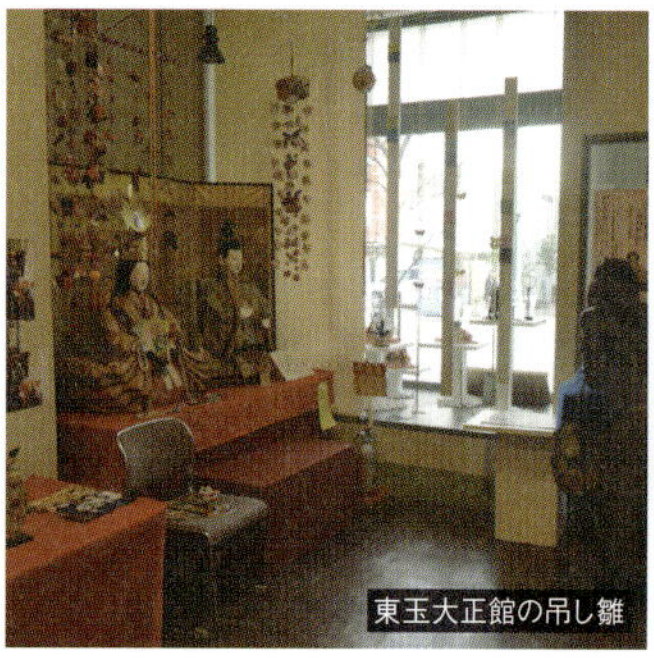

東玉大正館の吊し雛

クレセントモールでの子供おひなさま仮装

岩槻区本町、他　人形文化
100旧百景＃61

岩槻地域の文化

BG24 岩槻の人形文化 雛の廣榮

昭和十年代に創業した日本人形、節句人形の製造、卸並びに小売業。老舗の雰囲気が漂っている本店では昔ながらの座売り販売も行われていた。二階展示場上がり口に展示されていたのは、長崎で被爆して家族を亡くした人が家族への思いを人形にして集めたコレクションで、それを見事に飾り付けたのは、やはりこの店のセンス。「伝統を彩る」をモットーに頑なまでの職人気質と「昔ながら」を現代風にアレンジした人形が特徴の由緒ある店舗だ。

岩槻区本町3丁目
人形文化／昭和前期
関風景ＢＣ04

BG25 岩槻の人形文化 鈴木人形店

一九三四年、現代の名工鈴木柳蔵（初代晃隆）により創立された、90年の歴史と伝統を有した人形工房。

埼玉県指定伝統工芸モデル工場であり、岩槻衣装着人形及び江戸木目込人形の人形頭・衣装（胴体）・小道具などが、卓越した技術を誇る匠集団の技術により、一つ一つ丁寧にハンドメイドされている。特に、人形の頭（かしら）製造部門は、国内最大級の生産規模を誇り、伝統を継承しながらも、革新的なアイデアを融合させた人形創作が行われている。

岩槻区本町3丁目
人形文化／昭和前期

BG26 岩槻の城下町文化 岩槻城

岩槻城は東を流れる元荒川を天然の堀とし、台地と堀や沼が入り組んだ地形を巧みに利用し城が築かれていた。舌状台地中央に本丸を設け、その東に二の丸、これらを中心に茶屋、天神、樹木、竹澤の各曲輪、武具蔵などからなり、その西に三の丸があり藩主や家老の居宅が並んでいた。三の丸に大手門があり、この門を出ると武家屋敷、城下へと繋がっていた。明治以後、その大半は住宅地となり、今は一部の曲輪跡が岩槻城址公園として微かに城の名残を留めている。

岩槻城と城下町復元図

岩槻城裏門（城址公園内）

岩槻区太田3丁目（岩槻城址公園）
岩槻城・城下町／岩槻城址公園

BG27 岩槻の城下町文化 遷喬館

岩槻藩遷喬館は一七九九年（寛政11）、岩槻藩に仕えていた儒者児玉南柯（一七四六〜一八三〇）が武家地にある裏小路に開いた私塾で、文化年間に藩校になったと云われている。最盛期には梅林を伴った広大な敷地の中、武芸稽古場、菅神廟、南柯の自宅、築山、池泉、観望台等が設けられていた。江戸時代、全国に多くの藩校が開校されたが、県内では唯一ここだけが残っている。二〇〇三年から全面解体修理が実施され、現在の姿になった。

岩槻区本町4丁目
岩槻城・城下町／児玉南柯
100旧百景＃48

■与野地域の文化

BG 28 鈴木荘丹と与野八景

鈴木荘丹は一七三二年（享保17）江戸に生まれ儒学や医学を修め、俳人として有名である。寛政年間頃に与野に移り住み、70歳の記念に門人が句や詩を詠み、それに合わせて風景画も添えて「与野八景句集」を作った。「落合の櫻花」「筑越の行人」「中里の照月」「越土の夕雨」「高沼の稲舟」「筑波の晴峯」「大戸の丘雪」「大宮の鳴鐘」。現在の風景と重ね合わせると興味深いが、句や画に残すほどの風流な風景が与野にあったのだと思うとホッとする。新与野八景も作られたが、認知は今一つである。

中央区下落合、他
江戸文化／八景／鈴木荘丹

BG 29 与野の文化人

西澤曠野の墓

稲垣田龍碑

江戸時代後期与野には文化人が多く住んでいた。稲垣田龍は寛政元年鈴谷村の生まれ。天文暦学研究者で地動説に基づく天体図を描いた。西澤曠野は寛保三年与野町出身の儒学者。天明の飢饉では私財を投げうち救済にあたり与野聖人と呼ばれた。正野友三郎は文政六年の生まれ。円阿弥村の名主で数学教育者。多くの難解な算額書を残した。正野の門人の多くは周辺の農村部の住人だったという。江戸近郊の与野には文化人を受け入れる経済的・文化的環境が整っていたのだろう。

中央区鈴谷、円阿弥、本町東、本町西
江戸文化／西澤曠野／稲垣田龍／正野友三郎

BG 30 与野の七福神巡り

お正月の七福神仮装行列

正月に与野本町周辺の寺社を巡る。一九八五年から行われており、七福神の仮装行列もある。七福神の場所は、一．毘沙門天（鈴谷大堂、鈴谷）、二．布袋尊（円福寺、上峰）、三．大黒天（円乗院、本町西）、四．寿老人（与野天祖神社、本町西）、五．恵比寿神（一山神社、本町東）、六．弁財天（与野御嶽社、本町西）、七．福禄寿（上町氷川神社、本町東）。以前は弁財天が弘法尊院、福禄寿が正円寺だったが、二〇一三年から現在の姿となった。寺社が多い与野本町らしい行事だが、コロナのため中断していた。

中央区本町東、本町西、鈴谷、上峰
本町通り

BG 31 与野本町の市場文化

絵はがき「与野町花ノ街道」より（さいたま市アーカイブスセンター提供）

与野本町は甲州街道と奥州街道を結ぶ要所にあり、荒川の羽根倉河岸にも繋がっていて、周辺農村の穀物集積地として発展した。上町・中町・下町で毎月四と九の日に各二日ずつ市が開かれ（六斎市）、農産物や衣類、日常品などを買い求める人々で賑わった。本町通りの前庭を持った土蔵づくりの街並みは市場町の名残。前庭は防火のため設けられたが、商いの場となった。明治から昭和初期まで桜が植えられていて、柳田國男が「桜並木の最も美しきは与野町…夢の国を行く如くなりき」と絶賛した。

中央区本町東、本町西
市場町／本町通り／桜並木
関風景ＢＣ16 100旧百景＃62

BG 32 新国道と自動車関連産業

旧与野市地域のもともとの中心は与野本町である。昭和になり、地域の東部を縦貫して中山道のバイパス「新国道」、今の国道17号が整備された。元々は軍事用道路だったが、主に戦後この沿道には、自動車組立工場、自動車部品工場などの自動車関連産業が立地するようになった。昭和四十年代が最盛期で、国道17号の中里交差点には、「ここは、自動車の街　与野市です」という広告塔が建てられた（現在は撤去）。

自動車関連工場の多くはその後高層集合住宅等に建て替えられたが、国道沿いに並ぶ各自動車メーカーの販売店が今でも自動車の街の名をとどめている。

1968年頃の国道17号

中央区上落合、下落合、他
高度成長期

BG 33 芸術劇場と芸術劇場通り

中央区上峰3丁目、鈴谷8丁目、他
蜷川幸雄／香山壽夫／工場跡地開発
旧百景＃68

一九九四年完成。香山壽夫の設計。故蜷川幸雄がここを拠点にして話題作を発表してきた、さいたま市の文化発信拠点。劇場への道は芸術劇場通りと呼ばれ、与野西中学校の前に俳優達の手形が並べられている。ただ芸術鑑賞の余韻を楽しむ雰囲気がまちに乏しいのは残念である。蜷川レガシーとゴールドシアター等の市民参加型の活動は、シェイクスピアシリーズの完了で一段落、大規模改修後の展開が期待される。

BG 34 与野本町駅前公園のオブジェ

中央区本町東1・2丁目
アートプロジェクト

与野本町駅前の線路沿いの細長い公園。一九九四年さいたま芸術劇場開館に合わせ作られた。北与野駅まで断続的に続く環境空間でもある。劇場へ繋がるたつみ通りと合わせて文化の気分も演出している。強いインパクトの大きめのオブジェが複数展示されているが、違和感なく収まっている。バラ園は区制10周年に設置され、5月や秋にはきれいに咲いて通勤通学の楽しみとなっている。

BG 35 新都心のオブジェ群

300人の子供たちによる作品

中央区新都心
新都心開発／アートプロジェクト

新都心の官庁街を繋ぐ約1・2㎞の空間に現代アート作家による多数のオブジェが設置されている。さいたま新都心整備の際に市民に開かれた官庁街を目指して導入された。関東の小学校の子供達が参加したアートワークショップから生まれた作品も並んでいる。生活の中で自然にアートに触れ、都市空間に価値を加えるパブリックアートとして充実しており、もっと市民に知って親しんでもらいたい場所である。

BG 36 与野の教育文化 いずみ高等学校

中央区円阿弥7丁目
教育文化

内務官僚だった横尾惣三郎が農業教育革新のため、農業技術者を育成する為に一九三三年（昭和8）農民講道館を設立。実作業を重んじた教育方針で、日本最大の農民道場となる。横尾の死去で土地建物が埼玉県に寄付され、県立与野農工高等学校となる。一九九九年、生物・環境系の『いずみ高等学校』として再編された。農業・生活環境への関心が高まる時代、期待される高校である。

CA さいたまの住まいの風景

低層の街並み型集合住宅、アーベイン大宮

近年の良好な戸建て住宅開発、結美の丘

戦前の耕地整理による住宅地

住宅の風景は当り前すぎて、旧さいたま百景ではほとんど取り上げていなかった。しかし、さいたま市は基本的に住宅都市なのだから、住宅、住宅地の風景を大事にしていかなくてはならない。

さいたま市地域が本格的に住宅地化するのは、関東大震災以降、昭和に入ってからだろう。それ以前は、農家住宅と街道沿いの町家（住宅と店舗の併用建築）が主だったと考えられる。昭和以降の住宅・住宅地の中で、明日に引き継いでいきたい風景を時代を追って紹介したい。

昭和初期には、主として東京からの移住者のための住宅地開発が行われた。盆栽村の開発もそうだし、中山道沿いの旧宿場町の後背地などで「住宅開発型耕地整理」が行われた。浦和や大宮の旧市街地にはこの名残として、落ち着いた住宅地が残っている。

戦後の住宅不足解消とその後の高度経済成長の中で、戸建て住宅のスプロールや大規模な住宅団地開発が行われた。これらは現在、住民の高齢化や建物の老朽化等、さまざまな課題を抱えているが、多くのさいたま市民が育ってきた住宅地の風景である。

経済成長が終わってから現在までも、さいたま市の人口は増加しつづけており、市街地の高密化や周辺部における計画開発のもと、戸建て住宅から超高層マンションまで、さまざまな住宅が建設されつつある。その中でも近年の優れた住宅地を紹介したい。景観協定や建築協定による住宅地、中低層の周辺に馴染んだ集合住宅、住宅と商業施設等の複合形態、等々。

一方で、ミニ開発住宅やタワーマンションの建設は相変わらず盛んである。今後の水害や地震等の危険性を考えると、決して〝明日に引き継いで〟いきたい風景ではないが、現実の風景の記録として紹介する。

C 現代の市民生活の風景

CA-01 昭和初期の耕地整理のままの路地
CA-02 懐かしい昭和の家、和洋折衷住宅
CA-03 盆栽町 赤松の残る住宅地
CA-04 岩槻城下の住宅
CA-05 高度成長期の大団地 田島団地
CA-06 県営寿能団地の変遷
CA-07 プラザ住宅
CA-08 緑区の区画整理による住宅地
CA-09 タワーマンション第一号 与野ハウス
CA-10 深作湿地に開発されたアーバンみらい東大宮
CA-11 浦和別所ハイツ
CA-12 鈴谷の大規模マンション
CA-13 うらわイーストシティ
CA-14 盆栽町のお屋敷あとマンション
CA-15 七里の低層集合住宅
CA-16 北部副都心、アーベイン大宮の低層街並み型住宅
CA-17 氷川参道沿いの浅間町ハウス
CA-18 コミューンときわ
CA-19 結美の丘住宅
CA-20 パレットコート浦和 緑花未来区
CA-21 浦和美園E-フォレスト
CA-22 三室のヨーロッパ風住宅
CA-23 眺望を売りにするマーヴェラスヴュー
CA-24 中山道沿いのドミノマンション
CA-25 駅前はタワマンだらけ
CA-26 低湿地のミニ開発住宅

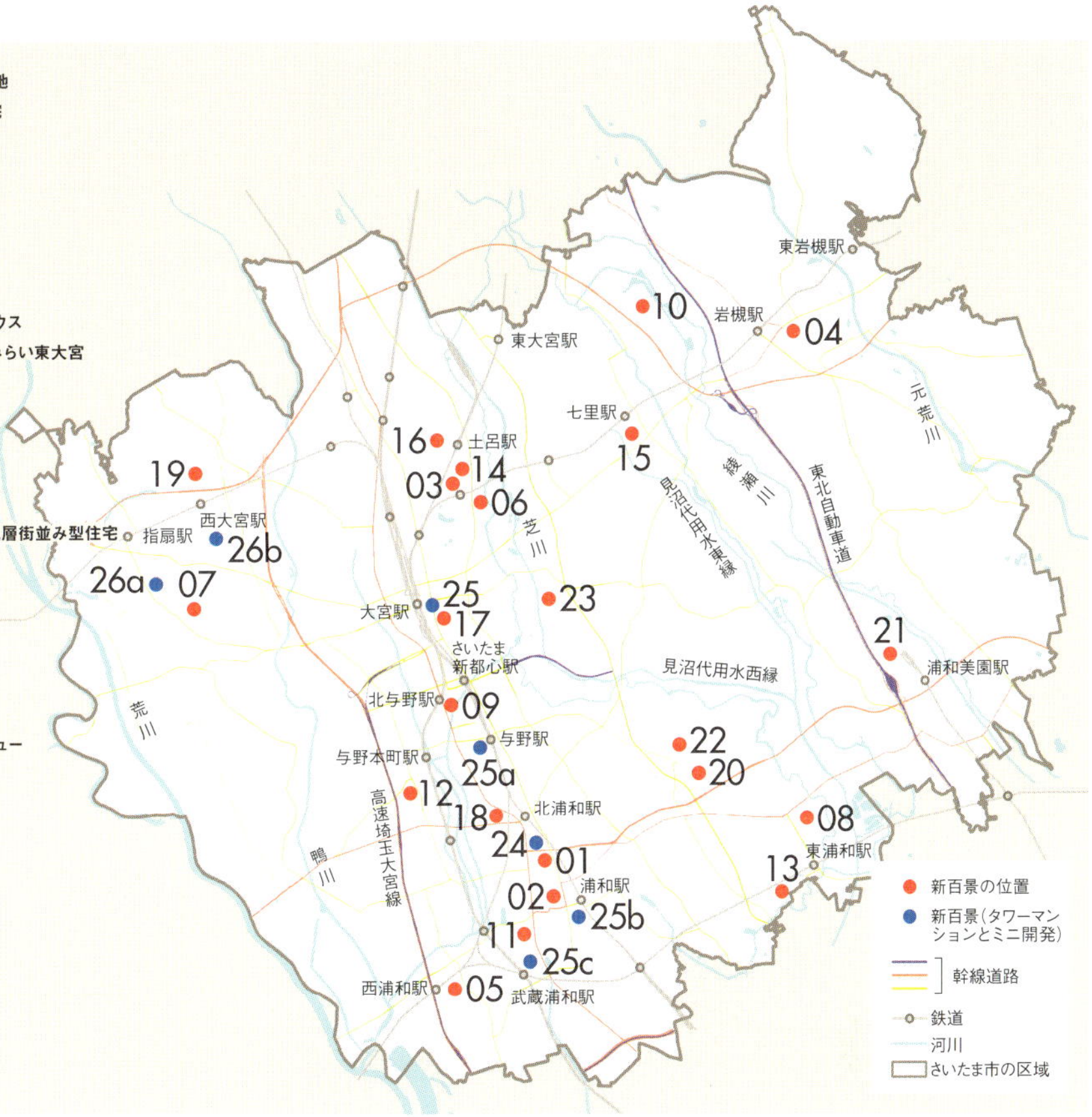

参考資料

統計から見るさいたま市の住宅形態

さいたま市は基本的に住宅都市であり、その住みやすさが謳われている。しかし、その住宅形態は、近年大きく変化している。さいたま市住宅・土地統計調査に基づき、さいたま市および各区の住宅形態の特徴を見てみよう。

区別の住宅の建て方別住宅比率
（2018年住宅・土地統計調査による）

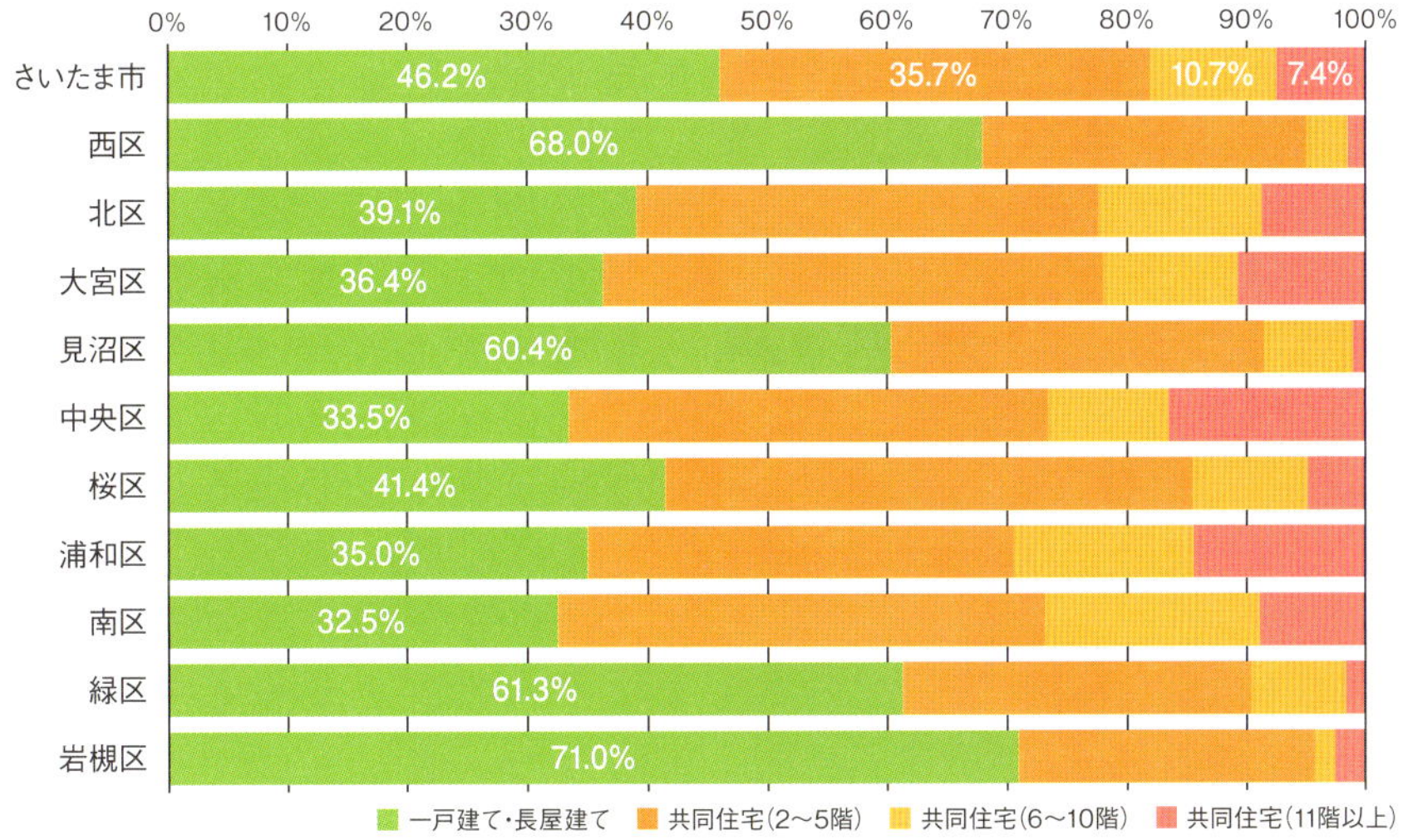

- さいたま市全体でも、共同住宅の比率が約54%と一戸建て住宅（長屋建てを含む）の比率を上回るに至っている。
- しかし区ごとには、その立地条件等により、非常に異なった住宅形態になっている。
- 共同住宅の比率が最も高いのは南区67.5%で、次いで中央区、浦和区、大宮区、北区で60%を超えている。これらは、京浜東北線に沿った中央都市軸に位置する区である。
- 中央区においては、11階以上の共同住宅の比率が約16.5%である。これは、新都心開発の影響と考えられる。
- 一戸建て住宅（長屋建てを含む）が最も多いのは岩槻区71.0%で、次いで西区、緑区、南区などの周辺に位置する区で60%以上となっている。

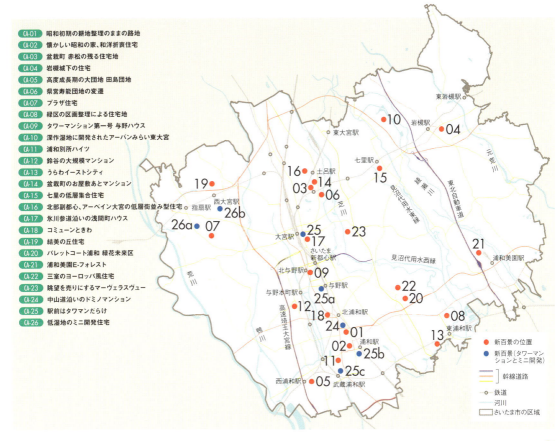

戦前の住宅地の名残

CA01 昭和初期の耕地整理のままの路地

浦和町の昭和初期の耕地整理は、耕地に碁盤目の道路を整備して震災後の住宅地需要に応えるものだった。しかし、道幅は広い道で六間、狭い道は一間半であった。戦後の自動車の普及や火災防止の観点から最低4m幅になり、狭い道では建て替えの際にセットバックが必要となった。

これらの路地は車の交通が少なく、両側に低層の住宅が並び、古い家は生垣も多く、セットバック部分にも植木鉢が置かれたりしていて、ゆっくりと散歩するのに適している。

浦和区常盤、仲町、高砂町、岸町
耕地整理事業／昭和前期
関風景BC33

CA02 懐かしい昭和の家 和洋折衷住宅

浦和の町、特に高台の路地を散歩していると、和風の母屋に洋風・モルタル造りで来客用の洋間が付いた懐かしい家を見ることができる。残っている家は、敷地も広く緑の多い邸宅ばかりであるが、築年数や周囲の住宅密集化を見ると絶滅危惧種である。

和洋折衷住宅を建てる住人は、関東大震災後、耕地整理が終了した浦和に東京から移住した退役軍人や公務員、文人や画家が多かったと聞く。

仲町の家

別所の家

高砂の家

常盤の家

浦和区常盤、仲町、高砂町、南区別所
関東大震災／和洋折衷住宅

CA03 盆栽町 赤松の残る住宅地

盆栽村が開発される前は源太郎山という松林だった。その名残を留め、宅地の中に多くの赤松を残している一角がある。この辺りでは、一九七七年、三十六戸の住宅地開発に併せた建築協定で、高木の伐採禁止が定められ赤松が守られていた。しかし、現在の協定参加住宅は六戸となってしまっている。盆栽町の主要部分には風致地区が指定されており、敷地内で一定の緑地確保が義務付けられているが、樹木の老化や虫害などにより、盆栽町における赤松も年々少なくなっている。

北区盆栽町
風致地区／建築協定
関風景BG01
100旧百景＃79

CA04 岩槻城下の住宅

岩槻城下は元々御成道沿いなどの町人町とその裏側の武家町からなっており、それぞれをルーツとする二種類の住宅が今もその名残をとどめている。

町人町系の住宅の多くは、御成道を中心とした旧街道に面し、さまざまな店舗または作業場を兼ねた併用住宅だったが、今ではそれらが減少し、一般住宅も散見される。一方武家町系の住宅は、諏訪小路、江戸小路、渋江小路等々の直線の小路と呼ばれる地域にあるが、広かった屋敷は分割されているところが多く、門構え等で往時の雰囲気を伝えている。

岩槻区本町4、6丁目、太田1丁目
岩槻城・城下町

戦後の住宅地開発

CA05 高度成長期の大団地 田島団地

1973年当時の田島団地

田島団地は一九六五年完成。旧日本住宅公団の団地で、旧浦和市では南浦和団地に次いで古い。当初は一八九五戸。武蔵野線も西浦和駅もなく、離れ小島のような団地だった。五階建ての住棟約五十棟が整然と並ぶ、高度経済成長期の象徴のような大団地だ。今では交通利便性も高まり団地内の樹々も成長、良好な住宅ストックとなっているが、築60年近くとなり、段階的建て替え工事が始まっている。

桜区田島6丁目
公的住宅開発／高度成長期
関 風景CE04

CA06 県営寿能団地の変遷

県営大宮寿能住宅は、戦後の住宅事情に対応しつつ姿を変えてきた。昭和20年代には平屋の長屋住宅が一面に並んでいた。40年代半ばに五階建て中層住宅に建て替えられ、更に50年代に8階建ての高層住宅が2棟建てられた。これは、周辺地区一帯に指定されていた風致地区（高さ12mまで）を穴抜き解除して建てられた。現在の住宅戸数は四六八戸だが、高齢化と外国人居住が進んでいる。

大宮区寿能町2丁目
公的住宅開発／風致地区／高齢社会

CA07 プラザ住宅

戦後の高度成長期に東急不動産が開発した住宅地。一九七一年完成、区域面積31・3ha。土屋字瀬戸谷から南に造成され、地盤高さは周辺の自然堤防の高さとほぼ同じだ。さらに宅地は0・5から1m程嵩上げされている。一帯は旧入間川の氾濫地だが、地盤は不同沈下もなく、周辺の谷戸地よりは良い。旧大宮市の人口増を支えてきた優良な住宅地のひとつだが、開発から50年ばかり経った現在、地区商店の廃業と専用住宅化や開発当初をとどめるテラスハウスの経年劣化、住み替えによる敷地分割、ゴミ屋敷等の課題が見られる。

個人商店街の専用住宅化

メインストリート「プラザ通り」の街並み

西区プラザ
旧入間川／民間宅地開発／高度成長期／高齢社会

CA08 緑区の区画整理による住宅

旧浦和市では、現在の緑区にあたる東部地域で積極的に区画整理が実施された。区画整理で整えられた基盤上の建物は、多くは保留地分譲を受けた個人や中小ハウスメーカーによるものだが、旧住宅都市整備公団による集合住宅の建設や、大規模に分譲住宅地を開発する大手ハウスメーカーの参入もあった。また、一部には建築協定や地区計画などの街並み形成のルールを定めている街区もある。総じて緑区では区画整理によって整えられた基盤上に、景観的に整った街並みが形成されている。この地域は植木が地場産業として根づいていることもあり、庭木を丹精しているお宅も多い。

水深特定区画整理地区の住宅

梅の郷地区計画区域の住宅

緑区東浦和、大間木、松木、芝原、他
区画整理事業／建築協定／地区計画
関 風景AH28

高度成長期～20世紀末の中高層マンション開発

CA 09 タワーマンション第一号 与野ハウス

中央区上落合1丁目
高度成長期／タワーマンション
関風景ＣＡ25

埼京線北与野駅前、国道17号沿いに建つ与野ハウスは、全国初の高層タワー型マンションと言われている。と言っても21階建て、高さ66ｍだから、今や周囲の高層建築の中に埋もれている。

一九七六年建設。一九七〇年に創設された総合設計制度の早期の適用例で、公開空地の中庭を設けて容積率を割り増ししている。当時の建設省住宅局の部屋には、与野ハウスのパネルが掲げられていた。

CA 10 深作湿地に開発されたアーバンみらい東大宮

見沼区春野1丁目
綾瀬川低地／深作川／公的住宅開発／多目的遊水地 関風景ＡＣ11、ＡＦ12 旧百景＃09

一九八〇年代、国道16号（東大宮バイパス）の整備に伴い、旧住宅・都市整備公団が開発。丸ヶ崎田んぼから見る高層住宅群は、田園と現代都市が共存するさいたま市の風景の典型だ。

アーバンみらい東大宮の東一番街から東三番街には、約千三百戸の住宅があり、４棟の三角屋根14階建てのタワー型住宅が印象的だ。二方向を深作多目的遊水地に囲まれ、「水と緑がふれあう公園都市」を標榜している。

CA 11 浦和別所ハイツ

南区別所2丁目
大宮台地西端／公的住宅開発

大宮台地の南端、別所の閑静な住宅地の西端にある。残されていた台地端の斜面林を、一九八七年にＵＲ都市機構が開発。五階建て、７棟で総戸数二百三戸の賃貸住宅団地だ。低地に望んだ高台にある白い住宅群は、埼京線の車窓から目立つ存在だ。すぐ下に、別所沼と武蔵浦和駅を結ぶ「花と緑の散歩道」がある。

CA 12 鈴谷の大規模マンション

中央区鈴谷7丁目
民間マンション開発／工場跡地開発／コミュニティ活動

芸術劇場の南にある五三九戸の大規模マンション。自動車車両工場、金剛製作所の跡地に一九八八年頃建設、埼京線開通により中堅サラリーマンが多く移住してきた。当初小学校のクラスの半分がここの住民になるほど地域へのインパクトは強かった。住民の同質性から活発なコミュニティ活動は今も続いている。バードサンクチュアリやテニスコートなどに取り組み、植栽委員会による緑の保全に熱心で、桜の名所でもある。

CA 13 うらわイーストシティ

うらわイーストシティは浦和の中心から東南約５㎞の所に位置する。地区中央の細長い台地両側の谷戸は大部分が水田と畑であった。一九七三年のＪＲ武蔵野線の開通に伴って無秩序な開発が進展、当地区においても計画的な街づくりが急務となった。

旧住宅都市整備公団が一九七五年より用地買収に着手、一九八二年から建設工事が始まった。以後、けやき街、かつら街、みずき街、かえで街、ひのき街が次々完工し、一九九二年で五街区合計七六九戸の完成となった。いずれも比較的小規模で、周辺の戸建て住宅地とも馴染んだ中層集合住宅地である。

けやき街（賃貸住宅）

みずき街（分譲住宅）

南区大谷口、緑区東浦和2丁目
谷戸／高度成長期／公的住宅開発

近年の特徴ある集合住宅開発

CA 14 盆栽町のお屋敷あとマンション

北区盆栽町
中低層集合住宅／風致地区

盆栽町のけやき通り沿いにある。一九七九年建設。二千㎡以上あるお屋敷のあとに建てられた3階建てのマンションだ。第一種低層住宅専用地域で風致地区内にあるのでゆったりしているのは当然だが、面白いのは屋敷の門や塀をそのまま残していること。大谷石とサツキの垣根に囲まれた中にマンションがあり、住民は石の門から出入りする。こんな優雅なマンションは、今後もう建たないかも知れない。

CA 15 七里の低層集合住宅

見沼区東門前
中低層集合住宅

東武野田線の七里駅近くにある、低層賃貸住宅団地。2戸×2階4戸ずつの住宅が7棟、他に4戸×2階8戸の住宅が1棟、駐車場からのフットパスで繋がれている。フットパスのところどころには、真ん中に樹を植えた丸い広場もある。

バブル経済崩壊の直前、一九九〇年の建設。こじんまりしたなんとも心和む住宅地だが、第二種中高層住宅専用地域内でなぜこのような開発ができたのか、今見ると不思議だ。

CA 16 北部副都心 アーベイン大宮の低層街並み型住宅

アーベイン大宮は、北部副都心の一角にあるURの集合住宅団地。地区内には、大型商施設「ステラタウン」や「北区役所」「北図書館」「しましま公園」があり、利便性の高い住宅地だ。

低層棟、中層棟、高層棟、九棟からなるが、特に東側、さくら東通りに面した三階建て六、七号棟は、我が国には珍しい街並み型集合住宅だ。二〇〇五年、都市景観大賞「美しいまちなみ特別賞」を受賞している。

アーベイン大宮低層棟（さくら東通り線）

中高層棟へのエントランス（南側道路）

北区宮原1丁目
副都心開発／中低層集合住宅／彩の国景観賞

CA 17 氷川参道沿いの浅間町ハウス

大宮区浅間町2丁目
風致地区／中低層集合住宅／氷川参道／市・彩の国景観賞
関 風景CB15

歩行者専用化された氷川参道に面した、4階建て、コンクリート打ち放しの小規模な集合住宅。参道沿道の両側奥行数mには、風致地区による高さ制限（12m）がかかっており、四階建てが限度となる。大江弘之建築設計事務所の設計で、二〇一〇年、埼玉県の彩の国景観賞とさいたま市景観賞の両方を受賞した。参道のケヤキ並木にマッチした建物で、一階の店舗やカフェは散策の人々が利用している。

CA 18 コミューンときわ

浦和区常盤10丁目
中低層集合住宅／コミュニティ活動
関 風景CE09

北浦和西口のイオン隣にあるこの集合住宅は二〇二〇年完成。中庭を囲んだ四階建て、55戸の小規模な賃貸住宅で、パリのアパルトマンを思わせる。容積率（二〇〇%）は十分消化しているはずだし、どうしてこういう集合住宅が他にないのか不思議だ。建物の形態のみでなく、1階のSOHO住宅、中庭でのコミュニティー活動など、都市における暮らしのあり方に対する、事業主の特別な思いが感じられる。

近年の特徴ある戸建て住宅開発

CA19 結美の丘住宅

URの区画整理で生まれた西大宮3丁目にある住宅地で、結美の丘はそのはしりとして造られた。ここは滝沼川の谷戸際にある。滝沼の谷戸一帯は大規模な土盛りで圧密造成された。二〇一二年の販売開始に当たって、さいたま市で初の景観協定が締結された。景観協定で塀はなく、各住宅敷地の角に中高木を配置するなど最少限の植樹が義務付けられ、色彩の制限もある。この団地の入り口は「アルディロード」に面して置かれている。広々とした感じがして雰囲気は良い。

結美の丘入口の小広場

アルディロードから見る 左は谷戸のマンション

西区西大宮3丁目
民間宅地開発／景観協定／区画整理事業

CA20 パレットコート浦和緑花未来区

緑区三室の総戸数99戸の比較的規模の大きな戸建て住宅団地。株式会社中央住宅が二〇〇九年夏に分譲した。99戸を6つのストリートで6つの街区に分け、建物デザインと外構・緑化にテーマ性を持たせて特徴ある街並み景観づくりをしている。メインストリートは曲線を用いて変化のある景観を演出し、電柱も色彩調整している。また、アイストップとなる街区角に景観緑地を配置し、共益費で造園業者が維持管理して良好な状態を保っている。

街区角の緑化

曲線のメインストリート

緑区三室
民間宅地開発／区画整理事業／緑化協定

CA21 浦和美園E-フォレスト

浦和美園駅の西側に広がる戸建て住宅団地、二〇一二年まちびらき。環境省補助事業の採択を受けて推進。「次世代自動車・スマートエネルギー特区」の先導的モデル街区として、再生可能エネルギーの地産地消による平時の脱炭素化と、災害時のエネルギーセキュリティの確保を図っている。電線類の地中化や住民コミュニティ醸成のためのコモンスペースを配置、各戸屋根に設置した太陽光発電パネルを地区全体で管理している。

表通り沿いは塀や垣柵がなくオープン

街区内の緑化されたコモンスペース

緑区下野田
民間宅地開発／スマートエネルギー特区／アーバンデザインセンター

CA22 三室のヨーロッパ風住宅

約1万㎡の屋敷での住宅開発。レンガ風の住宅が並び、まるでヨーロッパの住宅地のよう。百年間の一般定期借地権による開発で、デザインガイドラインも定められている。やや違和感もあるが、全国から購入希望者があるそうだ。

緑区三室
民間宅地開発

CA23 眺望を売りにするマーヴェラスヴュー

見沼田んぼに面した台地端部にある。2階建て4棟の小規模な団地だが、名前のとおり眺望を売り物にしており、新都心や富士山が望まれる。足元の斜面には駐車場があるが緑で覆っている。

見沼区中川
民間宅地開発／市景観賞／新都心遠望

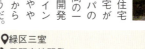

CA24 中山道沿いのドミノマンション

浦和の中心部、中山道沿いのドミノマンションは、都市・建築行政の失敗例として全国的に有名だ。宿場町特有の間口の狭い短冊形敷地に、それぞれ容積率四〇〇％一杯に10階建て以上の板状マンションが、ドミノ札のように並んでいる。商業地域で日影規制もないから、南隣の敷地に同じようなマンションが建てば、陽はほとんど当たらなくなる。「文教都市・浦和」の宣伝文句のもとに、今も次々と建てられているが、将来の環境、資産価値はどうなるのだろうか。

浦和区高砂2丁目、仲町1・2丁目、常盤1・2丁目
旧中山道／宿場町
関風景AH27　100旧百景#33

CA25 駅前はタワマンだらけ

【25a】与野駅西口前のタワマン

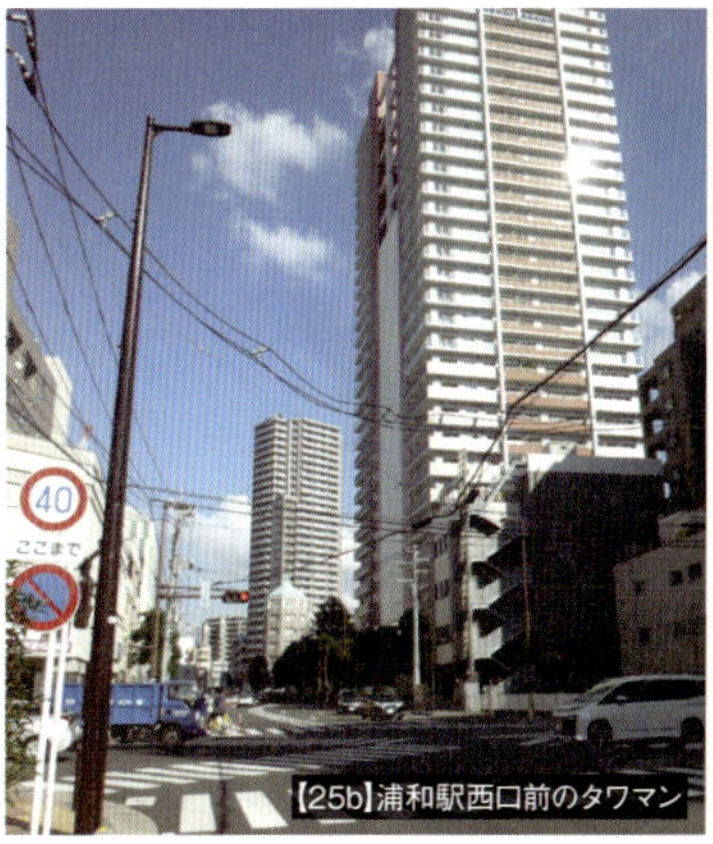

【25b】浦和駅西口前のタワマン

【25c】武蔵浦和駅周辺のタワマン

さいたま市の主要駅の周辺はタワーマンション、いわゆるタワマンだらけだ。特定街区や総合設計制度などの容積緩和措置を活用すべく、建築面積を小さくして上へ上へと延ばしていく。さいたま市内における20階以上の塔状集合住宅は、二〇二三年時点で31棟。区別では中央区（新都心周辺と与野駅前）と南区（武蔵浦和駅周辺）に多い。

タワマンに住むことは一種のステータスシンボルかも知れないが、近い将来の大地震災害時における、タワマン居住者および地域に対する危険性は予測がつかない。

中央区下落合、浦和区高砂1丁目、南区沼影1丁目・白幡5丁目
区画整理事業／タワーマンション
関風景AH27、CA09
100旧百景#19

CA26 低湿地のミニ開発住宅

ミニ開発とは、一般に敷地面積一〇〇㎡未満の宅地開発を言う。高度経済成長期に問題となって開発許可制度などが整えられたが、開発面積一〇〇〇㎡未満の場合は野放し状態だ。さいたま市においては未だに住宅需要は活発であり、高地価のもとでミニ開発が進んでいる。近年特に問題なのは市街地周辺の低湿地での開発。水害時にはそれ自身が浸水被害を被るだけではなく、遊水機能の低下などにより地域の安全性への影響が懸念される。

【26a】土屋の田んぼあとのミニ開発

【26b】指扇のミニ開発

西区指扇、土屋
荒川低地／土屋川／ミニ開発／遊水機能／生産緑地

CB 街の賑わいの風景

浦和駅西口、イトーヨーカドー辺り

休日の別所沼公園

新大宮区役所ロビーと大階段

さいたま市は住宅系の土地利用を主とする都市であるが、東京に通う人々が寝に帰るだけの都市ではない。子供から高齢者までの人々が、多様で質の高い生活を楽しむことができる「生活都市」である、あるいはそうありたい。そんなさいたま市の日常における街の賑わいの風景を取り上げる。

「生活都市」といっても、多くの人々が東京に通勤、通学していることは事実。朝晩の駅の雑踏はさいたま市らしい風景のひとつと言わざるを得ない。一方で、浦和や大宮の中心部には、県庁や市役所、オフィスビル等があり、埼玉県あるいは北関東の拠点都市でもあり、周辺から通ってくる人々も少なくない。これらのさいたま市に出入りする人々の風景はさいたま市らしさだろう。

地域内の生活を見れば、日常の買い物や娯楽を東京に依存することなく、十分に満たすことができる都市機能が備わっている。浦和、大宮等の中心部において、ショッピングや外食、都市的な娯楽で、街は毎日賑わっている。

また、文化活動や交流活動においては、政令指定都市への移行以後、それぞれの区でコミュニティセンター、図書館等の拠点施設が整備され、平日、休日を問わず多くの市民が集まって活動している。

休日になると、郊外部の公園は多くの家族連れ等で賑わう。遠くの観光地まで出掛けなくても、身近な自然環境の中で、四季の花などを楽しみつつ、家族で一日を楽しむことができる。近年の新型コロナウイルスの蔓延の後、そんなライフスタイルが定着するかも知れない。

もちろん、商業業務施設、公共施設、公園等が一三〇万人の都市に対して十分とは言えないが、現在のさいたま市らしい賑わいの場の風景として紹介する。

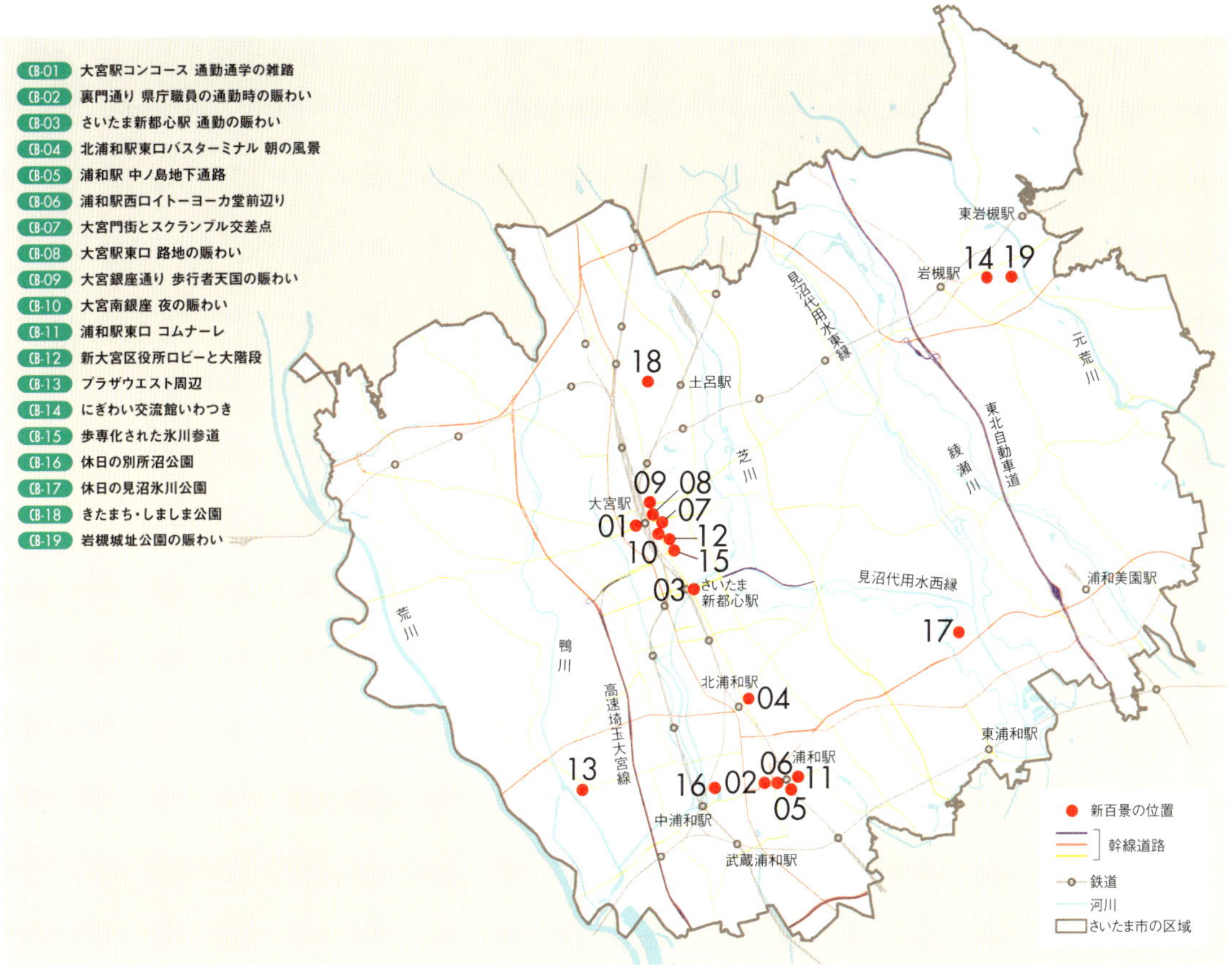

さいたま市内 駅別利用者数
(2022年度一日平均 埼玉県統計年鑑より)

通勤通学客の利用が主と考えられるが、街の賑わいの参考資料として掲げる。

参考資料 さいたま市内31駅の利用者数

通勤通学の賑わい

CB01 大宮駅コンコース 通勤通学の雑踏

大宮区錦町
鉄道駅
旧百景＃88

大宮駅の一日平均乗車人員数は約24万4千人。二〇一八年の25万8千人からコロナ禍で落ち込んだが、首都圏で7位だ。朝夕のラッシュ時には、東京などへの通勤・通学とともに大宮駅周辺のオフィスビルなどに通う人々がコンコースを行き交う。この混雑はさいたま市の活力の象徴のひとつだ。大宮駅グランドセントラルステーション化構想では、北側にもう一本のコンコースが構想されている。

CB02 裏門通り 県庁職員の通勤時の賑わい

浦和区仲町1・2丁目
路地

午前8時半過ぎの裏門通りは、東京方面へ通勤する人が一段落し、県庁や市役所、事業所へ行く人で賑わう。また、夕方5時を過ぎると、逆に市内で勤めを終えた人、帰りがけに一杯やる人、近隣から駅近くへの買い物客で賑わう。

浦和駅周辺は区画整理が出来ず、そのごちゃごちゃした中にマンションが次々と建っている。裏門通りや中山道を越えたなかまち通りなどの路地の賑わいは大事だ。

CB03 さいたま新都心駅 通勤の賑わい

大宮区吉敷町4丁目、中央区新都心
新都心開発／鉄道駅

さいたま新都心駅は二〇〇〇年4月、新都心の街開きに先立って開業した。設計は鈴木エドワード氏等。雲の波や空気をイメージした曲面の屋根が、東西自由通路をも覆っている。一日の乗降客は年々増加し、現在では11万人を超えている。朝の通勤時には、新都心の合同庁舎や民間オフィスビルに通勤する人々が行き交う。

近い将来、東口にさいたま市役所が立地して、一層の賑わいが予想される。

CB04 北浦和駅東口バスターミナル 朝の風景

浦和区北浦和1・3丁目
鉄道駅

北浦和駅東口のバスターミナルは、駅からちょっと離れた再開発ビルの周囲にある。東口発着のバスは運行エリアに鉄道駅がないため、長い距離のバス利用になる。バスターミナルには、岩槻や市立病院方面から、朝の7、8時台は各コース5分おきぐらいに到着し、降車した勤め人がぞろぞろと駅に向かう風景が見られる。8時台にはこの駅に向かう人と、駅からの高校生とで交差点は大混雑になる。

街中の買い物などの賑わい

CB05 浦和駅 中ノ島地下通路

浦和区東高砂町
鉄道駅／Jリーグ

二〇一八年3月に開通したこの通路は、浦和駅東西連絡通路と西口の中ノ島バスターミナルを結ぶ。全長約54m、幅約4mで、エレベーターも設置され利便性が向上した。通路には浦和レッズのオフィシャルショップが併設され、バリアフリーなアクセスを可能にしただけでなく、情報発信の場としても活用されている。愛称〝URAWA SOCCER STREET〟。

CB06 浦和駅西口イトーヨーカ堂前辺り

浦和区仲町1丁目、高砂1丁目
路地／Jリーグ

浦和駅西口のイトーヨーカ堂前から伊勢丹に行く道は、近辺の商店を含めた買い物客と、駅からあるいは駅へ向かう仕事への行き帰りの人で一日中賑わっている。夜になるとその間の路地に多数ある酒場が店を開き、昼間とは一変した景観を呈する。浦和レッズが優勝でもすると、スタジアムが遠くなったにもかかわらずサポーターが集まってきて、夜遅くまで大騒ぎになるのもこの界隈である。

■ 街中の買い物などの賑わい

CB 07 大宮門街とスクランブル交差点

大宮区大門町2丁目
再開発事業／公共施設再編
関風景CE12

大宮駅東口駅前の再開発事業は、一九八三年の都市計画決定以来、何度か見直しもされているが一向に動かない。駅から一街区離れた大門町二丁目中地区の再開発が、それに先駆けて実施され、「大宮門街（おおみやかどまち）」と名付けられた。宿場町の特徴を踏まえて路地を取り込んでいるが、賑わいをつくり出すのはなかなか難しそうだ。四～八階の市民会館おおみや・レイボックホール RaiBoC Hall は、大宮の3つの売り（鉄道、盆栽、漫画）を組み合わせた名称だそうだ。

駅前通りと中山道の交差点はスクランブル形式で、さいたま市内で一番通行人の多い交差点だった。高島屋デパートの筋向いに門街が出来て、ますます賑わうことになるだろう。

CB 08 大宮駅東口 路地の賑わい

大宮区大門町1丁目、宮町1丁目
宿場町／路地
関風景CE12

宿場町である大宮の中心部には、中山道の両側に短冊形の敷地がぎっしり並び、その間に道はなかった。明治になってから駅前通りや岩槻新道が出来るが、今でも東西の道の多くは車の通れない細い道だ。すずらん通りやウエストサイドストリート（西武百貨店の脇の道の意）は、幅員2から3m。その両側に飲食店などが並び、独特の賑わいを醸し出している。宿場町の遺産と言えるだろう。

CB 09 大宮銀座通り 歩行者天国の賑わい

大宮区大門町1丁目、宮町1丁目
道路空間活用
関風景CE12

大宮銀座通りは、明治期に大宮駅から川越方面への近道としてできた川越新道が起こりだ。長年アーケード街として親しまれたが二〇一二年に撤去、電線類も地中化されてスッキリした街路景観となった。

日曜日の歩行者天国は一九七一年から始まっている。近年では大宮 RAKUUNなどが立地して若者でにぎわう。年に2回開催されている大宮フリーマーケットでは、二百コマ近くの出店がある。

CB 10 大宮南銀座 夜の賑わい

大宮駅東口南側の通称「なんぎん」は、埼玉県有数の歓楽街であった。大型娯楽施設である映画館やパチンコ店が複数並び、駅前広場から南に伸びる南銀座通りと旧中山道に挟まれた一帯に、飲み屋やキャバレーなどがひしめき、客引きの兄ちゃんお姉さんに袖を引かれる「夜の街」だった。

しかし近年は、映画館も消え、カラオケ店や大手チェーン飲食店の集中出店などもあり、表通りは高校生など若者の姿で賑わう、健全な商店街の顔を見せるようになった。奥まった路地には依然として「いかがわしい」店舗もあるが、コロナ禍の影響もあってか、活気はいまひとつのようだ。

大宮区大門町1丁目、仲町1丁目
路地
関風景CE12 100旧百景＃84

昼間の南銀座通り

■公共施設などの集う市民の賑わい

CB 11 浦和駅東口 コムナーレ

9階、市民活動サポートセンターロビー

浦和区東高砂町
再開発事業／市民活動
旧百景＃97

コムナーレは「市立の」という意味のイタリア語で、浦和駅東口のパルコの入ったビルの8階から10階にある。東口再開発事業として二〇〇七年に竣工。中央図書館、市民活動サポートセンター、浦和コミュニティセンター等の五機関があり、市民で賑わっている。うち、市民活動サポートセンターのフリースペースは市民活動の拠点となっていて、多くの市民団体の会合やワークショップに連日利用されている。

CB 12 新大宮区役所ロビーと大階段

大宮区吉敷町1丁目
区役所整備／公共施設再編

新大宮区役所・新図書館のオープンは二〇一九年。計画に当たっては、4回の市民ワークショップが行われ、市民の意見が取り入れられた。絹糸を纏ったような柔らかい外観も印象的だが、一階のロビーには広いフリースペースがあり、2階の図書館に上がる大階段には、さまざまな人がくつろぎ交流する。浦和駅東口の市民活動サポートセンターに匹敵するような市民交流の場となれるだろうか。

CB 13 プラザウエスト周辺

桜区道場4丁目
荒川低地／区役所整備

さいたま市政令市移行の2年後、二〇〇五年7月に誕生。区役所や図書館、ホール、多目的ルーム、アトリエやキッチンスタジオなど含む。広大な駐車場があり、隣には記念総合体育館が後にオープン。近隣に類似施設のない西部地区において、地域の中核的施設となっている。外構も広く、区民ふれあいまつりや、体育館でのバスケットボールや卓球などのプロの試合も開催され、特に週末は多くの市民で賑わう。

CB 14 にぎわい交流館いわつき

岩槻区本町6丁目
マルシェ
関風景AE13、BG20

岩槻の魅力ある文化を発信し、城下町岩槻の賑わいや交流を生むまちづくりの拠点として、人形博物館と同時にオープンした新しい施設。伝統工芸品の製作体験が常時開催されるほか、地域の特色あるイベントや人形博物館の企画展などと連携したイベント等が開催されている。また地域の特産品を扱うマーケットやカフェもあり、岩槻散策の休憩場所としても親しまれている。

CB 15 歩専化された氷川参道

古来大宮氷川神社に向かう参道だが、その南半分、1㎞は、長年車両が通行し路上駐車も多い道路だった。二〇〇九年に歩車分離工事が行われ、その後並行する都市計画道路の整備に伴って、二〇一九年には中央区間、新区役所に面する部分が歩行者専用道路となった。神社に参拝する人、駅周辺に向かう人、区役所を訪れる人、あるいは健康のために散歩する人などで賑わう。沿道では、参道に相応しいデザインの店舗等の立地も徐々に進んでいる。残りの区間も歩専化されて、2㎞全体が本来の参道になるのはいつだろうか。

参道沿いの喫茶店

大宮区吉敷町1丁目、浅間町2丁目
氷川参道
関風景CA17 旧百景＃78

■ 郊外の公園、休日の賑わい

CB 16

休日の別所沼公園

最近の公園には、平日でも園庭のない保育園のちびっ子が改造したリヤカーや行列をつくって集まってくる。別所公園も幼児用スペースが大きく取ってあり、一日中歓声が途切れない。また、老人の釣り師も多く、雑魚を釣ってはリリースしている。新型コロナ感染症の蔓延期には、遠出をしなくなった若い親子が、土日の休日、身近な別所沼公園で一息入れていた。

メタセコイアがすてきな公園であるが、周囲の宅地化で湧水も枯れ、沼の水循環を噴水に頼っているのは残念だ。

南区別所4丁目　谷戸／別所沼公園
関風景BG16、CC16、CD15
100 旧百景#02

CB 17

休日の見沼氷川公園

氷川女體神社の参道の急な階段を降り、見沼代用水西縁に架かる橋を渡ると、低地の地形を生かした見沼氷川公園がある。面積は2・3haとさほど大きくないが、緑に囲まれたほどよい広さの園内は家族連れを中心に多くの市民が訪れる。見沼代用水西縁沿いは桜並木やカンゾウ、ヒガンバナなど四季折々に散策を楽しむ人々の往来も多く、この公園は休憩スポットとしても貴重だ。氷川女體神社磐船祭祭祀遺跡や唱歌「案山子」を作詞した武笠三ゆかりの案山子像などの見所もある。

緑区見沼
見沼田んぼ／公園

CB 18

きたまち・しましま公園

きたまち・しましま公園は面積1・6ha、二〇〇六年に北部拠点宮原土地区画整理事業において整備された。北部拠点宮原地区の中央にあり、プラザノース（北区役所等）、商業施設ステラタウン、高層住宅団地などに囲まれている。公園のデザインは上山良子ランドスケープデザイン研究所。ここが富士山と筑波山を結ぶ直線上にあることから、その軸線に沿い2種類の芝生でしましま模様をつくり出している。週末には、商業施設に買い物に来る家族連れなどで賑わう。

北区宮原町1丁目
副都心開発／市景観賞／富士山・筑波山遠望

CB 19

岩槻城址公園の賑わい

11月初旬、久しぶりの晴天に親子連れ、家族連れが遊具のある公園の一角に集まり、暖かな日差しをあびて元気に遊んでいた。新型コロナウイルス感染症の蔓延期には人影がほとんどなく、ひっそりとしていた公園も元に戻りつつある。岩槻城址公園は、大正時代に岩槻南端ごく一部（新曲輪、鍛冶曲輪、空堀）を利用して整備された。面積は、17・9haで、園内には野球場、市民会館、公民館、テニスコート、多目的グラウンドを有し、桜まつり、流しびな、人形供養祭の祭事も開催される。

岩槻区太田3丁目（岩槻城址公園）
岩槻城・城下町／岩槻城址公園

現代の市民生活の風景

新しいイベントの風景

アートフルゆめまつり（街なかの新しい市民まつりの風景）

さいたま国際芸術祭2020メイン会場となった旧大宮区役所

膝子の鯉のぼり祭り

さいたまには、市民が発意し自ら担い手となって開催されているイベントが数多くある。そのようなイベントが映し出す風景は「生活都市 さいたま」の穏やかな日常とは少し異なる活き活きとした別の顔をみせてくれる。そして、市民が担い手となって参加するイベントは、ともすれば希薄になりがちな都市生活での人の繋がりを結び直す縁となる。

「地域活性化」を目的とするイベントは、直接的な経済効果を求める考え方より、ユニークな地域イベントが継続的に開催され市民に認知されることによって、シビックプライドや地域ブランドの向上や街づくりのキーパーソンの繋がりが深まるなどといった、少し遠回りでも実質的で重要な効果が発揮されることが望ましいのではないか。地場産業や伝統文化を種としたイベントは、地域の歴史や個性を体感できる機会としても評価できる。

さいたま市は二〇一二年4月に「さいたま市文化芸術都市創造条例」を施行し、文化芸術の創造力を活かしたまちづくりを推進している。そのリーディングプロジェクトの国際芸術祭が、これまでに二〇一六年、二〇二〇年、二〇二三年の3回開かれている。さいたま国際芸術祭は、国内外から招かれたアーティストが、さいたまという土地や人々の暮らしをリサーチして作品を制作・発表することで、さいたまを新しい視点から捉え直すきっかけを与えてくれている。

また、芸術祭開催から生まれたレガシーは、市内各所に新しいギャラリーカフェやアートスポットを育み、市民参加のアートプロジェクトやワークショップ開催などとして着実に浸透し始めている。身近に文化芸術を体験できる場が豊かにあることは、成熟社会、成熟都市では必ず求められる要素だ。

- CC-01 新しい大宮の風物詩、アートフルゆめまつり
- CC-02 うらわLOOP☆ナイトマルシェ
- CC-03 アートフェスタ＆指扇まつり
- CC-04 城下町岩槻 鷹狩り行列
- CC-05 浦和駅東口駅前市民広場での多彩なイベント
- CC-06 さいたまカーフリーデー
- CC-07 綾瀬川の水辺イベント
- CC-08 広がりを見せるオープンガーデン
- CC-09 見沼通船堀 閘門開閉実演
- CC-10 岩槻元荒川和船まつり
- CC-11 昼間ノ渡シ火まつり
- CC-12 膝子鯉のぼり祭り
- CC-13 さいたま国際芸術祭2020のメイン会場となった旧大宮区役所
- CC-14 アーティストの滞在制作
- CC-15 突如出現したエアードーム
- CC-16 別所沼公園の風景を転換する作品
- CC-17 公園に横たわる巨大彫刻
- CC-18 独自に展開するアートプロジェクト
- CC-19 花と緑の散歩道に残された芸術祭の作品

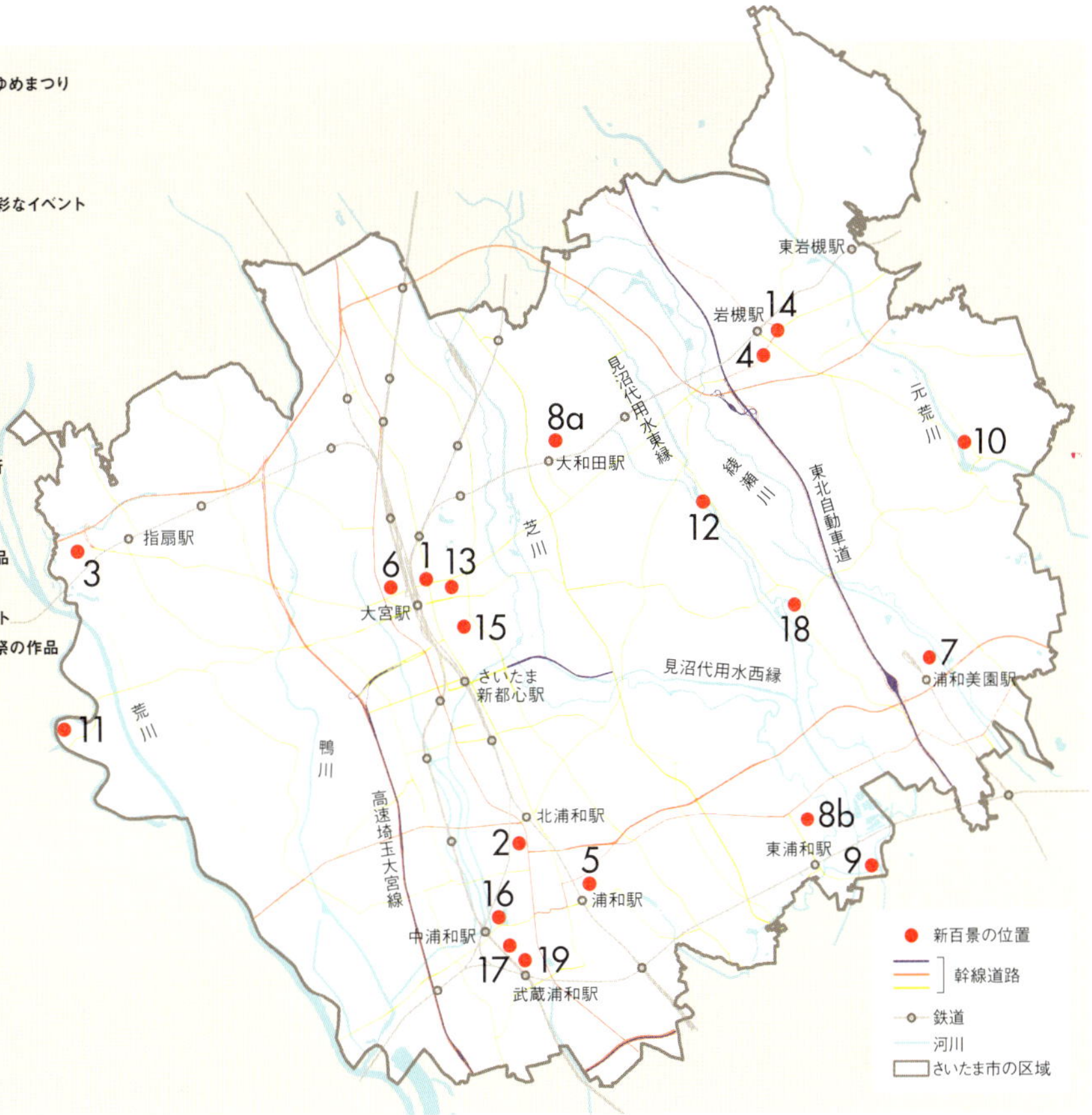

参考資料　さいたま市における国際芸術祭開催の経緯

2012年4月	さいたま市文化芸術都市創造条例 施行
2014年～2020年度	さいたま市文化芸術都市創造計画 第1次計画
2016年9月～12月	「さいたまトリエンナーレ2016」開催（第1回さいたま国際芸術祭）
2020年10月～11月	「さいたま国際芸術祭2020」開催（第2回さいたま国際芸術祭） （当初計画の会期2020年3月～5月がコロナ禍によって変更）
2021年～2030年度	さいたま市文化芸術都市創造計画 第2次計画
2023年10月～12月	「さいたま国際芸術祭2023」開催（第3回さいたま国際芸術祭）

さいたまトリエンナーレ2016

テーマ　「未来の発見!」
●ディレクター
芹沢 高志

主な開催エリア
(1)与野本町駅～大宮駅周辺
(2)武蔵浦和駅～中浦和駅周辺
(3)岩槻駅周辺

さいたま国際芸術祭2020

テーマ　「花／flower」
●ディレクター
遠山 昇司

会場
メインサイト　旧大宮区役所
アネックスサイト　旧大宮図書館
スプラッシュサイト　宇宙劇場、大宮図書館、埼玉会館、鉄道博物館 ほか

さいたま国際芸術祭2023

テーマ　「わたしたち」
●ディレクター
現代アートチーム目[mé]

メイン会場　旧市民会館おおみや
その他会場　RaiBoC Hall（市民会館おおみや）、氷川の杜ひろば（大宮図書館）、大宮盆栽美術館、漫画会館、岩槻人形博物館、鉄道博物館、埼玉県立近代美術館、うらわ美術館、その他市内各所

地域活性化のための市民まつり

CC 01 新しい大宮の風物詩 アートフルゆめまつり

アートフルゆめまつり

「アートフルゆめまつり」は、一九九三年に旧大宮市の桜木公民館主催で桜木中学校吹奏楽部がはじめた「せせらぎコンサート」に源流がある。「せせらぎコンサート」の基本コンセプトは「市民が支え、育てる野外コンサート」。二〇〇四年の第一〇〇回を機に市民団体主催となり二〇二四年5月には第一七三回を開催している。「アートフルゆめまつり」は、そのコンセプトを追求して二〇〇八年から始まった。「みんなが担い手、みんなが主役」の精神のもと、大宮駅東口周辺のまちなか各所を会場として、音楽を中心とするアートで人とまちをつなぐイベントだ。当初は春期開催であったが近年は国際芸術祭と連携して秋期に開催しており、二〇二三年11月に第16回が開催されている。

大宮区大門町、宮町、桜木町他
アートプロジェクト／市民活動
100旧百景＃64

せせらぎコンサート

CC 02 うらわLOOP☆ナイトマルシェ

浦和に暮らすパパ友4人が、「僕らの子どもたちの故郷はこのまち。それならば、子どもたちが誇りを持てるような体験をこの町につくっていきたい」と始められたのが、うらわLOOP☆ナイトマルシェは、二〇一八年にさいたま市役所前の広場を活用して始められた。普段は人影の少ない夏の平日夕方に、浦和近辺を中心とした様々な飲食店、雑貨店、サービス店など、魅力溢れる店舗が多く出店。仕事を終えて都内から帰ってきた両親と子どもたちが、日常の象徴とも言える市役所前で、上質な非日常空間を共有し楽しんでいる。新型コロナウイルスの感染拡大に伴い中断されていたが、二〇二二年に感染対策を伴い復活。地元の工務店や大学、市など連携先を増やしながら、地元密着のマーケットとして定着しつつある。

浦和区常盤6丁目
市民活動／公共空間活用

地域活性化のための市民まつり

03 アートフェスタ＆指扇まつり

二〇二二・8・20開催のまつりは滝沼第2遊水池多目的広場や指扇小学校、指扇公民館を会場に指扇地区の児童生徒の演奏や西区に伝わる祭囃子などが披露された。お囃子は大宮アルディージャ試合開催日にも時折披露されている。

まつり参加者と演目

指扇小学校吹奏楽部・指扇北小学校合唱部・指扇中学校吹奏楽部・土屋中学校吹奏楽部・指扇地区囃子保存会・秋葉ささら獅子舞保存会・和太鼓G「鼓空」・キッズダンス「ライツパフォーミングアーツ」・埼玉栄高校マーチングバンド・風船王子のアートバルーンショー・小学生対象のクラフトコーナー＆木工教室・ポスター作品優秀者表彰

和太鼓グループ「鼓空」

阿弥陀寺囃子連

西区指扇、中釘
滝沼川／市民活動／多目的遊水地
旧百景＃08

04 城下町岩槻鷹狩り行列

二〇一三年に岩槻区制10周年を記念して始まり、以後毎年11月3日に岩槻駅東口周辺で開催。徳川家康が鷹狩りの折に何度も岩槻城を訪れたという史実に基づき、岩槻加倉口で一般参加者から募集した藩主、姫、家来の行列が家康一行をお迎えし、藩主は乗馬、将軍はお駕籠に乗り改めてまちを練り歩く。途中、岩槻黒奴が奴振りを見せ、中でも圧巻は鷹匠が本物の鷹でダイナミックな放鷹術を披露するところ。見物客のつくった手のトンネルを鷹がくぐり抜けて鷹匠の元に帰って来ると、毎年見物客から大拍手が湧き起こる。

鷹と鷹匠たち

岩槻区本町
御成道／歴史的景観再現

05 浦和駅東口駅前市民広場での多彩なイベント

浦和駅の改札を出て東口に向かうと、右手に浦和駅東口駅前市民広場が広がっている。

この広場は隣接するコムナーレ9階に事務所をおくさいたま市市民協働推進課が所管しており、市民活動サポートセンターや国際交流センターなどを利用する市民団体によるイベント会場として活用されている。また、市民団体による非営利活動に限定せず、個人のパフォーマーや商業的なイベントも可能なため、週末・平日を問わずに多彩な企画で賑わいを創出している。

フリースタイルフットボール教室の開催

市民団体による啓発イベント活用

浦和区東高砂町
市民活動／公共空間活用

地域課題解決のための新しいイベント

CC 06 さいたまカーフリーデー

カーフリーデーはヨーロッパで始まった「車のない日」というイベント。さいたま市では二〇〇七年から毎年９月に開催していた。「自動車に過度に依存しない交通体系の実現」を目的に市の交通政策部門が主催する官製イベントだ。大宮駅西口の鐘塚広場に行政、交通事業者、大学および市民団体が自分たちの事業や活動を紹介するブースが並ぶ。

近年はイベントの趣旨よりも〝賑やかし〟に主眼が置かれているようだったが、二〇二一年度で打ち切り。何年か続くとそれだけで止めてしまうのは行政の倣いだ。

鐘塚公園内には市民団体等のブースが並ぶ

駅からの道には出店やベンチ

大宮区桜木町2丁目
市民活動／道路空間活用／公園

CC 07 綾瀬川の水辺イベント

緑区と岩槻区にまたがる美園地区は最近の開発で生まれた新しい街。綾瀬川の水辺を地域らしい場として盛り上げ、住民の連帯感を高める取り組みがある。単なるイベントというより、健康増進や水辺の美化を楽しみながら実践するイベントである。綾瀬川クリーンウォークは埼スタを眺めつつ調節池や綾瀬川遊歩道を歩きながら清掃するイベント。水辺で乾杯は、７月７日午後７時７分に青い衣装で全国一斉に水辺に集まって乾杯をするイベントで綾瀬川では清掃活動と一緒に実施。他のまちと連帯する中で「わが町の水辺」を感じて、おしゃれな風景をつくろうという趣旨。水害の時代に、川の怖さや恩恵を体感するねらいもあるようだ。

緑区美園2・3・4丁目、他
綾瀬川／河川景観／アーバンデザインセンター

CC 08 広がりを見せるオープンガーデン

個人宅で丹精込めて育てられた庭を開放し、季節の風景を楽しむ「オープンガーデン」の取り組みが、さいたま市内でも広がっている。見沼区では二〇一五年に取り組みが始まり、当初は14カ所だった参加庭園も二〇二二年には29カ所に増加している。参加するのは、個人宅を中心に、地元企業や商店、団地や駅前花壇など様々。来訪者に季節の彩りを楽しんでもらえるよう、それぞれに趣向を凝らした庭造りをしている。緑区でも、毎年５月にオープンガーデンを開催。日頃から手入れされた庭を二〇二二年は16カ所で開放し、区内外からの来訪者の目を楽しませている。

個人や私企業の所有資産である「庭」を開放するこうした取り組みは、シェアリングが一般化する社会において、風景のシェアリングとも言える新たな取り組みと言えるかもしれない。

見沼区全域、緑区全域
オープンガーデン

地域の歴史や伝統を呼び起こすイベント

09 見沼通船堀 閘門開閉実演

国指定史跡にも指定されている「見沼通船堀」は一七三一年に見沼田んぼでの新田開発と共に整備された。開発で整備した見沼代用水の水を利用し、収穫された米を江戸に運び、帰りには様々な物資などを運ぶという、非常に合理的な開発であった。その在りし日の風景を今に引き継ぐのが、閘門開閉実験。毎年8月下旬に、復元された閘門を使った水位調整の実演を見ることができる。老朽化した閘門の改修も行われ、コロナ禍明けの二〇二二年から実演を再開している。

緑区大間木
見沼代用水／舟運／国指定史跡／歴史的景観再現
関風景AB11、BD02
100旧百景＃21

10 岩槻 元荒川和船まつり

江戸時代、江戸との物資交流に使われた川筋を、城下から桜の季節に土手の桜を鑑賞しながら屋形船で下り、第六天神社で家内安全を祈願したのち、門前に並んだ川魚料理屋で酒宴を催した。中でも鯰を素焼きしてからたれにつけてこんがりと焼きあげた「すっぽん煮」が有名だった。この水運文化を今に伝えるため、二〇一一年から元荒川和船まつりが始まった。末田須賀堰から第六天神社あたりを、屋形船二艘、伝馬船一艘で遊覧する。さまざまなイベントも開催される。

和船まつり冒頭、神主によるお祓い

岩槻区大戸
元荒川／舟運／歴史的景観再現
100旧百景＃18

11 昼間ノ渡シ火まつり

昼間の渡しには、徳川家康にまつわる伝説が伝えられている。家康が川を渡ろうとしたとき、村人総出でかがり火を焚き、まるで昼間のように明るくして迎えた。このことを大いに喜んだ家康が「昼間」の名字を授けたという。渡しは長らく途絶えていたが、二〇〇七年、地域住民が資材や資金の寄付を募り、渡し場が復活した。これ以降、毎年11月3日にはこの故事を後世に伝えるべく「昼間ノ渡シ火まつり」が開催され、様々な出し物や出店などで賑わう、地域の一大イベントとなっている。

西区飯田新田
びん沼川／渡し／歴史的景観再現
100旧百景＃46

12 膝子鯉のぼり祭り

見沼区膝子地区の有志で立ち上げた市民による手作りイベントも18年程を経過、地域行事として定着した。各地で使わなくなった鯉のぼりを毎年集めて三〇〇匹余を保有する。毎年5月5日、七里総合公園の南側の見沼田んぼ遊休農地を会場に、高さ8mのポールを設け見沼田んぼを横切るように一〇〇匹以上の大型鯉のぼりが空を舞い、見沼代用水東縁にも多くの鯉が舞う。周りではクイズラリーや子供ゲーム、地元子供会による屋台等、多くの親子づれで賑わう。

見沼区加田屋1丁目
見沼田んぼ／田園景観
関風景AE10

芸術祭・期間限定の風景

CC 13 さいたま国際芸術祭2020のメイン会場となった旧大宮区役所

2020メイン会場 旧大宮区役所

さいたま国際芸術祭は「さいたまトリエンナーレ2016」と「さいたま国際芸術祭2020」、「さいたま国際芸術祭2023」の過去3回開催され、いずれも閉鎖された施設跡地や老朽化して本来の役割りを終えた建物を活用している。

さいたまトリエンナーレ2016では岩槻区の旧県立民俗文化センターや南区の旧埼玉県部長公舎を、さいたま国際芸術祭2020では旧大宮区役所（市役所）と旧大宮図書館の建物を、さいたま国際芸術祭2023では旧市民会館おおみやの建物をまるごと会場として使いインスタレーションなどの作品を発表した。

市民が何気なく過ごしている日常の空間・景色にアーティストが作品を加えることで、見慣れた風景が突然輝いて見えたり、無意識に蓋をしている問題意識に小さな火が灯される。芸術祭は非日常の時限的風景だが、私たちの日常に語りかけてくる。

大宮区大門町3丁目、下町3丁目、岩槻区加倉5丁目、他

アートプロジェクト／公共施設再編

2016メイン会場 旧県立民俗文化センター

CC 14 アーティストの滞在制作

さいたまトリエンナーレ二〇一六で実施された「ホームベース・プロジェクト」

〝Homeとは何か〟をコンセプトとする、移動型国際アーティスト・イン・レジデンス（AIR）プロジェクトで、岩槻区の人形店東玉の寮として使われている施設に国内外のアーティスト8名が約4週間滞在し、共同生活を送りながらリサーチと作品制作に取り組んだ。国内外のアーティストたちの目にさいたま市・岩槻区はどのように映ったのか。その成果は「オープン・ハウス」として一般公開された。

岩槻区本町3丁目

アートプロジェクト

CC 15 突如出現したエアードーム

さいたまトリエンナーレ2016における磯辺行久による作品「エアードーム」

大宮区の山丸公園に巨大なエアードームを出現させた。

時間や天候など外部の環境条件の変化によって様々な表情を見せるエアードームは、日常の景色を一変させるとともに、街並みの見方や環境のとらえ方に新しい視点を与えてくれる作品だった。

大宮区吉敷町1丁目

アートプロジェクト／公園

■ 芸術祭・期間限定の風景

CC16 別所沼公園の風景を転換する作品

さいたまトリエンナーレ二〇一六のアートプロジェクト「種は船プロジェクトinさいたま」全国各地に展開して地域や人々をつなぐ日比野克彦のプロジェクトが別所沼公園で実施された。

静かな水面に浮かぶカラフルな船によって日常の風景が鮮やかに転換される。船に色を塗るワークショップや船の浮かぶ別所沼の写生イベントなどの参加型プログラムも開かれ、船の展示期間中はヒアシンスハウスが展示解説や記録動画の上映スポットとして活用された。

南区別所4丁目
アートプロジェクト／別所沼公園
関 風景BG16、CB16、CD15
100 旧百景#02

CC17 公園に横たわる巨大彫刻

さいたまトリエンナーレ2016の作品「さいたまビジネスマン」

ラトビアのアーティストのアイガルス・ビクシェは、来日した時に体験した、さいたまから東京に向かう通勤電車の混雑から作品の着想を得て、全長9・6mの巨大彫刻を制作した。

JR埼京線沿いの公園に設置された涅槃像にも似た巨像は、現代人の姿をユーモアとともに映し出した。

芸術祭閉幕後この作品は、アーティストの意向によって東日本大震災の被災地の陸前高田市に移設・寄贈された。

南区別所5丁目
アートプロジェクト／公園

■ 芸術祭から生まれた新しい日常の風景

CC18 独自に展開するアートプロジェクト

国際芸術祭の開催を契機に、市内で独自にアートプロジェクトを企画実施する活動が活発になっている。

「野良の藝術」は、現代に江戸の豊かな暮らしを継承しようと大切に管理運営されている緑区のファームイン・さぎ山の農空間を活かしたアートプロジェクトだ。二〇一六年の芸術祭関連プロジェクト「SMF・TANBOプロジェクト〝田園の夢〟」開催が端緒となり、二〇一七年の「ファームイン・さぎ山20周年記念／野良の藝術」から継続的に開催されている。

緑区上野田
アートプロジェクト／田園景観

CC19 花と緑の散歩道に残された芸術祭の作品

南区の花と緑の散歩道に残されている、さいたまトリエンナーレ二〇一六参加アーティスト、ウィスット・ポンミニット（タムくん）の作品「時間の道」。

タイ出身のタムくんは、花と緑の散歩道に警告・禁止看板が数多く設置されていることに着目し、芸術祭のテーマ「未来の発見!」に引き寄せて、未来を描けるポジティブなメッセージ看板を現代アートとして展開した。

作品は芸術祭閉幕後も残され、行き交う人々に優しくメッセージを発し続けている。

南区別所5・6丁目
アートプロジェクト／遊歩道
関 風景AD07

C 現代の市民生活の風景

CD スポーツを楽しむ風景

実践するスポーツ～総合型地域スポーツクラブ

スポーツの施設環境～河川調節池グラウンド

観るスポーツ～埼玉スタジアム

さいたま市民とスポーツの関係を風景から読み取ってみたい。はじめに「観る」スポーツに着眼してみよう。

さいたま市は、サッカー、バスケットボール、卓球、野球など複数のプロスポーツチームがホームタウンとし、主催ゲームの競技施設を置いて活動している。また、さいたまスーパーアリーナや埼玉スタジアム２００２など国際的競技会場となる施設もあり、プロスポーツとともにトップレベルのアスリートの存在を日常的に身近に感じることができる。毎年秋にさいたま新都心周辺で開催される自転車ロードレースの世界的大会であるツール・ド・フランスさいたまクリテリウムもユニークな取り組みだ。

そういった刺激と関係すると思われるのが、子ども年代からのスポーツ熱の高さが感じられること。スポーツに力を入れる学校が多く、そのなかから全国レベルの競技世界で活躍し、さらにはオリンピック、パラリンピックに出場するさいたま市所縁のアスリートも多い。かつて埼玉師範学校にいち早くサッカー（蹴球部）が取り入れられたことなど、歴史的にも教育とスポーツの関係性が深い土地柄といえよう。そこで、市民が実践するスポーツの環境に目を向けてみると課題の多さに気付く。

近年、生徒数の減少で学校単位では部活が成り立たない競技種目が増えてきたこと、教員の負担軽減が求められることなど、これまでスポーツの裾野を支えてきた学校部活に改革が迫られている。

その課題への対応として、一つは総合型地域スポーツクラブのように、地域でスポーツに親しめる組織体制づくりに期待が寄せられている。さいたま市では現在８つの総合型地域スポーツクラブが活動している。「多種目」「多世代」「多志向」「地域による自主運営」「地域に開かれたクラブ」を理念として、子どもから大人まで様々な種目に、競技目的だけでなく健康づくり、仲間づくりなど多様な目的に応じてスポーツに親しめる場を創出している。従来の学校単位の部活動に代わる受け皿としても期待されている。

課題対応のもう一つのチャンネルは、プロスポーツクラブによる育成年代のアカデミーだ。浦和レッズと大宮アルディージャは、男子サッカーに加えて女子サッカープロチームを持ち、それぞれの育成組織を整備している。また、浦和レッズは荒川河川敷にレッズランドを開設してJリーグ百年構想の推進に取り組んでいる。その目指す方向性は、総合型地域スポーツクラブに期待されるものと重なる。

最後に、スポーツの施設環境面をみてみよう。

一三〇万人超の人口に比してスポーツ施設インフラは充実してい

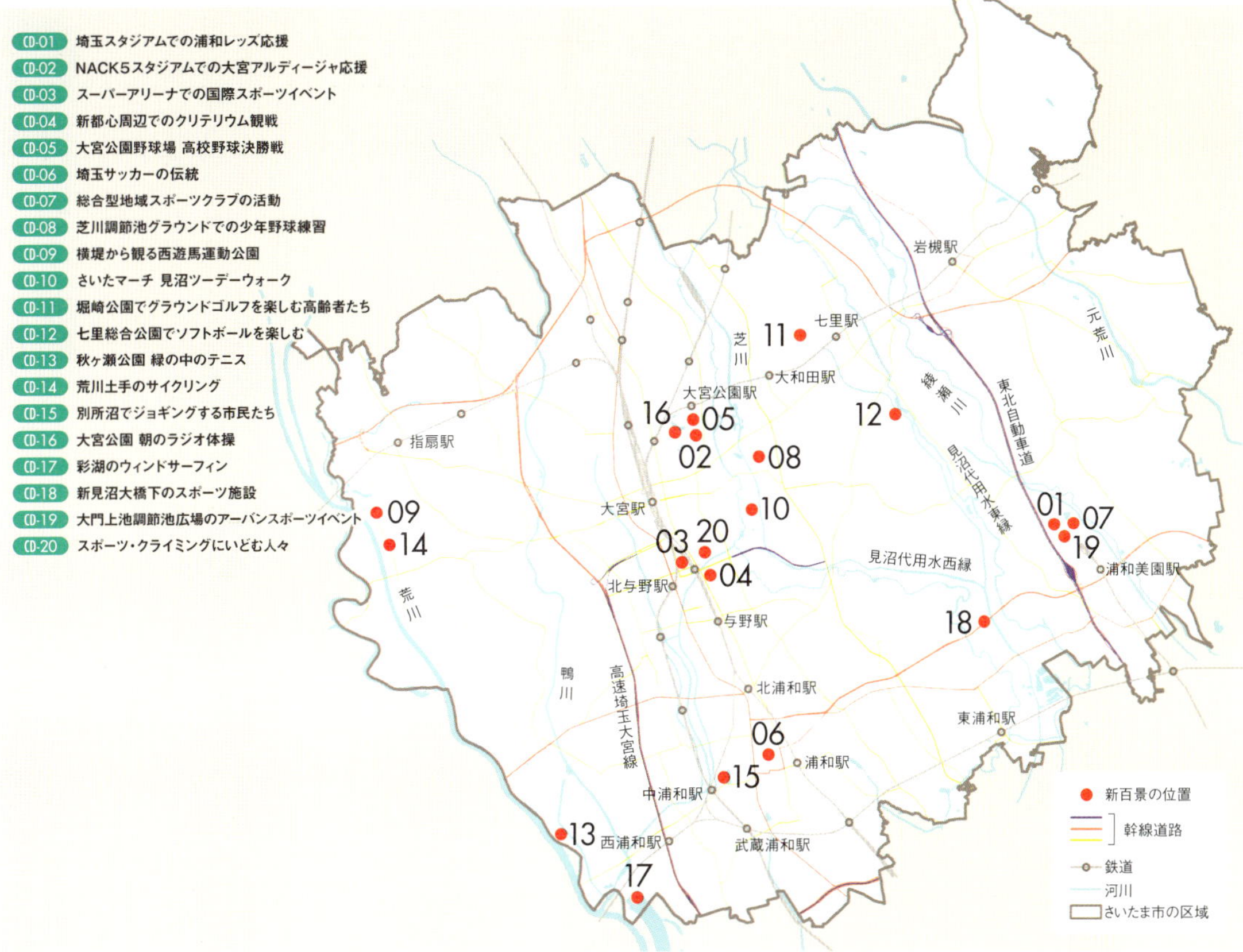

参考資料　さいたま市のスポーツの風景～特徴分析図

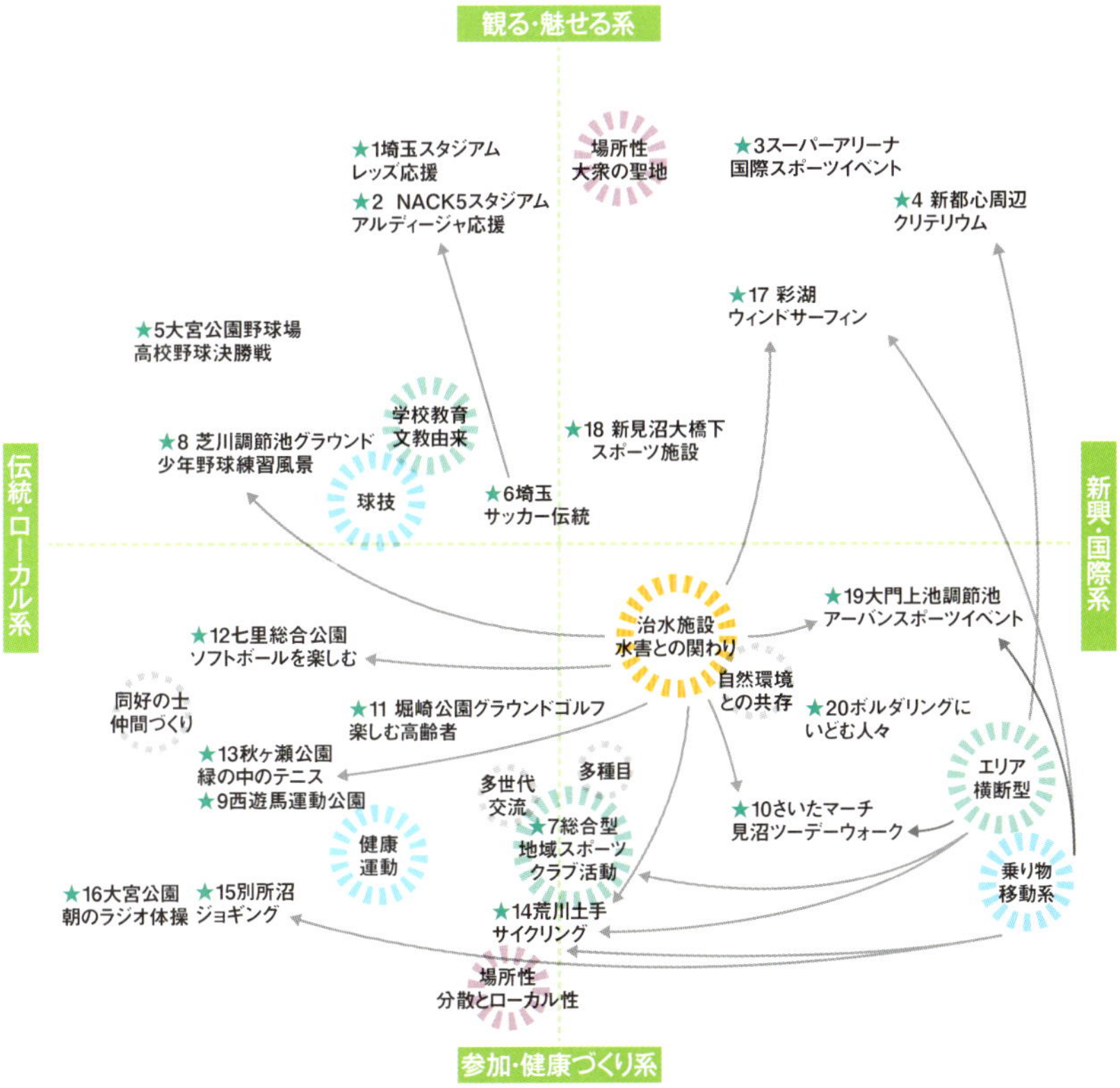

るとはいえない。学校施設開放が需要の多くを担っている。また、河川敷空間や多目的調節池にスポーツ施設を求める傾向もあって、自然環境保全とのせめぎ合いが生じている。

大きな空間を要するスポーツ施設は、災害時に防災拠点や避難場所となり得る多機能性を有する。生物多様性や自然環境保護とのバランスを取りながら、多くのさいたま市民が生涯を通じてスポーツを楽しめる環境が整って欲しいものである。

■プロスポーツを楽しむ風景

CD01 埼玉スタジアムでの浦和レッズ応援

埼玉スタジアム2〇〇2（ニマルマルニ）は、2002FIFAワールドカップ日韓大会の会場として建設された、六三七〇〇人収容の日本最大のサッカー専用スタジアム。日韓大会ではグループステージの日本戦や準決勝が行われ、その後も日本代表のホームスタジアムとして国際Aマッチが度々開かれている。日常的には浦和レッズがホームスタジアムとして使用、スタジアム内にクラブ本社が置かれている。二〇二〇年からのコロナ禍では、熱狂的サポーターで知られる浦和レッズのスタンド風景が一変したが、二〇二三年シーズンからはいつもの風景が戻ってきた。

緑区美園2丁目
綾瀬川低地／Jリーグ／埼玉スタジアム公園
関風景CD06
旧百景#65、#67

CD02 NACK5スタジアムでの大宮アルディージャ応援

NACK5スタジアム大宮は、一九六〇年に日本初のサッカー専用スタジアムとして建設された。一九六四年の東京オリンピックでサッカー競技会場として使われた。一九七九年にはマラドーナが国際大会デビューを飾り、二〇〇二年ワールドカップではブラジル代表が練習ピッチに使用するなど、これまで多くの歴史を刻んでいる。一九九八年からは大宮アルディージャのホームスタジアムに。二〇〇七年の大規模改修を経て現在に至る。ピッチと観客席がとても近いスタジアムとして対戦相手にも人気が高い。試合開催時、スタジアムはチームカラーのオレンジに染まる。

大宮区高鼻町4丁目
見沼の谷戸／Jリーグ／大宮公園
関風景AG08、CD06
旧百景#65

CD03 スーパーアリーナでの国際スポーツイベント

建設費六五〇億のさいたまスーパーアリーナは、日本最高レベルの規模・設備のアリーナであり、さいたま国際スポーツタウン構想の中核施設。五輪のバスケットは無観客となったが、フィギュアスケートやバレーボールの世界大会など国際スポーツイベントの実績はある。だが、スポーツでの使用は2割程度にとどまっている。国際大会を継続的に開催して国際スポーツ都市として認知されるには、施設を生かすイベント運営力に加え、ホテルや観光などの街の魅力を高めていくことが求められるだろう。

中央区新都心
新都心開発／国際スポーツタウン構想
旧百景#63

CD04 新都心周辺でのクリテリウム観戦

百十回の歴史を持つ世界最高峰の自転車レース、ツール・ド・フランス。その名を冠した「ツール・ド・フランスさいたまクリテリウム」は二〇一三年に始まった。ツール・ド・フランスは、21ステージをかけてフランスを一周してパリにゴールするが、次がさいたまの22ステージと呼ばれる。舞台はさいたま新都心。コロナ禍での二年中止後二〇二二年から再開。短距離の周回コース設定で、二三年の第9回大会では、海外招聘選手らの瞬間に通り過ぎるスピードに、沿道の観衆は大声援を送っていた。

中央区新都心
新都心開発／国際スポーツタウン構想

■学校スポーツ、地域スポーツを応援する風景

CD05 大宮公園野球場 高校野球決勝戦

大宮公園野球場は一九三四年（昭和九）に完成。その竣工記念試合の日米親善野球で、ベーブ・ルースやルー・ゲーリック等が10本のホームランを打った。以来、埼玉県の高校野球はここを中心に行われてきた。一九九二年に国際規格の球場に改造され、今も埼玉県高校野球の聖地である。

二〇二三年猛暑の夏、ここで埼玉大会決勝戦が行われ、浦和学院が花咲徳栄を破って全国大会出場を決めた。

大宮区高鼻4丁目
大宮公園

CD06 埼玉サッカーの伝統

埼玉サッカー発祥の地の碑

さいたま市は、浦和市立、浦和南など多くの高校が高校サッカー全国制覇、Jリーグにも2チームを擁し、サッカーのまちを標榜している。

その起源は、一九〇八年（明治四一）に埼玉師範学校が全国に先駆けてサッカーを始めたことにある。それを記念する彫刻と碑が、市役所前庭にある。

現在では全国でサッカーが盛んになり、あまり目立たなくなってしまったが、この伝統を引き継いでいきたい。

浦和区常盤6丁目
Jリーグ
関風景CD01、CD02

CD07 総合型地域スポーツクラブの活動

さいたま市内では、現在八つの総合型地域スポーツクラブが活動している。

それぞれに特徴あるクラブだが、その中の一つNPO法人浦和美園SCCは、埼玉スタジアム２００２公園を拠点として活動している。この公園には天然芝と人工芝のサブグラウンドが合わせて三面、フットサルコートが二面あり、浦和美園SCCもサッカーに力を入れている。日本サッカー協会（JFA）と協力関係をつくり、JFAの公式ライセンスを持つ指導者を招いてブラインドサッカーの体験教室を開いた。

埼玉大学と連携した女子サッカー交流会（プラザウエスト記念体育館）

埼玉スタジアム2002 公園第2 グラウンドでのブラインドサッカー体験教室

緑区美園2丁目、桜区道場4丁目
地域スポーツ／NPO活動／埼玉スタジアム公園

CD08 芝川調節池グラウンドでの少年野球練習

近年では、小中学校でのクラブ活動に替わって、地域での野球やサッカーチームの活動が盛んになっている。

芝川第七調節池の左岸側、大宮体育館前の調節池底面では、少年野球チームの練習が行われていた。土手や斜面林の緑に囲まれた中で、赤いユニフォームが躍動する。春には桜並木に囲まれる。

しかし、一旦豪雨に見舞われれば、芝川から溢れた水で池になる。平時と非常時での二つの風景。

見沼区大和田1丁目
芝川／見沼田んぼ／地域スポーツ／河川調節池
関風景AH18

CD09 横堤から観る西遊馬運動公園

この運動公園は荒川堤外地にある。サッカーや野球等では弁当持参で来る人々も多く、それをカラスが木の上やゴルフ場の防護ネット上から常に狙っている。河川敷で風が強いのが欠点。洪水時には横堤も水没し、流下物除去で長期閉鎖もあるが、横堤からの観戦風景は面白い。今後洪水調節用の第2調節池の囲ぎょう堤造成のため、1ヶ所の駐車場が閉鎖され、車の相乗りが呼びかけられている。

西区西遊馬
荒川堤外地／荒川堤防／地域スポーツ／公園
関風景BE01

市民がスポーツを楽しんでいる風景

CD 10 さいたマーチ 見沼ツーデーウォーク

二〇二三年3月、2日にわたり第11回さいたマーチ・見沼ツーデーウォークが行われた。さいたま新都心駅近くの新都心公園がスタート及びゴール地点。2月締切り時点の参加予定者は三八〇〇人余だったが、雨で出足がにぶったよう。晴天であれば菜の花や桜も満開でウォーキングに最高だったが、今回はあいにくの雨で、ぬかるみや水たまりを避け、坂道では滑らぬよう気遣いながら歩くことになった。短距離コースは幼児をつれた親子や年寄りの参加が多かった。受付やコース案内、通過スタンプ押しなどに、多くのボランティアが参加している。

見沼用水縁を行く

雨の中、新都心公園をスタート

大宮区北袋町
見沼田んぼ／桜並木

CD 11 堀崎公園でグラウンドゴルフを楽しむ高齢者たち

見沼区役所裏手にある堀崎公園は、当初土の避難所兼多目的広場であったが、大宮アルディージャの協力で人工芝のサッカー場となった。サッカー、ソフトボールの他、高齢者のグラウンドゴルフが盛んだ。あるグラウンドゴルフクラブの大会では、二百人もの参加者がいて一チーム六人編成でプレーするほどの盛況。足腰が弱った人も迎え入れ、お互いプレーを暖かく見守りながら楽しんでいる。

見沼区堀崎町
加田屋川／公園／高齢社会

CD 12 七里総合公園でソフトボールを楽しむ

七里総合公園は二〇〇〇年開設。見沼田んぼの加田屋川の左岸に修景池、右岸に自然保護ゾーンと多目的広場がある。多目的広場では、休日にソフトボールや軟式野球、サッカーなどを楽しむ人々がいる。ただここは、加田屋川の調節池でもあるので、大雨の時には冠水する。また、南側のゴミ最終処分場（環境広場）も、埋め立てが完了すると公園になる予定だ。どんなスペースになるのだろうか。

見沼区大谷
加田屋川／見沼田んぼ／河川調節池／高齢社会

CD 13 秋ヶ瀬公園 緑の中のテニス

荒川第一調節池の中にある一〇〇haの県営秋ヶ瀬公園は、ミドリシジミが生息するハンノキ林や野鳥観察ができる樹林などの野生を残しつつ、多くの運動施設やバーベキュー場がゆったりと配置されている。その緑の中にテニスコートが22面ある。河川敷の宿命である水の影響や張りっ放しのネットなど、テニスコートとして多くは望めないが、市民の気軽なテニス交流の場となっている。

桜区道場、新開、他
荒川堤外地／河川調節池／秋ヶ瀬公園・桜草公園
関風景ＡＡ03

CD 14 荒川土手のサイクリング

このサイクリングコースは葛西臨海公園から東松山の国営武蔵森林公園まで約90㎞の距離を有する。途中に彩湖や秋ヶ瀬公園、昭和田んぼ、荒川・入間川背割堤など、多くの見どころがある。羽根倉橋上流側が自転車専用道に指定されているが、昭和田んぼなどの民有地も含まれているので、走行には注意が必要。風も難敵だ。休憩所や牧場カフェなどもあり、四季を通じて荒川の自然が楽しめる。

西区西遊馬
荒川堤防／富士山遠望／秩父連山遠望

CD 15 別所沼でジョギングする市民たち

南区別所4丁目
谷戸／別所沼公園
関風景ＣＢ16
100旧百景＃02

別所沼公園には、池の周りを回る一周九四〇ｍの赤色のラバー舗装されたランニングコースが完備されている。トリムコース（体調を整えるコースの意）として、周辺に住む中高年を中心に利用者が多い。ただしジョギングコースと一般客の園路が同じため、休日の日中は一般の公園利用者が多く、歩行者と衝突する危険が伴う。そのため、早朝や照明が付いた夜間を利用するジョガーも多い。

CD 16 大宮公園　朝のラジオ体操

大宮区高鼻町4丁目
大宮公園／高齢社会

大宮公園では、正月元旦も含めた一年を通して朝のラジオ体操が行われている。大宮駅前辺りを含めて周辺の住宅地から、散歩がてらに集まってくる人々が、6時半からのラジオ放送に合わせて体操をする。遊園地の飛行塔辺りに指揮台があり、そこを中心にして時計台広場から護国神社近くまで、夏場の多い時には三百人から四百人ぐらいが体操する。健康で早起きの高齢者のなんと多いことか。

■ 市民がスポーツを楽しんでいる風景

CD 17 彩湖のウィンドサーフィン

南区堤外、他
荒川／河川調節池／新スポーツ
関風景ＡＢ05

彩湖は飲料水としても利用されるため、一九九七年までスポーツなどが禁止されていたが、彩湖の水と緑を守る会と荒川上流工事事務所との協議で、ウィンドサーフィンや手こぎのボート、カヤックなどに限り利用が許可された。湖面の利用は管理橋以北のみに限定。隣接する戸田市には、彩湖ウィンドサーフィン愛好会やウィンドサーフィン専門店がある。サーフィン愛好者も年々増えているようだ。

CD 18 新見沼大橋下のスポーツ施設

緑区見沼
見沼田んぼ／新スポーツ

見沼田んぼを横断する新見沼大橋有料道路の高架下にある「新見沼大橋スポーツ広場」は市の都市公園のひとつ。広場の中にはスケートボード場があり、スケートボード、インライン、ＭＴＢやＢＭＸ、スクーターも利用可能で、初心者から上級者までが楽しめる。

この他にドッグランやバスケットコート、テニスの壁打ちなどがあり、家族連れや子供たちの利用も盛んである。駐車場もある。

■ 新しいスポーツの風景

CD 19 大門上池調節池広場 アーバンスポーツイベント

緑区美園2丁目　綾瀬川／副都心開発／河川調節池／新スポーツ／アーバンデザインセンター　関風景ＡＡ23

大門上池調節池内の広場空間の整備が完了し、埼玉スタジアム２〇〇２公園と連携した賑わいや地域住民の健康づくりの場として期待されたが、コロナ過で使用中止。二〇二三年からイベント等の利用が再開された。まずは市民が本広場を身近に感じて、日々のスポーツ活動やイベント開催が期待されている。調整池広場での幼児達のランバイク練習風景に、新スポーツ発展の兆しを見た。

CD 20 スポーツ・クライミングにいどむ人々

大宮区吉敷町4丁目
新スポーツ

スポーツ・クライミングは、山岳岩登りから訓練用に開発されたものでボルダー、リードクライミング、スピードクライミングの三種の競技に分けられる。いずれもオリンピック種目になって関心が高まり、初心者はボルダーから入る。リードやスピードにレベルを上げ、高さやスピードを競うことになる。さいたま市内には、四カ所ほどの施設があるが、競技用の壁の用意がある施設はまだ少ない。

CE 新しい結びつきを育んでいる場の風景

浦和区三室 History蔵

南区白幡 5世代が住み続けるS邸（写真撮影：Eiji Kitada）

氷川参道の鳥居とBibli

最近の住みたい街ランキングでは首都圏で大宮、浦和が上位にある。（「SUUMO住みたい街ランキング２０２４ 首都圏版」）しかし、住宅都市として形成されてきたこの地域でも居住者たちの高齢化現象、空き家問題、コミュニティ力の低下など様々な街への影響を引き起こし、懐かしい街角が次々と消えている。また、人口増の要因である子育て世帯は核家族化が進んでいるために地域に馴染む余裕がなさそうだ。住まうことの孤立化が一層進んでいると感じる。

　住宅都市と言われるこの地域の良さは日常的な人々の関りで醸し出されるまちの表情、景観・風景に表されていく。街角の記憶を再発見して一緒に楽しんだり、それぞれの新たな意図を記憶に積み重ねていく試みは住みやすさを実感する風景づくりにつながるだろう。これまでの共同体的な結びつきを前提とするだけではなく、趣味や生き方・働き方などで共通する意識や活動が重なり合って、新たな結びつきを生み出している文脈をまちなかや郊外、農村部で探してみる。特徴的な活動が集積しているエリアとして、大宮駅東口地区での風景、大宮台地突端の浦和の旧中山道沿道や調神社のある住宅地で静かに展開している変容、そして、岩槻の街中の再生の動きを取り上げた。今回は取り上げられなかった他のエリアでも実は静かに街が変容していく新たな文脈が息づいている。

C 現代の市民生活の風景

　特に、公民連携まちづくりの代表例として大宮駅東口エリアを取り上げたい。さいたま市は大宮駅東口では駅前の再開発計画の廃止後に、街の主要位置にある老朽化した公共施設群を粛々と廃止や再編等を進める「大宮駅東口周辺公

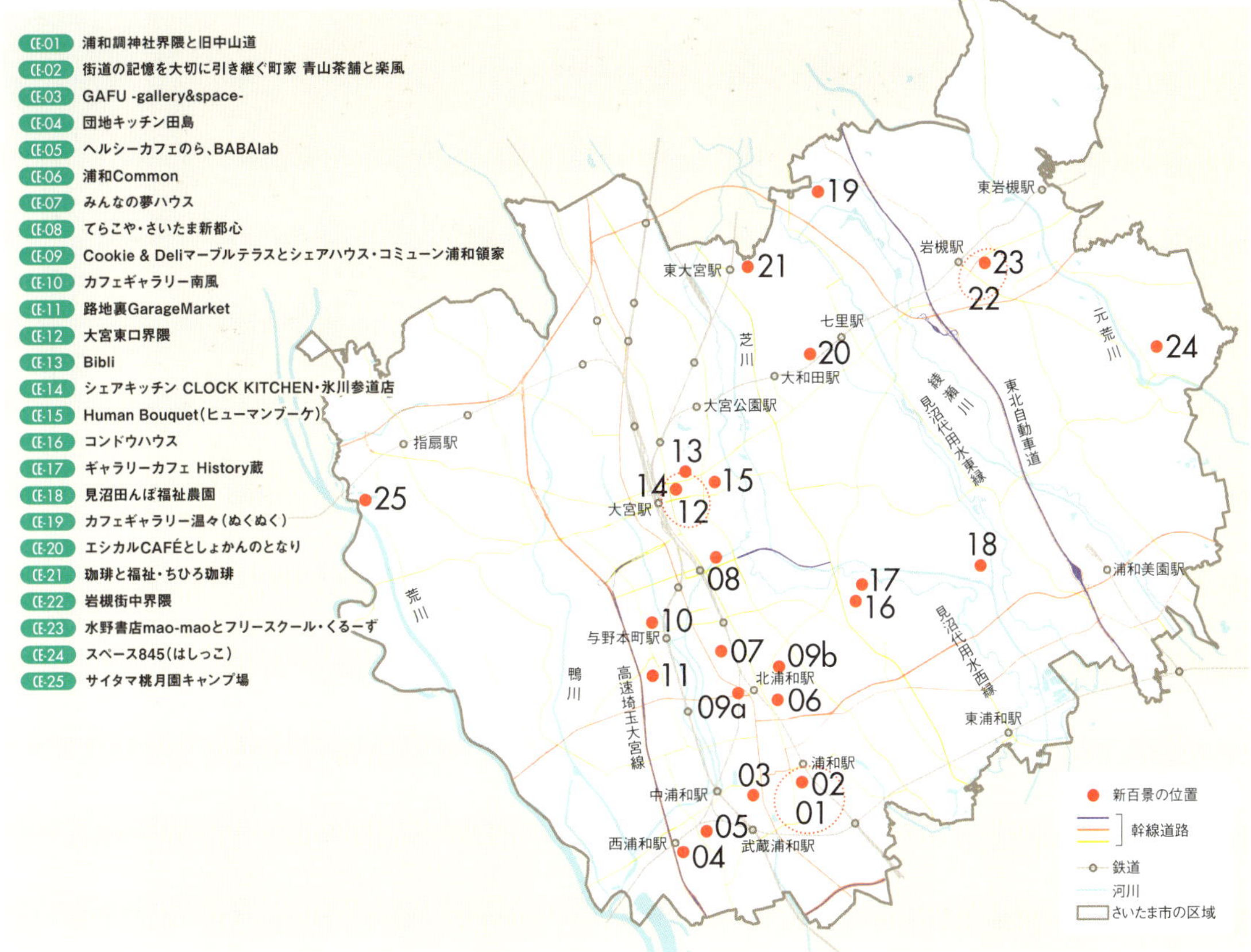

参考資料　公民連携まちづくりの代表例 大宮駅東口エリア

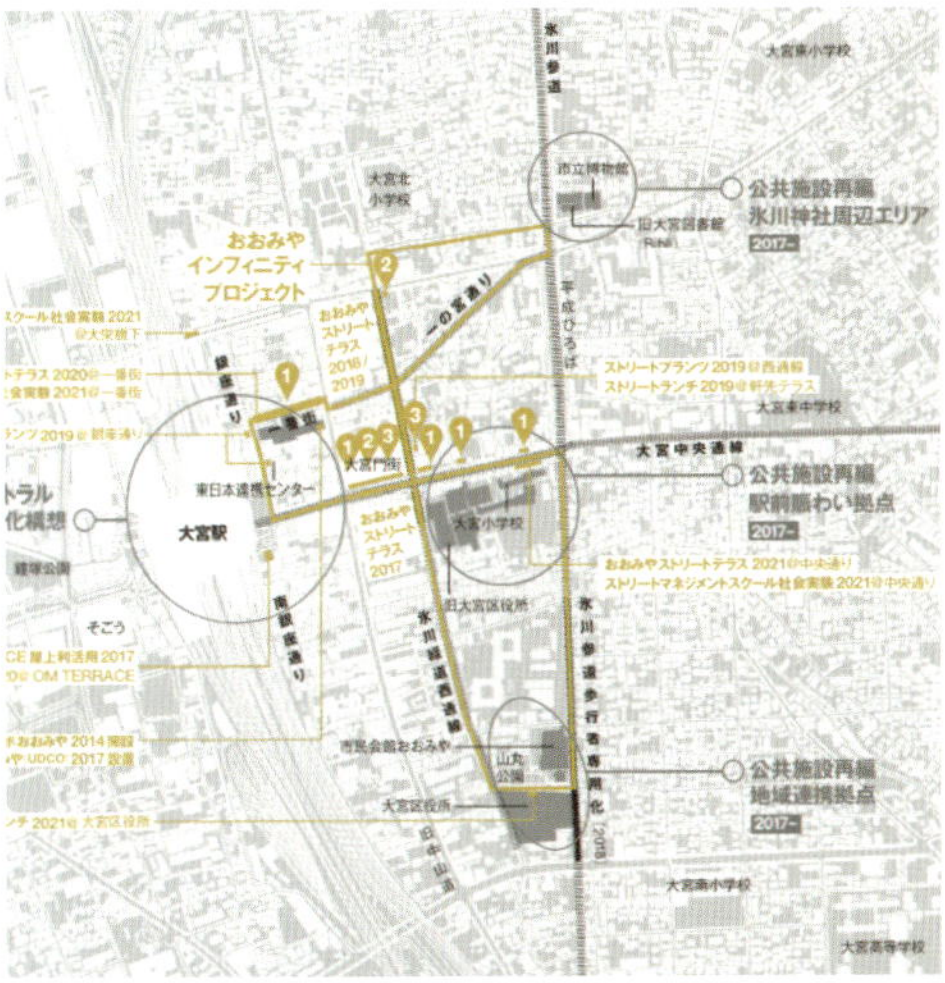

UDCOレポート６号
「大宮プロジェクトマップ」
の一部を掲載

大宮ラクーン
８階にある
まちラボおおみや

共施設再編・公共施設跡地活用全体方針」を二〇一八年8月に発表した。二〇一七年3月に設立した一般社団法人アーバンデザインセンター大宮（UDCO）は都市再生推進法人に指定され、この地域の市民たちが持続してきた街づくりの意思を受け継ぎ、市の再編方針を受けながら、更に街の価値を高めていく社会実験的な取り組みを展開している。変化の激しいストリートに着目して、街角を大切にしている。その活動は大宮駅を中心に広がる街の特性を生かして、非日常的な都市改造の活動をいかに日常的なまちの営みにシンクロさせていくのかを数多くのプロジェクトを通じて実践している。

浦和南東部地区

CE 01

浦和調神社界隈と旧中山道

青山茶舗の裏通りの塀はアートイベントお知らせが一杯

旧調医院と調宮神社

岸町旧交番

大宮台地の先端部に位置する調神社は大きな社叢林をもち、浦和の街のシンボル。隣接の調公園では毎月第4土曜日に浦和宿ふるさと市が開催され、静かな公園が一変する。神社に面する旧調医院は最近リノベにより塀の一部が撤去され、特徴的な煙突が並ぶ表情を街にお披露目している。近くにあるT字交差点にある昭和の旧交番は街の移り変わりを見守っている。台地東の白幡地区にあるS邸も増築や減築を丁寧に繰り返し、昭和初期建築の赤い瓦の三角屋根が街角を彩る。この地域には昭和初期に浦和に移り住み、4世代5世代で住み続ける住まいが健在。

また、南北を貫く旧中山道・浦和宿ではアートはキーワードだ。青山茶舗の楽風、彩光舎、玉蔵院参道入り口の柳澤画廊、酒井甚四郎商店向かいの建物5階にあるONVO SALON URAWAでは身近なアート活動を楽しめる。

浦和区岸町、南区白幡
旧中山道

CE 02

街道の記憶を大切に引き継ぐ町家　青山茶舗と楽風

旧中山道に面した青山茶舗

納屋を改造した楽風

旧中山道に出桁造りの切妻屋根で面している商家の様子が偲べる。奥には庭が広がり、納屋を改装したカフェ・ギャラリーの楽風がある。ベランダで庭を眺めて季節の移り変わりを、2階のギャラリーから覗く庭の風景も楽しい。お店の建具を開け放たれている佇まいが気持ちよく、運良くほうじ茶を炒る時に出会えば、香ばしい香りを味わうことができる。

最近、旧道に面している店舗2階部分の外観をそのままに改装して、貸事務室に変えた。

また、裏通りに沿っている長い塀には市内外で開催されている最新のアート展ポスターなどが塀一面に貼られて、明るい風景をつくっている。

浦和区岸町4丁目
旧中山道／町家／登録有形文化財／リノベーション

■ 浦和南東部地区

CE 03 GAFU -gallery & space-

南区別所3丁目
画家文化

画家の街浦和を支えてきた油絵キャンバスを製作してきた元船岡画布。現在は週末などにギャラリー兼貸しスペースとしてオープン。築70年以上の製作所の1階部分には広いスペースがあり、エクササイズに最適。その天井を見ると、中央部分がたわんでいる。2階はかつてのキャンバスの制作場で、キャンバス地の長い両端を結んで加工をしていたので、たわんだ布に合わせて床もカーブしている。

CE 04 団地キッチン田島

桜区田島6丁目
公的住宅開発／マルシェ
関 風景CA05

西浦和駅にある大規模なUR田島団地入り口の元銀行をリノベして「団地キッチン」田島が二〇二二年にオープン。市は西浦和駅周辺のまちづくりを見直し中で、URは団地再生に取り組み、事業中。URのグループ会社・日本総合住生活株式会社JSが、『食』をテーマに開かれたコミュニティ施設を運営して、美味しいクラフトビールを製造し、料理教室や地元野菜のマルシェなどを開催している。

■ 浦和北部・与野・新都心

CE 05 ヘルシーカフェのら、BABAlab

左 のら、右 BABAlab

南区鹿手袋7丁目
コミュニティスペース／高齢社会

武蔵野線と埼京線・貨物線が三角地帯をつくっている鹿手袋地区の一角に小さいがピリッと光る生活拠点が営まれている。両親の家の庭にアパートを建築し、その1階にヘルシーカフェのらを開設。その後、空き家になった母屋を高齢者たちの活動拠点BABAlabにリノベした。のらでは食を大事に、空き家活用・大家の役割など社会的テーマも随時取り上げて、二〇〇九年からユーモアを隠し味に展開している。

CE 06 浦和 Common

浦和区元町1丁目
コミュニティスペース

北浦和駅東口に広がる住宅地にある住宅をそのまま「昭和レトロなみんなの居場所」にした。充実した個性的な生活への思いを持つ人たちが少人数で気軽に集まれる場所として、二〇二三年4月にオープン。集まりがある時に、家の前にチラシが貼られるだけで、目立たない。また、最近、北浦和の街で居場所活動をしている複数の場所とネットワークをして、街の楽しさを模索し始めている。

CE 07 みんなの夢ハウス

浦和区針ヶ谷4丁目
コミュニティスペース

与野駅近くにある住宅の一部を地域の方々に開いて、多世代のコミュニティサロンにしている。コロナ禍の二〇二一年にオープンし、発起人7人が始めた活動は7つの倶楽部等となった。更に同じ志をもつ団体とのネットワークも広げている。講座では身近な話題を取り上げる等、参加しやすい工夫をし、着実な活動を広げている。このサロンのイベント掲示板のある通りは明るい雰囲気を醸している。

CE 08 てらこや・さいたま新都心

大宮区北袋町1丁目
コミュニティスペース／リノベーション

さいたま新都心近くの閑静な住宅地に建つ昭和の日本家屋を二〇一四年に改装して、子供たちや母親などの集いの場所にしている。女性3人＋αでアイデアを持ち寄りながら始めた。子供たちは畳敷きの座敷で「てらこや文庫」を楽しみ、庭では土いじりの遊びもしてやりたいことを積み重ねてきた。道路際にはリノベしてレストランを営み、通りの景観に配慮している。

■浦和北部・与野・新都心

CE 09

Cookie & Deliマーブルテラスとシェアハウス・コミューン浦和領家

コミューンときわのマーブルテラス

Cookie & Deliマーブルテラスは中庭を囲む55戸の賃貸集合住宅「コミューンときわ」の1階にある。障がい者の作るクッキーなどを販売しながら、まぜごぜをテーマに地域に広がる多様な交流活動をしている。オーナーはコミュニティをつくる賃貸住宅に関心が高く、先駆的な集まりである「大家の学校」活動に参加している。最近、コミューンときわにはコミューン浦和領家という和風住宅をシェアハウスにしている兄弟的な建物ができた。北浦和駅を挟んだ東西にそれぞれがあり、「領家」の庭にある梅を介した双方の入居者たちの緩やかな交流が始まっている。この街で住民たちの輻輳した交流活動の展開が楽しみだ。

コミューン浦和領家

浦和区常盤10丁目、領家5丁目

NPO活動／リノベーション
関連風景CA18

CE 10

カフェギャラリー南風（みなかぜ）

市場町の雰囲気が残る旧与野宿に地域の生活拠点「南風」はある。沖縄文化をテーマにして沖縄料理を味わい、染織・陶器などの工芸品の展示会や沖縄三味線で民謡を楽しむイベントの他に、手作り教室やみんなで歌う集まりや演奏会などのイベントを随時行い、高齢者が楽しく過ごせる場所を運営している。最近では子どもの居場所づくりにも力を入れて、プレイルームを設けているほか、シングルマザー達へフードパントリーをしている。また、企業等の支援も得ながら「地域食堂」の活動もしている。

中央区本町東4丁目

コミュニティスペース／高齢社会

CE 11

路地裏GarageMarket

静かな住宅地の路地にある材木店の倉庫をリノベして、生活を彩る視点からリラクゼーション、占い、手作りの小商いをする人たちが集まる。2階には子供たちがたむろできる大きなソファもある。毎日曜日にはマルシェが開催されて、明るい祝祭の光景が繰り広げられる。運営の中心メンバーは旅商人珈琲焙煎所を経営し、各地にキッチンカーで神出鬼没だが、この場所は原点として大切にしている。

中央区鈴谷7丁目

リノベーション／マルシェ

大宮東口地区

CE 12 大宮東口界隈

門街前の2023ストリートマーケット

大宮銀座通りの歩行者天国

大宮駅東口広場のOMテラス

ラクーン大宮のある建物は一九六九年に地権者たちが建築し、西武百貨店を誘致した。その後百貨店・ロフトの撤退後に大規模修繕（リノベ）を二〇一四年に実施し、吉本新喜劇などを入れた新しいタイプの商業施設ラクーンをつくり、周辺商店街と共存している。8階には大宮の街づくりをリードするアーバンデザインセンターUDCO大宮があり、特徴的なストリートのあり方、人材育成、街づくり資源の掘り起こしなどを展開している。また、古いビルの一部を11年前にリノベしてシェアオフィスを成功させている「コーワーキングスペース7F」は向かいビル6、7階にある。氷川神社に向かう一の宮通り（旧岩槻新道）は古着を扱う店舗や専門学校なども多く、ビルの一画にある「喫茶と私設図書館&本屋・夢中飛行船」や氷川参道ギャラリーもある。アルディージャカラーで統一されたコミュニティ道路をまちづくり協議会が清掃や植栽管理などを行っている。

大宮区大門町、宮町、仲町
アーバンデザインセンター
関風景CB07、CB08、CB09、CB10

CE 13 Bibli

氷川参道脇に立つ角ばったデザインの旧市立図書館をほぼそっくりそのまま使うようリノベーション工事が最小限になされ、所々に昭和の雰囲気を残す。民間事業者が活用の提案をし、市民目線の複合施設として運営している。いろいろなタイプのお店がそれぞれの思いを詰め込んで小商いをしている。最近、アルディージャショップがオープン。休日祝祭日には参道に面する広場でキッチンカーが出店し、まちの賑わいを演出している。

大宮区高鼻町2丁目
公共施設再編／氷川参道／リノベーション

CE 14 シェアキッチン CLOCK KITCHEN 氷川参道店

大宮区大門町3丁目
コミュニティスペース

駅方向から氷川参道に抜ける道路に面した街の酒屋が閉じた。その建物を最小限に手入れをして、小商いに挑戦する人たちが利用するシェア・クロックキッチンが開設された。日替わり、お試し的、期間限定などそれぞれの思いを実現し、これまで街になかった商いを付け加えている。酒屋の雰囲気を残した建物が醸してきた記憶を引き継ぎながら、新しい大宮に挑戦している。

CE 15 Human Bouquet（ヒューマンブーケ）

大宮区堀の内1丁目
リノベーション／コミュニティスペース／NPO活動

閑静な住宅地にあるカフェ「デイ・トークのさか」で以前から共同の居場所として街に開いたシェアスペース活動がなされてきた。更に高齢者の健康を維持していくために、医療福祉の専門家たちのNPO法人がクラウドファンディングを呼び掛けて倉庫を改装し、コミュニティスペース&まちの保健室がオープンし、医療と地域を繋ぐ居場所ができた。子どもから高齢者まで多世代の心身の健康を維持していくための取り組みをしている。

CE 16 コンドウハウス

緑区三室
NPO活動／コミュニティスペース

見沼田んぼに近く、田園風景が楽しめる郊外住宅地に建つ築60年の住宅「近藤さんち」を最小限のリノベで新たな役割「みんなの居場所」に変身。NPO法人新しい住まい方研究所はこれからの地域社会において安心できる住まい方を考えている。ここでは地域を支えていく子ども食堂・シニア食堂など、食を通じて「地域にあったらいいな！」、気軽におしゃべりを創り出す場を実現している。

CE 17 ギャラリーカフェHistory蔵

緑区三室
リノベーション

見沼田んぼ西縁の鬱蒼とした保存林を持つ由緒ある旧家の一画に一五〇年の歴史を伝えるリノベした蔵がある。コンドウハウスの向かいにある大きな長屋門をもつ農家は2棟の蔵を地域の高齢者や同好者の交流の場にしている。現在のギャラリーカフェは蔵を住宅に利用した後の新しい姿だ。8人女性が集まり、それぞれのネットワークを活かして気軽なおしゃべりを楽しむ雰囲気をつくりマイペースに、粋な運営をしている。

CE 18 見沼田んぼ福祉農園

緑区南部領辻
見沼田んぼ／NPO活動／障がい者支援

見沼田んぼのほぼ真ん中で、いろいろな思いをもつ人が出会う場が農園として長年運営されている。障害のある人たち、農業経験のない若者や都会で暮らしている人たちが農家などの指導を受けながら、この地域にふさわしい場づくりを目指して農のある空間で同じ時間を共有する。二〇二三年初冬に古材利用でたまねぎ小屋が完成し、農産物の整理や打ち合わせ場所が新たな出会いの場として整備された。

CE 19 カフェギャラリー温々（ぬくぬく）

見沼区丸ケ崎
綾瀬川／リノベーション

綾瀬川が集落林の後ろを流れる古くからの集落内にあり、細長い農家敷地を活かしている老舗のギャラリーカフェ。約30年前に古民家の骨組みを移築して新たにデザインされた建築を作家目線も持ったギャラリーとして建築。また、食については「ていねい」をコンセプトとしたカフェを運営している。今では様々な世代が立ち寄る場所となり賑わっている。

CE 20 エシカルCAFÉ としょかんのとなり

見沼区堀崎町
障がい者支援／関風景AD14

さいたま市立大宮東図書館棟の1室にカフェ「としょかんのとなり」がある。隣棟には市職員研修所等があり、一体的な洗練された空間を構成。障がい者支援を地域で展開している公益社団法人やどかりの里が運営するカフェがエシカルを掲げて二〇二三年にオープン。この一帯はかつて窪地状の水田で、区役所、武道館、サッカークラブが利用するグラウンドなどが立地し、隣接斜面には保存緑地がある。

CE 21 珈琲と福祉・ちひろ珈琲

見沼区東大宮5丁目
コミュニティスペース

東大宮駅東口近くにある集合住宅の1階部分を珈琲店にしているちひろ珈琲。通りに面してベランダのあるお店は特徴的だ。生きづらさを抱えている人たちが美味しいコーヒーをみんなに飲んでもらえるよう丁寧にコーヒー豆を選別して、美味しい珈琲を提供する。この作業場は街に複数のブランチが広がる。また、この地域にある他の作業所とともにお祭りなどを開催し、街のコミュニティーの場を目指している。

■ 岩槻中心部

CE 22 岩槻街中界隈

久保宿通りのベーグル屋

にぎわい交流館にあるヨロ研カフェ

栄町商店街のChaTora

岩槻の歴史ある街中で新たな息吹が盛り上がっている。市役所がリノベーションスクールを開催した成果で意欲的な若い世代の活動も出てきた。小さな商店街にある元化粧品店をオーナーの理解により若者たちがリノベしてChaToraがスタートし、岩槻家守舎の活動に発展中、新たな街の表情が生まれている。旧区役所跡地にできた岩槻人形博物館とにぎわい交流館いわつき。交流館では注目のヨーロッパ野菜などを料理するヨロ研カフェが営業中。また、岩槻駅東口では定期的にマルシェが開催するなど、新たな変化と伝統的なまちを重ねている街歩きを愉しめる。

岩槻区本町
リノベーションスクール

CE 23 水野書店mao-maoとフリースクール・くるーず

久保宿通りに面する一五〇年の老舗書店。店内に新たにカフェコーナー mao-maoを設け、アート作品や食事が楽しめる。時折、地域を再発見するなどの集まりも開催。裏にある古い倉庫をリノベして、NPO法人たねの会が運営する小学生から中学生を対象にしたフリースクール「くるーず」が二〇二三年9月に開設した。大きな屋根を支える木組みの下で、子供たちが元気に過ごせる場をつくった。大家さんの水野書店と一緒に街に向けた楽しむイベントを行っている。

岩槻区本町4丁目
リノベーション／NPO活動

■ さいたま市周辺地区

CE 24 スペース845(はしっこ)

岩槻の南に広がる水田地帯にある元工務店事務所をリノベして、アートの発信拠点に変身。建物は南からの光を受け入れる片流れ屋根が3層に重なり、アーティスト達が泊まり込みながら創作活動をしたり、アート好きの人たちが気分を開放して、ゆったりとした時を楽しめる。岩槻の街中との連携により、新たな盛り上がりを実行中。近くに作業場もあり、じっくりと制作活動ができる。

岩槻区大口
元荒川低地／リノベーション／アートプロジェクト

CE 25 サイタマ桃月園キャンプ場

荒川堤外にある広い農家敷地を利用しているキャンプ場。国道16号線・JR川越線の南側にある。二〇一九年の台風19号で大きな被害を受けたが、再整備して、楽しい屋外空間をつくっている。屋敷部分は水塚になっており周囲よりも高い地盤だ。宿泊施設も整い、テントを張ったり焚火をして、満点の空を楽しめる。指扇駅から徒歩で来るリピーター達も多いという。

西区西遊馬
荒川堤外地／水塚／台風19号被害

地　名		該当するカタログ風景ナンバー
浦和区	大原	AB12
	木崎	AH02、BB26
	岸町	AD04、AH29、BC26、BC27、BC33、BG12、BG13、CA01、CE01、CE02
	北浦和	CB04
	神明	AH29
	高砂	BC28、BC29、BG15、BG17、BG18、CA01、CA02、CA24、CA25、CB06
	常盤	AD03、BC29、BC35、BC36、BE10、BG17、BG19、CA01、CA02、CA18、CA24、CC02、CD06、CE09
	仲町	BC30、BC31、BC34、BG18、CA01、CA02、CA24、CB02、CB06
	針ヶ谷	CE07
	東高砂町	CB05、CB11、CC05
	前地	AD01、AG05
	元町	AD02、CE09
	本太	AD01、BD13
	領家	AD02、BG13、CE09
南　区	円正寺	AD09
	大谷口	AA13、AH14、CA13
	大谷場	AG09
	鹿手袋	CE05
	白幡	AA10、AD05、AH09、BG13、CA25、CE01
	関	AD06、BA11
	太田窪	AG09、AH25
	堤外	AB05、CD17
	沼影	BC32、CA25
	根岸	AA10、AH24、AH29
	文蔵	AA10
	別所	AD07、BG16、CA02、CA11、CB16、CC16、CC17、CC19、CD15、CE03
	南浦和	AH13
緑　区	大崎	AF14、AG01、AH07
	大牧	AA14、AA15、BB27
	大間木	AB11、BD02、BD04、BD12、BD20、CA08、CC09
	大谷口	BD15、BD21
	上野田	AF06、CC18
	芝原	AE20、CA08
	下野田	CA21
	下山口新田	AA14、AA15、AB11、BD08、BD18
	太田窪	AD01、AH27
	代山	BG13
	中尾	AE20、AF20
	南部領辻	AA18、AA19、AB10、AC04、AC16、AF01、AF17、BF05、CE18
	馬場	BA04
	東浦和	AA13、AD08、BB04、CA08、CA13
	東大門	AH22
	松木	CA08
	間宮	AG13
	美園	AA20、AA21、AA22、AA23、AA25、CC07、CD07、CD19
	見沼	AA17、AE26、CB17、CD18
	三室	AF09、AH16、AH20、BA04、BB01、BD01、CA20、CA22、CE16、CE17
	宮本	AH05、AH12、AH20、AH28、BF11
	緑区全域	CC08

地　名		該当するカタログ風景ナンバー
岩槻区	上野	AE23
	浮谷	AF04
	大口	CE24
	太田	BE07、BG21、BG22、BG26、CA04、CB19
	大戸	AC02、CC10
	大野島	AB07、AE12、BB31
	尾ヶ崎	AH10
	尾ヶ崎新田	AA24
	釣上	AE13、BF13
	加倉	AA27、AB08、AF15、BE06、CC13
	掛	AB07
	柏崎	BB32
	黒谷	AE19
	古ヶ場	BD05
	笹久保	BF12
	笹久保新田	BB30
	慈恩寺	AC18、BF03
	城南	BA05
	末田	AB06、BE05
	徳力	AA26
	仲町	AD16
	新方須賀	AB06、BE05
	東岩槻	AA26
	府内	BF09
	平林寺	AC01
	本町	BC01、BC02、BC03、BC04、BC05、BC06、BC07、BC08、BG20、BG23、BG24、BG25、BG27、CA04、CB14、CC04、CC14、CE22、CE23
	本丸	BE07
	馬込	AF18、BB25
	増長	BD19
	美園東	AA20、AA22
	南平野	BE07
	宮町	AF16、AF19、BF14
	村国	AC02、AC13
さいたま市外		
朝霞市	上内間木	AA02
上尾市	戸崎	AG02
川口市	芝	AA12、AH25
志木市	下宗岡	AB03、BE02
	宗岡	AB01

風景所在地検索表

地　名		該当するカタログ風景ナンバー
西　区	飯田新田	AA28、CC11
	植田谷本	BB15
	指扇	BA03、CA26、CC03
	指扇領辻	BB06
	佐知川	AA06、BA08
	島根	BB09
	昭和	AE09
	清河寺	AE14、AF03
	土屋	BD11、CA26
	中釘	AE15、BB10、BB23、BF06、BF15、CC03
	西遊馬	AB04、AE08、BB11、BB12、BB28、CD09、CD14、CE25
	西新井	AF08、AG02、BB13
	西大宮	BA01、CA19
	プラザ	CA07
	宝来	AA29、AF10、BB14
	三橋	AA05、AC09、AG12、BB05
	水判土	AC15、AD17、AH08
	宮前	AF03
	荒川堤外地	BE01、BE03
北　区	植竹町	AD13
	土呂町	AE24、AH17、BG02
	奈良町	AH15、BB19
	日進町	AD18、AH23、BF01
	本郷町	BD16
	盆栽町	BG01、BG03、BG04、CA03、CA14
	見沼	AE11、AE25、AE27
	宮原町	AD18、CA16、CB18
大宮区	天沼町	AC14
	大成町	BG07
	吉敷町	BB21、BC10、CB03、CB12、CB15、CC15、CD20
	北袋町	AB12、AB13、AD10、BB22、BE09、CD10、CE08
	桜木町	AA07、BC14、CC01、CC06
	下町	CC13
	寿能町	AD12、BB16、CA06
	浅間町	BF08、CA17、CB15
	大門町	BC11、BC13、CB07、CB08、CB09、CB10、CC01、CC13、CE12、CE14
	高鼻町	AC07、AG03、AG08、BA06、BC15、BG05、BG06、BG10、BG11、CD02、CD05、CD16、CE13
	仲町	BC12、CB10、CE12
	錦町	BC09、BG08、BG09、CB01
	堀の内町	AD12、CE15
	三橋	BA07、BA09
	宮町	AE30、CB08、CB09、CC01、CE12

地　名		該当するカタログ風景ナンバー
見沼区	大谷	AA28、AD15、AE22、AG06、AG10、AH04、BB02、BD14、CD12
	大和田町	AE21、AH11、AH18、AH19、AH21、CD08
	加田屋	AE03、AE04、AE06、AE10、AE17、AH01、CC12
	加田屋新田	AD15、AG10
	片柳	AF07、AH06、BB03、BB18、BD03、BD07
	上山口新田	AC10、AE05、AF11
	染谷	AF13、AG11
	中川	BA02、BF16、CA23
	新堤	BD06
	西山新田	AA16、AE07
	蓮沼	AE18、AE22、BB07、BD17
	春野	AC11、AF12、CA10
	東新井	AG04
	東大宮	AB09、BF10、CE21
	東宮下	AC17
	東門前	CA15
	膝子	AA28、AE29、BB17、BB20、BD10
	深作	BF07
	堀崎町	AD14、AE31、AG06、AG07、CD11、CE20
	丸ヶ崎	AF12、CE19
	御蔵	AF02、BB08
	見山	AC06、AE01、AE02、AE16
	見沼区全域	CC08
中央区	上峰	BG30、BG33
	円阿弥	BG29、BG36
	大戸	AD03、AH03、BC25
	上落合	BG32、CA09
	下落合	BG28、BG32、CA25
	新都心	AD11、BG35、CB03、CD03、CD04
	新中里	AB14
	鈴谷	AA08、AA09、AC03、BF02、BG29、BG30、BG33、CA12、CE11
	八王子	BB29
	本町西	BB24、BC16、BC17、BC20、BC22、BC23、BC24、BG29、BG30、BG31
	本町東	BC16、BC18、BC19、BC21、BF18、BG29、BG30、BG31、BG34、CE10
桜　区	五関	BE04
	新開	AA11、AC12、CD13
	下大久保	AA01、AA03、AA04、BE02、BG14
	宿	AB02
	昭和	AE09
	関	AC08
	田島	AA02、AD06、BF04、BF17、CA05、CE04
	塚本	AC05、AF05、BA10
	道場	AA01、AA03、AA04、AA11、CB13、CD07、CD13
	西堀	AH26、BD09
	荒川堤外地	BE01

No.	キーワード	該当するカタログ風景ナンバー

■ **緑地や公園、農業に関するキーワード**

1	斜面林	AE01、AH01、AH02、AH03、AH11、AH13、AH14、AH15、AH18、AH19、AH20
2	保全緑地	AF08、AF15、AF19、AH11、BD14、BD21
3	緑のトラスト保全地	AB10、AF17、AF18
4	社叢林	AF16、AF20、AH05、AH09
5	屋敷林	AF09、AF10
6	大宮公園	AC07、AD12、AG03、AG08、BC15、BG10、BG11、CD02、CD05、CD16
7	別所沼公園	BG16、CB16、CC16、CD15
8	秋ヶ瀬公園・桜草公園	AA01、AA03、CD13
9	埼玉スタジアム公園	CD01、CD07
10	岩槻城址公園	BG21、BG22、BG26、CB19
11	墓地公園	AD15、AG10
12	農林公苑	AG02
13	その他の公園／都市緑地	AA08、AA12、AA13、AC15、AC17、AC18、AD18、AG01、AG09、AH12、AH13、AH14、AH15、BB24、BB26、BB29、BC36、BG19、CB17、CC06、CC15、CC17、CD09、CD11
14	市街地内緑道／遊歩道	AC16、AD02、AD03、AD04、AD05、AD06、AD07、AD08、AD09、AD10、AD13、AD14、AD16、AD18、CC19
15	氷川参道	BB21、CA17、CB15、CE13
16	桜並木	AC16、AD07、AD15、AE10、AH18、BG31、CD10
17	ビオトープ	AA05、AA14、AB10、AC04、AC06、AC09、AC10、AC12、AC15、AC17、AD17
18	生産緑地	AE18、AE20、AE21、AE22、AE23、AE24、CA26
19	貸し農園／市民農園	AE25、AE26、AE27
20	観光農園	AE11
21	果樹農園	AE16、AE18
22	茶畑	AE14
23	植木畑	AF14
24	養蜂園	AE17
25	特産品	AE12、AE13、AE15、AE19、AE29

■ **まちの歴史、生い立ちに関するキーワード**

1	旧石器時代	BA01、BA02
2	縄文時代	BA03、BA04、BA05、BA06
3	環状盛土遺構	BA04、BA05、BA06
4	古墳時代	BA07、BA08、BA09、BA10、BA11
5	群集墳	BA07
6	江戸期	AF06、AF07、AF20、AH26、BC22、BD02、BD04、BD05、BD18、BF14
7	明治期	BC01、BC17、BC18、BC19、BC20、BC21、BC24、BC30、BC36
8	大正期	BC02、BC12、BC15、BC32、BE08
9	関東大震災	BG01、CA02
10	昭和前期	BC03、BC04、BC13、BC14、BE01、BE08、BG24、BG25、CA01
11	高度成長期	AB01、AB02、AG04、AG06、AH18、AH21、BG32、CA05、CA07、CA09、CA13
12	岩槻城・城下町	AD16、AF16、AF19、BC06、BC07、BF14、BG26、BG27、CA04、CB19
13	大構	AD16
14	市場町	BC16、BG31
15	宿場町	BB22、BC34、BC35、BD20、CA24、CB08
16	六斎市	BC08、BC35
17	旧中仙道	AB13、BB22、BC26、BC27、BC34、BC35、BE09、CA24、CE01、CE02
18	御成道	AB08、AH22、BB17、BB20、BC02、BC03、BC08、BE06、CC04
19	本町通り	BC16、BC17、BC18、BC19、BC20、BC21、BC22、BC23、BC24、BG30、BG31
20	鎌倉街道	AH15、BB19
21	その他の旧街道	BB01、BB02、BB03、BB05、BB06、BB07、BB09、BB10、BB13、BB14、BB16、BB19、BB23、BB25、BB26、BB29、BC11、BC12、BD02、BD04、BE02
22	路地	CB02、CB06、CB08、CB10
23	歴史的景観再現	AB11、CC04、CC09、CC10、CC11

キーワード検索表

No.	キーワード	該当するカタログ風景ナンバー
	■ 河川、地形に関するキーワード	
1	荒川	AA01、AA02、AA04、AB01、AB02、AB03、AB04、AB05、BE01、BE02、BE03、CD17
2	荒川堤外地	AA03、AC05、AC08、AE08、AE09、AF05、BB12、CD09、CD13、CE25
3	荒川堤防	BB14、BE01、CD09、CD14
4	荒川低地	AC12、AF10、CA26、CB13
5	旧入間川	AA06、AD06、BA03、BA07、CA07
6	滝沼川	AA29、BA01、CC03
7	鴨川/旧鴨川	AA02、AA04、AA05、AC09、AC15、AD17、AH08、BB15、BE04
8	鴻沼川	AA07、AA08、AA09
9	高沼用水	AB12、AB13、AB14、AC03、AD10、AD11、AH03、BB22、BE09
10	藤右衛門川	AA12、AD01、AD02、AG09
11	芝川	AA14、AA15、AA16、AA17、AA18、AA19、AB09、AC14、BB16、CD08
12	加田屋川	AA18、AA28、AD14、AG06、AG07、CD11、CD12
13	綾瀬川/綾瀬川低地	AA20、AA21、AA22、AA23、AA24、AA25、AB08、AC17、AE13、BA05、BB30、BE06、CA10、CC07、CD01、CD19、CE19
14	元荒川/元荒川低地	AB06、AB07、AC01、AC02、AC13、AE12、AF19、BB31、BE05、BE07、CC10、CE24
15	その他の小河川	AA06、AA11、AA26、AA28、AC11、AC18、AD18、AF03、AF12、AG02、AG04、BB10、BB13、CA10、CA26、CC11
16	見沼代用水	AB09、AB10、AB11、AB12、AC16、AF17、AH02、BD02、CC09
17	見沼田んぼ	AA14、AA15、AA16、AA17、AA18、AA19、AC04、AC06、AC10、AE01、AE02、AE03、AE04、AE05、AE06、AE07、AE10、AE11、AE16、AE17、AE25、AE26、AE27、AF11、AH01、AH04、AH05、AH06、AH07、AH16、AH17、AH18、AH19、BB16、BF11、CB17、CC12、CD08、CD10、CD12、CD18、CE18
18	見沼の谷戸	AC07、AD12、AD13、AD15、AF02、AG01、AG03、AG04、AG06、AG07、AG08、AG10、AG11、CD02
19	谷戸	AA13、AA27、AD01、AD02、AD03、AD04、AD05、AD08、AE15、AF01、AF03、AG02、AG05、AG09、AG12、AG13、CA13、CB16、CD15
20	安行支台東端	AA22、AH22
21	大宮台地南端	AH09、AH13、AH14、AH24、AH25、AH29
22	大宮台地西端	AH26、BD10、CA11
23	岩槻支台南端	AH10
	■ 治水や利水に関するキーワード	
1	河川調節池	AA01、AA05、AA12、AA14、AA15、AA23、AA24、AA25、AA28、AB05、AC09、AC17、AC18、AE08、AG09、CD08、CD12、CD13、CD17、CD19
2	多目的調節地/多目的遊水池	AA08、AA13、AC11、AF12、CA10、CC03
3	地下貯留施設	AA07、AA10
4	水門	AA02、BE04
5	排水機場	AA04、AA29
6	農業用水堰	AB06、AB08、BE05、BE06
7	内水氾濫	AA10、AA11、AA26、AA27、AD01
8	遊水機能	AA16、AA17、AA18、AA19、AE23、CA26
9	雨水流出抑制事業	AA09
10	河川改修	AA06、BE01、BE03
11	激特対策事業	AA08
12	台風19号水害	AA11、AA16、AA17、AA18、AA19、AA26、AA27、CE25
13	土屋古堤	BB09、BB11
14	渡し場	BB11、BB12、BE02、CC11
15	舟運	AB03、AB11、AC13、BD02、CC09、CC10
16	水争い	AA29、AB06、BE05
17	合口二期事業	AB04、AB10、AB12
18	掛樋・伏越	AB09

No.	キーワード	該当するカタログ風景ナンバー
■	**風景を支える制度に関するキーワード**	
1	天然記念物	AA01、AA03、AC08、AF02、AF16、AH05、AH10、BF02
2	国指定遺跡／県指定遺跡	BA03、BA04、BA05
3	国指定史跡	AB11、BD02、CC09
4	国重要無形文化財	BF12、BF13
5	登録有形文化財	BC01、BC02、BC03、BC25、BC26、BC32、BD05、BD08、BD09、CE02
6	市有形文化財	AF06、AF20、AH07、BA02、BD03、BD04、BD11、BD20
7	市無形民俗文化財	BF01、BF04、BF05、BF06、BF07、BF10、BF11、BF18
8	土木遺産	BE01、BE04、BE07、BE09
9	風致地区	CA03、CA06、CA14、CA17
10	地区計画／建築協定／景観協定／緑化協定	CA03、CA08、CA19、CA20
11	市景観賞／県景観賞	AD18、CA16、CA17、CA23、CB18
■	**風景をつくり出している人々の活動に関するキーワード**	
1	市民活動／コミュニティ活動	AA14、AC03、AC07、AC10、AC12、AC13、AC14、AC15、AE31、AH02、AH11、AH15、CA12、CA18、CB11、CC01、CC02、CC03、CC05、CC06
2	NPO活動	AC04、AC06、AE01、AE02、AE03、AE04、AE05、AE06、AE07、CD07、CE09、CE15、CE16、CE18、CE23
3	アーバンデザインセンター	CA21、CC07、CD19、CE12
4	アートプロジェクト	BG34、BG35、CC01、CC13、CC14、CC15、CC16、CC17、CC18、CC19、CE24
5	リノベーション／リノベーションスクール	BC25、BC26、CE02、CE08、CE11、CE13、CE15、CE16、CE17、CE19、CE22、CE24
6	コミュニティスペース	CE05、CE06、CE07、CE08、CE10、CE14、CE15、CE16、CE21
7	マルシェ	AE30、AE31、CB14、CE04、CE11
8	オープンガーデン	CC08
9	道路空間活用／公共空間活用	CB09、CC02、CC05、CC06
10	Jリーグ	AG08、CB05、CD01、CD02、CD06
11	地域スポーツ	CD07、CD08、CD09
12	新スポーツ	CD17、CD18、CD19、CD20
13	国際スポーツタウン構想	CD03、CD04
14	高齢社会	AH19、CA06、CA07、CD11、CD12、CD16、CE05、CE10
15	少子化	BF03、BF12、BF13
16	障がい者支援	CE18、CE20
■	**人物に関するキーワード**	
1	井沢弥惣兵衛	AA18、AB11、AB12、AB13、AB14
2	治水翁・斎藤祐美	AA28、BE03
3	本多静六	AA14、AG03
4	アプタン女史	BG05
5	白井助七	BG08
6	正岡子規	BG11
7	立原道造	BG16
8	児玉南柯	BG27
9	鈴木荘丹	BG28
10	西澤曠野	BG29
11	稲垣田龍	BG29
12	正野友三郎	BG29
13	高田誠	BG17
14	前川國男	BG06、BG15
15	黒川紀章	BG19
16	香山壽夫	BG33
17	蜷川幸雄	BG33
■	**その他、眺望等に関するキーワード**	
1	山並み遠望	AH19、AH22、AH23、AH26、CB18、CD14
2	新都心遠望	AA19、AE05、AF11、AH07、CA23
3	坂道	AH23、AH24、AH25、AH27、AH28、AH29
4	ランドマーク	AH16、AH17
5	八景・十景	AH26、BG28、
6	河川景観	AC02、AC13、CC07
7	水田景観	AA04、AC05、AE01、AE03、AE05、AE06、AE08、AE09、AF05
8	田園景観	AB07、AC01、AE04、AF01、AF04、AF07、AF08、AF09、AF11、CC12、CC18

キーワード検索表（続き）

No.	キーワード	該当するカタログ風景ナンバー
■ 民俗、文化、伝統的建造物に関するキーワード		
1	庚申信仰	BB01、BB02、BB03、BB04、BB05、BB06
2	富士信仰	BB04、BB23、BB24、BB25、BB26、BB27、BB28、BB29、BB30、BB31、BB32、BF08、BF09
3	獅子舞／ささら獅子舞	BF04、BF05、BF06、BF07
4	火渡り神事	BF16、BF17、BF18
5	供養塔	BB13、BB14、BB15、BB16、BB19
6	筆塚	BB17、BB18
7	道標	BB01、BB07、BB19、BB20、BB21
8	石碑	AH26、BC29、BC33、BC34、BC35
9	台地端の寺社	AH04、AH05、AH06、AH07、AH08、AH09、AH10
10	長屋門	AE21、AF06、AF07、AF10、BD11、BD12、BD13、BD14、BD15、BD16、BD17、BD19
11	茅葺屋根	AF06、BD03、BD04、BD18、BD21
12	蔵造り住宅	BC01、BC17、BC18、BC19、BC20、BC21、BC22、BC23、BC24
13	町家	BC11、BC26、BC27、BC28、CE02
14	酒蔵	BC05、BD09、BD10
15	石蔵	BD06、BD07、BD08
16	煉瓦造	AB13、BC09、BC36、BE04、BE09
17	水塚	CE25
18	和洋折衷住宅	CA02
19	擬洋風建築	BC15
20	医院建築	BC12
21	教会建築	BC14、BC30
22	移築復元／解体復元	BC31、BD01、BD03、BD08、BD18、BD20
23	解体	BC23、BE10
24	江戸文化	BB18、BG28、BG29
25	人形文化	BC04、BG20、BG21、BG22、BG23、BG24、BG25
26	盆栽文化	BG01、BG02、BG03
27	教育文化／文教都市	BC29、BD01、BG12、BG13、BG14、BG36
28	画家文化	BG17、BG18、BG19、CE03
29	漫画文化	BG04

■ 都市整備、都市の建築物、施設に関するキーワード		
1	区画整理事業	AD09、AE22、AH12、AH17、AH28、BA01、BB08、CA08、CA19、CA20、CA21、CA25
2	耕地整理事業	BC33、CA01
3	再開発事業	CB07、CB11
4	新都心開発	AD10、AD11、BC10、BG35、CB03、CD03、CD04
5	副都心開発	AA20、AA21、AA23、AA24、AA25、CA16、CB18、CD19
6	公的住宅開発	AC11、AF12、AG04、AG06、CA05、CA06、CA10、CA11、CA13、CE04
7	民間マンション開発	AA21、AG05、CA12
8	タワーマンション	AH24、AH27、CA09、CA25
9	民間宅地開発	CA07、CA19、CA20、CA21、CA22、CA23
10	中低層集合住宅	CA14、CA15。CA16、CA17、CA18
11	斜面住宅	AH20、AH21
12	ミニ開発	CA26
13	工場跡地開発	BG33、CA12
14	ごみ処分場再生	AA28、AG02、AG13
15	公共施設再編	CB07、CB12、CC13、CE13
16	道路拡幅	BC08、BC13
17	鉄道／鉄道駅	BC09、BE08、BG07、BG08、BG09、CB01、CB03、CB04、CB05
18	水供給	AB01、AB02、AB04、AB05、AB07、AB12、BE10
19	火葬場	AG11
20	区役所整備	AD14、AE31、AG07、CB12、CB13
21	幼児施設	AF13、BC30、BG05
22	太陽光発電	AG12、AG13
23	スマートエネルギー特区	CA21

参考文献リスト

※第2章風景カタログの作成に当たって参考とした、主な参考文献を以下に掲げる。

分　類	書　名	著者・編者名／発行者	発行年
さいたま市の地形、自然に関する資料	1：50,000地盤高図	国土地理院	1991年
	1：25,000土地条件図　大宮	国土地理院	
	さいたま市洪水ハザードマップ	さいたま市総務局	
	さいたま市内水ハザードマップ	さいたま市総務局	
	地図で見るさいたま市の変遷	財団法人日本地図センター	2003年1月
	さいたま市史　自然編	さいたま市アーカイブスセンター	2019年3月
	見沼たんぼ地域　景観・未来へのビジョン	見沼たんぼ地域景観形成ビジョン研究会	2017年11月
さいたま市の歴史、民俗、文化に関する資料	さいたまの縄文時代	さいたま市博物館	2006年3月
	さいたま市の古墳	さいたま市立博物館	2008年10月
	さいたま市の貝塚	さいたま市立博物館	2014年3月
	さいたま市の歴史と文化を知る本	青木義脩／さきたま出版会	2014年6月
	大宮氷川神社と氷川女體神社	野尻　靖／さきたま出版会	2020年4月
	さいたま市史　民俗編Ⅰ～社寺の信仰～	さいたま市アーカイブスセンター	2022年3月
	市内遺跡発掘調査発表会発表要旨	さいたま市遺跡調査会／さいたま市教育委員会	2022年9月
	写真アルバム　さいたま市の昭和	株式会社いき出版	2013年11月
	写真アルバム　さいたま市の100年	株式会社いき出版	2021年12月
さいたま市の都市施設、活動に関する資料	さいたま市の土地区画整理事業～施行中地区の事業概要～	さいたま市都市開発部区画整理課	2002年版
	さいたま市都市計画図	さいたま市都市計画課	
	さいたま市公園ガイドマップ	さいたま市都市公園課	2011年4月
	さいたま市河川図	さいたま市河川整備課	2011年4月
	荒川流域を知るⅠ、Ⅱ	NPO法人水のフォルム／関東図書株式会社	2009、2022年
	埼玉県の近代化遺産：近代化遺産総合調査報告書	埼玉県立博物館編／埼玉県教育委員会	1963年3月
	日本の近代化遺産ー新しい文化財と地域の活性化ー	伊東孝／岩波書店	2000年10月
	さいたまトリエンナーレ2016公式カタログ	さいたまトリエンナーレ実行委員会	2016年12月
	さいたま国際芸術祭2020公式カタログ	さいたま国際芸術祭実行委員会	2020年12月
	さいたま国際芸術祭2023公式カタログ	さいたま国際芸術祭実行委員会	2024年2月
	うらわ美術館開館22周年　芸術家たちの住むところ	うらわ美術館図録	2022年4～8月
旧浦和市地域に関する資料	ふるさとの思い出 写真集　明治、大正、昭和　浦和	青木義脩／国書刊行会	1979年12月
	わがまち浦和　地域別案内（改定版）	浦和市総務部行政資料室	1992年3月
	図説　浦和のあゆみ	浦和市総務部行政資料室編／ぎょうせい	1993年
	見沼　その歴史と文化（改訂版）	浦和市立郷土博物館編／さきたま出版会	2000年
	ウォーク・イン・中山道浦和宿	さいたま市立浦和博物館／さいたま市立博物館	2004年3月
	さいたま市緑区お宝100選ガイドブック	緑区役所コミュニティ課	2014年3月
旧大宮市地域に関する資料	大宮のむかしといま	大宮市	1980年11月
	Guide book　大宮をあるく　Ⅰ～Ⅷ	大宮市教育委員会	1988～1995年
	写真でみる大宮の昔と今	大宮市立博物館／大宮市	1990年11月
	西区文化財ガイドブック	西区区民会議歴史文化部会／西区コミュニティ課	2012年3月
	大宮の郷土史（会誌）	大宮郷土史研究会	毎年発行
旧与野市地域に関する資料	与野の歴史	与野市総務部市史編さん室／与野市	1988年10月
	与野市史通史編　下巻	与野市総務部市史編さん室／与野市	1988年11月
	与野の歴史散歩	与野市教育委員会市史編さん室／与野市	1995年12月
	蔵造り住宅の系譜	与野市教育委員会生涯学習課／与野市教育委員会	2000年3月
	武州与野町物語	福田英夫	2005年7月
旧岩槻市地域に関する資料	岩槻市文化財案内マップ	岩槻市教育委員会	2003年6月
	岩槻城と城下町	岩槻市教育委員会／さいたま市立博物館	2005年3月
	岩槻大百科	岩槻の歴史を学ぶ会	2012年8月
	いわつき散策マップ	岩槻区役所観光経済室	2014年3月
	来て見て魅せる　城下町いわつき	岩槻区役所コミュニティ課	2020年3月

第Ⅲ章

さいたま百景その後

第1節　『市民が選んだ さいたま百景』とは

選定の狙いと経緯

さいたま百景選定市民委員会では、二〇一〇年十一月に『市民が選んだ さいたま百景』を発行した。その狙いは、次の四つだ。

- **4市合併でできたさいたま市において、旧4市の市民が互いに旧4市地域の特徴的な景観を知ることによって、さいたま市としての一体感を醸成すること**
- **市民がさいたま市の景観の特徴を発見して共有すること**
- **景観を通じて、まちづくりへの関心を高めること**
- **そして、まちづくりへの市民参加を活性化すること**

ひとことで言えば、「さいたま市の〝今〟―二十一世紀初頭のさいたま市のまちの姿―を表している風景」を紹介して、景観や環境、そしてまちづくりへの関心を高めることにあった。選定に当たっては、二〇〇七年六月から約一年半にわたって市民からの公募を行い、またそれと並行して、百景メンバーによる「風景探索イベント」を行って、さいたま市各地域から興味深い風景を発見することができた。二〇〇八年十一月に応募を終了。その結果計四五六点の風景（重複を含む）が寄せられた。ただし、百の風景の選定は応募の数によるのではなく、一定の評価軸に基づき、10のカテゴリーに分けて委員会で選定した。なお、選定はあくまで応募された風景の中から行ったので、それ以外に同様な風景、あるいはもっとよいものがあるかも知れない。従って選ばれた「百景」は、さいたま市の中でのそれぞれの典型的風景の代表例である。

募集から選定のプロセスは左の図、および選定の考え方は下の図のとおりである。

百景の募集から決定の手順

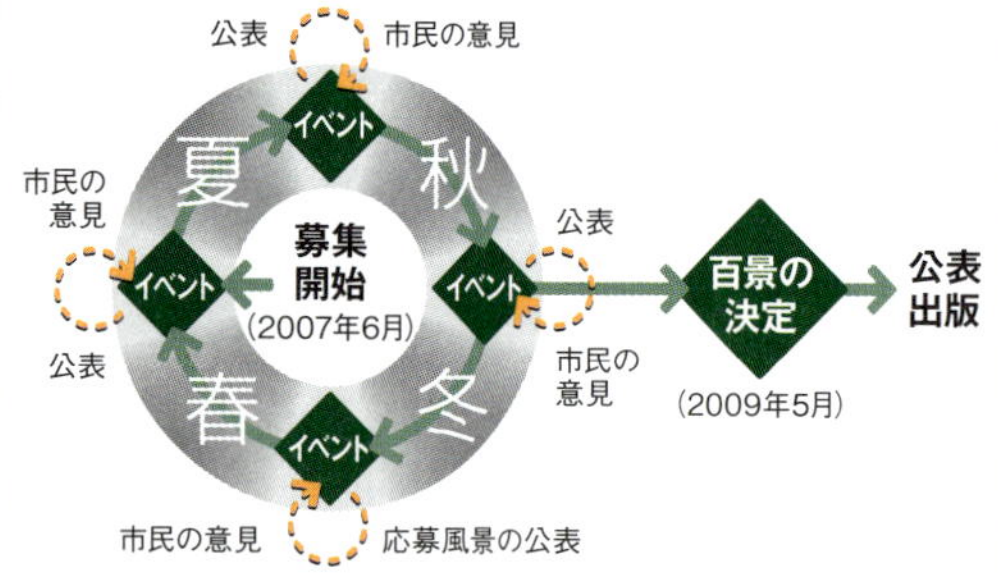

選定のフロー図

さいたま百景応募風景 456点 ▶ 地相、景物、活動による分類 ▶

元々の地形や自然を表す風景	80点
川のある風景	37点
昔からの風土、生活を伝える風景	41点
四季を表す風景	44点
歴史や物語を伝える風景	36点
祝祭、イベントの風景	48点
ランドマークの見える風景	46点
道の風景	45点
現代都市の営みの風景	44点
パノラマの風景	28点
（その他：7点）	

▶ 〈6評価軸に基づく評価〉

A代表性
「ああ、これはさいたま市の風景だなあ」と、多くの市民が見て分かること

B時代性
今（21世紀初頭）のさいたま市の時代状況を捉えていること

C状況性
その季節、その時刻、その状況だけにしか見られない珍しい風景であること

D意外性
「こんな風景がさいたま市にあったのか」と思うような驚きや発見があること

E参加性
その風景が、市民の活動によって保全、維持管理され、あるいは作り出されていること

F背景性
さまざまな要素の組み合わせによって、さいたま市の地域構造の特性をよく表している風景であること

▶ さいたま百景の決定

『市民が選んだ　さいたま百景』の発行

選定された「百景」を紹介する書籍を、二〇一〇年十一月に発行した。初版第一刷、第二刷を合わせて二九〇〇部を発行し、すでに完売している。

本書第2章では、以下の十分類のもとに百の風景を、各1ページあるいは見開き2ページで紹介している。それぞれの冒頭に、風景の写真と簡単な主旨説明文を掲げるとともに、以下に地図、参考図、参考資料を交えて、その風景の生い立ちやさいたま市の景観における意味、位置づけ等を細かく解説している。

10の分類ごとの百景の点数は以下のとおり。

01　元々の地形や自然を表す風景……15景
02　川のある風景……8景
03　昔からの風土、生活を伝える風景……10景
04　四季を表す風景……12景
05　歴史や物語を伝える風景……9景
06　祝祭、イベントの風景……11景
07　ランドマークの見える風景……8景
08　道の風景……10景
09　現代都市の営みの風景……11景
10　パノラマの風景……6景

次ページに、「市民が選んださいたま百景」の分類別リストと分布図を掲げる。

市民が選んだ　さいたま百景　表紙

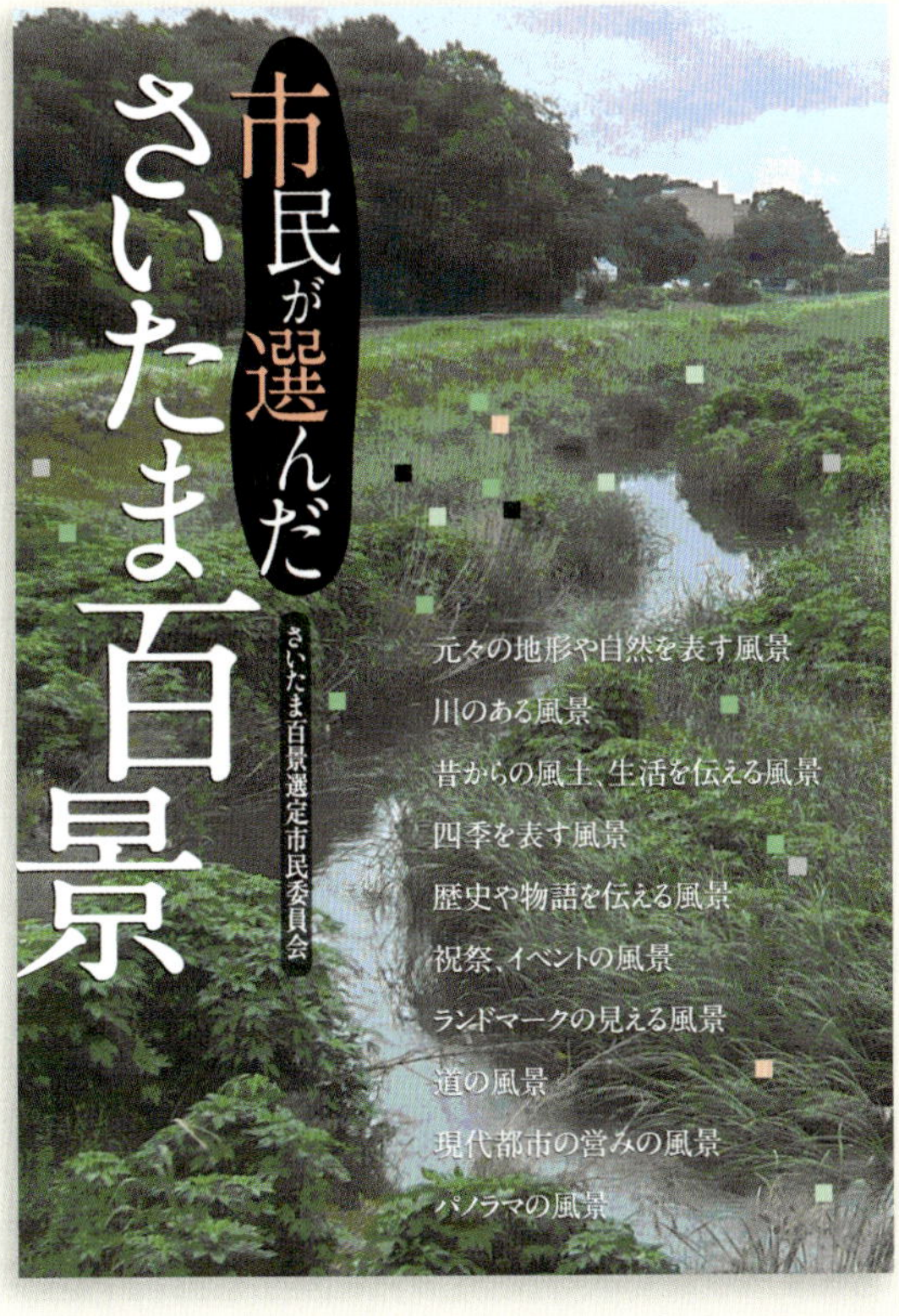

『市民が選んだ さいたま百景』
B5版、フルカラー、本文168ページ
2010年11月15日　初版　第1刷発行
2011年　4月30日　初版　第2刷発行
定価　本体1800円＋税
発行者　さいたま百景選定市民委員会
発売元　株式会社さきたま出版会
印　刷　関東図書株式会社

※『市民が選んだ さいたま百景』の選定風景は、さいたま百景のホームページからご覧ください。

https://saitama100kei.info

『市民が選んだ さいたま百景』の分類別リストと分布図

01 元々の地形や自然を表す風景

1 生物たちを育んでいる芝川と斜面林（北区）
2 詩人たちが愛した別所沼（南区）
3 知られざる自然、平林寺赤坂沼（岩槻区）
4 白幡沼から浦和商高を望む（南区）
5 春を待つ指扇の湿地（西区）
6 ゲリラ豪雨後の第七調節池（大宮区）
7 見沼自然公園の蓮池（緑区）
8 谷戸がそのまま残る滝沼川第二遊水池（西区）
9 丸ヶ崎から見る現代都市・アーバンみらい（見沼区）
10 見沼田圃、彼岸花、台地端の寺・西福寺（見沼区）
11 井沼方公園、池越しに見る樫の木立（緑区）
12 見沼の谷戸、尾島家の佇まい（見沼区）
13 大宮公園ボート池の初日の出・雪・名月（大宮区）
14 秋ヶ瀬のハンノキ林（桜区）
15 緑あふれる埼玉大学（桜区）

02 川のある風景

16 新上江橋で体感、広大な荒川（川越市）
17 太公望の天国、びん沼川（西区）
18 元荒川と第六天神の春（岩槻区）
19 笹目川から見通す武蔵浦和高層ビル群（南区）
20 鴨川から望む慈眼寺（西区）
21 見沼通船堀の閘門開閉実演（緑区）
22 葦原が残されている加田屋川（見沼区）
23 昔のままの小川・高沼用水西縁、河童の森周辺（中央区）

03 昔からの風土、生活を伝える風景

24 本太、長屋門が並ぶ通り（浦和区）
25 本郷の長屋門（北区）
26 農村の原風景　水塚の家（西区）
27 旧坂東家住宅「見沼くらしっく館」の餅つき（見沼区）
28 柿木のある農村風景（見沼区）
29 見沼、膝子の「フナノ」復活（見沼区）
30 見沼市民農園の米づくり（見沼区）
31 西堀、安永年間創業の内木酒造（桜区）
32 博物館として残された浦和の街並み（緑区）
33 今を映す中山道浦和宿の町家（浦和区）

04 四季を表す風景

34 岩槻城址公園、八つ橋の桜（岩槻区）
35 茅葺屋根の願生寺と桜（岩槻区）
36 加田屋新田、見沼代用水東縁の桜（見沼区）
37 鴻沼川の桜並木の向こうに新都心（中央区）
38 円乗院と樹齢三百年の千代桜（中央区）
39 宮原駅東口の桜並木（北区）
40 風車と桜と菜の花と（北区）
41 田島ヶ原、サクラソウ自生地（桜区）
42 武蔵野の面影、西新井ふるさとの森の若葉（西区）
43 見沼代用水西縁、ヤブカンゾウ自生地（浦和区）
44 真夏公開「水の流れる段床」の水遊び（浦和区）
45 生研センター、樹木の四季（北区）

05 歴史や物語を伝える風景

46 復活、昼間の渡し（西区）
47 時の鐘の春化粧（岩槻区）
48 春近し、岩槻藩遷喬館（岩槻区）
49 旧中山道、鳥居のない調神社入口（浦和区）
50 朝日に輝く氷川女体社の初詣（緑区）
51 風渡野郷、大円寺と高層マンションの対比（見沼区）
52 タイムスリップする薬王寺（見沼区）
53 さいたま市の北の入り口、加茂神社（北区）
54 近代土木遺産、千貫樋水門（桜区）

06 祝祭、イベントの風景

55 大宮氷川神社の夏祭り（大宮区）
56 歳の市の賑わい（大宮区、浦和区）
57 昔の面影を残す秋葉神社の祭り（西区）
58 久伊豆神社の黒奴おどり（岩槻区）
59 ささら獅子舞の風景（緑区）
60 慈恩寺・玄奘塔・稚児行列（岩槻区）
61 岩槻の流し雛・まちかど雛めぐり・人形供養塔（岩槻区）
62 蔵のまちコンサート（中央区）
63 けやきひろばの紅葉に映えるスーパーアリーナ（中央区）
64 アートフルゆめ（希望）まつり（大宮区）
65 Jリーグの興奮（緑区、大宮区）

07 ランドマークの見える風景

66 見沼田圃に浮かぶ新都心（見沼区）
67 綾瀬川の川面に抱かれる埼玉スタジアム（岩槻区）
68 与野本町駅から望む芸術劇場と富士山（中央区）
69 電波塔、平野原送信所（桜区）
70 台地際のランドマーク、東京瓦斯浦和整圧所（桜区）
71 さいたま市民の生命を守る大久保浄水場（桜区）
72 与野の大カヤとダルマ市（中央区）
73 第二産業道路の巨大な道しるべ、山崎の大ケヤキ（緑区）

08 道の風景

74 首都高・見沼インターから新都心へ（見沼区）
75 埼大通りのケヤキ並木と夕暮れの富士山（桜区）
76 増殖する道、宮前インターチェンジ（西区）
77 荒川の橋を渡りさいたま市に帰還（桜区、西区）
78 モナリザが見つめる氷川参道（大宮区）
79 盆栽四季の道（北区）
80 中山道焼米坂から（南区）
81 鎌倉街道から三貫清水（北区）
82 坂の上からパインズホテル遠望（緑区）
83 自衛隊通りの坂から望む秩父連山（北区）

09 現代都市の営みの風景

84 大宮南銀座の賑わい（大宮区）
85 北与野の新しい散歩名所（中央区）
86 業務活動のシンボル、ソニックシティの夜景（大宮区）
87 音楽の発信地、大宮駅西口デッキ（大宮区）
88 みんなの待ち合わせ場所「まめの木」前（大宮区）
89 鉄道のまち大宮を支える、JR東大宮車両基地（北区）
90 異次元空間、鉄道博物館の賑わい（大宮区、北区）
91 屋敷林に守られて遊ぶ子供たち（西区）
92 街中のオアシス、北浦和公園（浦和区）
93 時代の変遷を表徴する住宅群（見沼区）
94 都市化から取り残された岩槻駅舎（岩槻区）

10 パノラマの風景

95 大宮ソニックシティからの眺め（大宮区）
96 超高層ビルからの氷川参道俯瞰（中央区）
97 サポセンからの富士山（浦和区）
98 上江橋の日の出に輝くスカイライン（川越市）
99 荒川右岸からの新都心遠望（西区）
100 荒川土手から見る様々な富士山（西区）

第2節 さいたま百景の変化

「市民が選んだ さいたま百景」を発表した二〇一〇年から、14年あまりが経過した。この間景観はそのよさを保ち続けたのか、あるいは変化し消滅したのか。

本節では、まず二〇一〇年版百景（以下「旧百景」）の変化の様相を概観し、一七二ページから、百景の約三分の一にあたる29景について、具体的な変化のさまを確認する。

各分類ごとの変化の概要は下の表の通り。若干場所を移したものも含め、景観が概ね保たれているものが82件と多数を占める。一方、完全に姿を消したものが4件、変化の兆しが見え、消滅の危機が予想されるものが14件確認された。

旧百景それぞれの変化については、次ページに表として掲げる。

分類ごとの傾向や各景観の変化については、それぞれのところで詳述するが、ここでは概要を述べておく。

自然緑地系の景観は、大小の河川や大規模農地、公園化された場所などは概ね保たれている。

一方、湿地や小規模農地、町中に残っていた緑地は、縮小もしくは不活性化の傾向が見えるものがある。

道路などの土木建造物・大規模建築物の景観は、開発の継続的進行により、持続もしくは発展傾向を見せる。

一方、地域特性と結びついた伝統的な建築物や農村・街並みは、都市化の進行、無秩序な住宅開発により姿を消しつつある。

祭などの伝統文化や、スポーツ・音楽などの新文化は相変わらず盛んで、商店街の賑わいとともに、さいたま市の豊かさを伝える景観を保ち続けている。それらは様々な市民活動の継続的な働きによって保持されているといえよう。

旧百景分類別変化表

○…保たれているもの。場所がやや異なるが、景観の趣旨は保たれているものや、変化したが景観としての価値が認められるものを含む　△…変化消滅の兆しが見えるもの　×…変化消滅したもの

分類	景数	○	△		×	
01 元々の地形や自然を表わす風景	15	11	4	05指扇、12尾島、13大宮池、14秋が瀬		
02 川のある風景	8	8				
03 昔からの風土、生活を伝える風景	10	6	2	26水塚、31内木酒造	2	28柿木、33浦和町家
04 四季を表わす風景	12	8	4	35願生寺、39宮原駅桜、41田島ヶ原、42西新井		
05 歴史や物語を伝える風景	9	9				
06 祝祭、イベントの風景	11	10			1	62蔵のまちコンサート
07 ランドマークの見える風景	8	7	1	73山崎大ケヤキ		
08 道の風景	10	10				
09 現代都市の営みの風景	11	9	1	93東宮下住宅群	1	91指扇原っぱ
10 パノラマの風景	6	4	2	95ソニックシティ、97サポセンからの富士山		
	100	82	14		4	

市民が選んださいたま百景 その後

○…保たれている △…変化消滅の兆し ×…変化消滅

分類	百景番号	風景タイトル	変化
01 元々の地形や自然を表す風景	1	生物たちを育んでいる芝川と斜面林（北区）	○
	2	詩人たちが愛した別所沼（南区）	○
	3	知られざる自然、平林寺赤坂沼（岩槻区）	○
	4	白幡沼から浦和商高を望む（南区）	○
	5	春を待つ指扇の湿地（西区）	△
	6	ゲリラ豪雨後の第七調節池（大宮区）	○
	7	見沼自然公園の蓮池（緑区）	○
	8	谷戸がそのまま残る滝沼川第二遊水池（西区）	○
	9	丸ヶ崎から見る現代都市・アーバンみらい（見沼区）	○
	10	見沼田圃、彼岸花、台地端の寺・西福寺（見沼区）	○
	11	井沼方公園、池越しに見る樫の木立（緑区）	○
	12	見沼の谷戸、尾島家の佇まい（見沼区）	△
	13	大宮公園ボート池の初日の出・雪・名月（大宮区）	△
	14	秋ヶ瀬のハンノキ林（桜区）	△
	15	緑あふれる埼玉大学（桜区）	○
02 川のある風景	16	新上江橋で体感、広大な荒川（川越市）	○
	17	太公望の天国、びん沼川（西区）	○
	18	元荒川と第六天神の春（岩槻区）	○
	19	笹目川から見返す武蔵浦和高層ビル群（南区）	○
	20	鴨川から望む慈眼寺（西区）	○
	21	見沼通船堀の閘門開閉実演（緑区）	○
	22	葦原が残されている加田屋川（見沼区）	○
	23	昔のままの小川・高沼用水西縁、河童の森周辺（中央区）	○
03 昔からの風土、生活を伝える風景	24	本太、長屋門が並ぶ通り（浦和区）	○
	25	本郷の長屋門（北区）	○
	26	農村の原風景　水塚の家（西区）	△
	27	旧坂東家住宅「見沼くらしっく館」の餅つき（見沼区）	○
	28	柿木のある農村風景（見沼区）	×
	29	見沼、膝子の「フナノ」復活（見沼区）	○
	30	見沼市民農園の米づくり（見沼区）	○
	31	西堀、安永年間創業の内木酒造（桜区）	△
	32	博物館として残された浦和の街並み（緑区）	○
	33	今を映す中山道浦和宿の町家（浦和区）	×
04 四季を表す風景	34	岩槻城址公園、八つ橋の桜（岩槻区）	○
	35	茅葺屋根の願生寺と桜（岩槻区）	△
	36	加田屋新田、見沼代用水東縁の桜（見沼区）	○
	37	鴻沼川の桜並木の向こうに新都心（中央区）	○
	38	円乗院と樹齢三百年の千代桜（中央区）	○
	39	宮原駅東口の桜並木（北区）	△
	40	風車と桜と菜の花と（北区）	○
	41	田島ヶ原、サクラソウ自生地（桜区）	△
	42	武蔵野の面影、西新井ふるさとの森の若葉（西区）	△
	43	見沼代用水西縁、ヤブカンゾウ自生地（浦和区）	○
	44	真夏公開「水の流れる段床」の水遊び（浦和区）	○
	45	生研センター、樹木の四季（北区）	○
05 歴史や物語を伝える風景	46	復活、昼間の渡し（西区）	○
	47	時の鐘の春化粧（岩槻区）	○
	48	春近し、岩槻藩遷喬館（岩槻区）	○
	49	旧中山道、鳥居のない調神社入口（浦和区）	○
	50	朝日に輝く氷川女体社の初詣（緑区）	○
	51	風渡野郷、大円寺と高層マンションの対比（見沼区）	○
	52	タイムスリップする薬王寺（見沼区）	○
	53	さいたま市の北の入り口、加茂神社（北区）	○
	54	近代土木遺産、千貫樋水門（桜区）	○
06 祝祭、イベントの風景	55	大宮氷川神社の夏祭り（大宮区）	○
	56	歳の市の賑わい（大宮区、浦和区）	○
	57	昔の面影を残す秋葉神社の祭り（西区）	○
	58	久伊豆神社の黒奴おどり（岩槻区）	○
	59	ささら獅子舞の風景（緑区）	○
	60	慈恩寺・玄奘塔・稚児行列（岩槻区）	○
	61	岩槻の流し雛・まちかど雛めぐり・人形供養塔（岩槻区）	○
	62	蔵のまちコンサート（中央区）	×
	63	けやきひろばの紅葉に映えるスーパーアリーナ（中央区）	○
	64	アートフルゆめ（希望）まつり（大宮区）	○
	65	Jリーグの興奮（緑区、大宮区）	○
07 ランドマークの見える風景	66	見沼田圃に浮かぶ新都心（見沼区）	○
	67	綾瀬川の川面に抱かれる埼玉スタジアム（岩槻区）	○
	68	与野本町駅から望む芸術劇場と富士山（中央区）	○
	69	電波塔、平野原送信所（桜区）	○
	70	台地際のランドマーク、東京瓦斯浦和整圧所（桜区）	○
	71	さいたま市民の生命を守る大久保浄水場（桜区）	○
	72	与野の大カヤとダルマ市（中央区）	○
	73	第二産業道路の巨大な道しるべ、山崎の大ケヤキ（緑区）	△
08 道の風景	74	首都高・見沼インターから新都心へ（見沼区）	○
	75	埼大通りのケヤキ並木と夕暮れの富士山（桜区）	○
	76	増殖する道、宮前インターチェンジ（西区）	○
	77	荒川の橋を渡りさいたま市に帰還（桜区、西区）	○
	78	モナリザが見つめる氷川参道（大宮区）	○
	79	盆栽四季の道（北区）	○
	80	中山道焼米坂から（南区）	○
	81	鎌倉街道から三貫清水（北区）	○
	82	坂の上からパインズホテル遠望（緑区）	○
	83	自衛隊通りの坂から望む秩父連山（北区）	○
09 現代都市の営みの風景	84	大宮南銀座の賑わい（大宮区）	○
	85	北与野の新しい散歩名所（中央区）	○
	86	業務活動のシンボル、ソニックシティの夜景（大宮区）	○
	87	音楽の発信地、大宮駅西口デッキ（大宮区）	○
	88	みんなの待ち合わせ場所「まめの木」前（大宮区）	○
	89	鉄道のまち大宮を支える、JR東大宮車両基地（北区）	○
	90	異次元空間、鉄道博物館の賑わい（大宮区、北区）	○
	91	屋敷林に守られて遊ぶ子供たち（西区）	×
	92	街中のオアシス、北浦和公園（浦和区）	○
	93	時代の変遷を表徴する住宅群（見沼区）	△
	94	都市化から取り残された岩槻駅舎（岩槻区）	○
10 パノラマの風景	95	大宮ソニックシティからの眺め（大宮区）	△
	96	超高層ビルからの氷川参道俯瞰（中央区）	○
	97	サボセンからの富士山（浦和区）	△
	98	上江橋の日の出に輝くスカイライン（川越市）	○
	99	荒川右岸からの新都心遠望（西区）	○
	100	荒川土手から見る様々な富士山（西区）	○

…次ページ以降で具体的変化を確認

元々の地形や自然を表す風景

15景のうち、11景は保たれていて変化がないが、4景に変化の兆し見られる。

見沼田んぼなどの大規模農地や河川・沼地などの自然はおおむね保たれており、さいたま市らしい景観を今でも見せている。公園における水と緑も多くは保全されている。

一方、自然環境の整備が後回しにされている公園も見られる。民有地の自然は、管理が行き届かなくなりつつあるものも出てきており、保全のための仕組み作りなど、対策が求められる。

※写真上：旧百景、写真下：現況

旧さいたま百景　#01

生物たちを育んでいる芝川と斜面林

北区見沼

芝川の両岸に田んぼや緑地が広がり、代用水を足下にして斜面林が伸びる見沼田んぼは、『市民が選んださいたま百景』の表紙も飾った、さいたま市のシンボル空間。全体で見れば、花卉類などの畑に移行したところが多いが、市民や企業など新しい担い手による「田んぼ」も出てきており、見沼田んぼは継続している。特に鷲山橋付近は、以前とほとんど変わらず、豊かな水と緑が保たれている。

旧さいたま百景　#05

春を待つ指扇の湿地

西区指扇領辻

大宮台地には多くの谷戸があるが、ここ指扇領辻も、多様な動植物による豊かな自然環境を保つ貴重なエリア。近年、谷戸を流れる辻川の水質が、悪くなった。調整区域に建った住宅からの生活排水や、農業排水が影響しているようで、道路改修により、下水管が辻川に排水を流し込むようになったことも懸念材料だ。大きな鯉が泳いでいるのを見かけた。公園整備とともに、一層の自然環境保全が望まれる。

旧さいたま百景　#04

白幡沼から浦和商高を望む

南区白幡

白幡沼の水源は、近接する台地からの湧水。周囲の宅地化は進んでいるが、沼の水は豊かに保たれている。岸辺から見る風景は、樹木の成長や葦の拡大が見られる他は、ほとんど変化はない。岸辺には、大口径レンズでカワセミを狙う素人カメラマン、ベンチで疲れをいやすウオーカー、静かな水面を眺めている親子づれなど、喧騒のない、落ち着いた佇まいが、昔と変わらずひろがっている。

旧さいたま百景 #15

緑あふれる埼玉大学

桜区下大久保

埼玉大学は、1965年に現在の大久保の地に移転したが、当時、写真右の雑木林（旧大久保氷川神社社叢林）以外は水田であった。そこを更地にして植えられた樹木が60年を経て豊かに繁茂し、緑あふれるキャンパスを形成している。温暖化の進行による例年の酷暑の中、学生や教職員、隣接する保育園児、また一般市民に対しても、陽射しをさえぎる憩いの環境を提供し続けている。

旧さいたま百景 #14

秋ヶ瀬のハンノキ林

桜区神田

秋ヶ瀬公園のハンノキ林は、県蝶ミドリシジミの繁殖地としても貴重な自然をなしている。現在、ハンノキ林自体は以前のままのように繁茂しているが、樹齢が長くなり、樹勢が衰えているように感じられ、懸念材料である。公園自体は、野球場などのスポーツ施設が次々と整備拡充されているが、乾燥化への対処や緑の保全など、自然公園としての整備充実を考慮すべきであろう。

旧さいたま百景 #16

新上江橋で体感広大な荒川

川越市古谷本郷

さいたま市の西端に広がる荒川中流域は、スケールの大きな景観として貴重。近年、堤防が高くされ、河川敷の木々も繁茂してきたが、新上江橋を望む荒川入間川合流エリアの眺望は変わらず、広々として気持ちがよい。ゴルフ場の渡し船は、数年内にゴルフ場の閉鎖が予定されており、姿を消すことになる。現在鉄橋の架け替えと、その両端の堤防の嵩上げが予定されているが、景観への悪影響は心配なさそう。

川のある風景

旧百景では8景選んだが、8景すべて保たれている。

川の風景は、全体的にほとんど変わっていない。大河である荒川と元荒川は、雄大な風景を保っているし、鴨川等の水辺もほぼ同じ。市民活動による保全や調査も継続されている。

芝川・加田屋川も水と緑を保つのに役立っており、高沼用水は農業用水としての役割は終えたが、親水河川として生き続けている。

旧さいたま百景　#22

葦原が残されている加田屋川

見沼区加田屋新田

堀崎町あたりを源とする加田屋川は、見沼大橋付近で芝川と合流する。上流部分の七里総合公園あたりまでは狭い谷を形成しているが、それより下流域は、両側の田んぼの水をおとす悪水となっている。川と水路、そしてその間に広がる田んぼと樹木は、かつての田舎のどこにでもあった水と緑の風景である。それが変わらずに残っているここは貴重な場所である。

旧さいたま百景　#19

笹目川から見通す武蔵浦和高層ビル群

南区内谷

笹目川の水のビスタは健在。旧百景よりロッテ工場の背後に再開発ビルが加わり、林立する高層ビル群というより壁のようなビルの塊である。また北戸田にも再開発ビルが立ち上がり、双方向ビスタとなった。水辺のランドマークの木橋、アーチの水辺公園橋とポニートラスの砂田切橋は、前者は架け替え、後者は部材腐食で撤去されてもう無い（2012年）。建造物は変わったが、多自然河川として整備された緑は今も四季折々の風景。

旧さいたま百景　#26

農村の原風景水塚の家

西区植田谷本村新田

正面の母屋の左側に、水塚の上に築かれた土蔵が立つ。荒川の洪水という自然の脅威と折り合いを付けながら生きてきた人々の歴史を伝える、さいたま市らしい風景である。ところが、母屋の屋根が、茅葺から鉄板屋根に葺き替えられ、農村の原風景としての性格が薄められた。現在は伝統的建造物群保存地区ですら茅葺き屋根の維持が難しい。個人にとってはやむを得ないのだろう。

3 昔からの風土、生活を伝える風景

10景中、6景は保たれているが、2景はかなり変化し、2景は消滅した。

現在でも、長屋門はかなり残されており、昔の農村の佇まいを今に伝える。博物館化して保存された農家や営みは健在。民家の農家も残っているが、茅葺き屋根は激減。柿木など農村らしい風景も減少あるいは消滅した。農地も減少傾向にあるが、市民参加型の農業などは継続され農地を保全している。町家は、現代的な活用がなければ消滅の運命にある。伝統的な生業であった造り酒屋の中には、醸造をやめてしまったところもある。

旧さいたま百景 #33

今を映す中山道浦和宿の町家

浦和区常盤

ドミノマンションの横に奇跡的に残されていた町家であったが、2023年には完全に取り壊され、更地となった。保全活用の動きはあったようだが、実らなかった。現在、浦和の街道筋で残されている町家は二軒ほどで、青山茶舗のように、現代的に活用されることがなければ、残り続けるのは難しいだろう。岸町の青木製餡工場の木造倉庫は、2023年にシェアアトリエとして再生された。

旧さいたま百景 #28

柿木のある風景

見沼区大和田町

広い畑を前にした長屋門のある農家、その南側の道端に柿木が並ぶ。昔ながらの典型的な農村風景だったが、すっかり変わってしまった。柿木が並んでいた沿道部分に数件の戸建て住宅が建設された。かつてはほとんどの農家にあって柿渋を取っていた柿木は、どんどん伐られていく運命だ。建設された住宅の隙間から見える農家とムクノキの大木、および背後の屋敷林はそのままだが。

旧さいたま百景 #35

茅葺屋根の願生寺と桜

岩槻区本町

浄土宗の古刹願生寺は、日光御成道沿いの、岩槻駅近くの市街地の真ん中にあり、往時の岩槻城下町のたたずまいを偲ばせる風情がある。ところが「茅葺のお寺」として親しまれてきたのが、近年、瓦屋根に葺き替えられてしまった。伝統建築においても「茅葺き」を維持し続けることは困難になってきている。

四季を表す風景

12景中8景は保たれているが、4景に変化の兆しが見られた。

「桜」の風景は多くは保たれているが、老木は整備というより伐採廃棄の傾向が見られる。桜と映えあっていた、建物の茅葺き屋根が消滅したため、景観が変わってしまったものもある。

生研センターなどの施設の植栽は保全されているが、保全活動が滞っている景観地や、温暖化・乾燥化の影響を受けて植生が後退しつつあるところでは、四季の変化を的確に表すものとはなっていないものも出てきている。

旧さいたま百景　#42

武蔵野の面影 西新井ふるさとの森の若葉

西区西新井

花の丘の隣接地、「ふるさとの緑の景観地」の中の緑地。旧百景より林の下草や樹木の整理が手薄になっているように感じる。ほとんどが民有地で手入れが行き届かなくなっているのだろう。保全にとりくむボランティア団体の看板も元のままあるが、痛んでおり、活動が停止しているようだ。近くには大型通販会社の物流センターが出来ており、これらが拡充してくると、緑地の存続が危ぶまれる。

旧さいたま百景　#41

田島ヶ原 サクラソウ自生地

桜区、荒川堤外地

田島ヶ原は、例年3月下旬から4月下旬までの一ヶ月間、サクラソウで彩られてきた。ところが近年は、3月末には、もはやサクラソウの満開に出会うことになっている。さらに、そのころにはノウルシが生え始め、サクラソウを覆い隠すほど蔓延してきている。温暖化による四季の乱れ、治水の影響による土地の乾燥化による湿原の後退が進行しているためではないだろうか。

旧さいたま百景　#45

生研センター 樹木の四季

北区日進町

鴨川東側台地上にある「農業研究機構・生研センター」は、広大な敷地の中に様々な樹木が植えられており、住宅地に囲まれてはいるが、四季折々の自然を感じることができる。2018年に機構としての名称変更と、機能の変化があったが、多様な樹木や野鳥を観察することができる環境は変わらない。いまでも事前許可さえ得れば、立ち入って、自然の四季の変化を楽しむことができる。

旧さいたま百景　#43

見沼代用水西縁 ヤブカンゾウ自生地

浦和区三崎

県立浦和西高等学校の背後にある見沼代用水西縁沿いに桜並木の土手が続いており、6月下旬から7月の始めにかけてヤブカンゾウが花を咲かせている。見沼田んぼ全体で、春のサクラ、秋の収穫、冬景色とあわせて、四季を代表する風景となっている。ただ、現在は保護活動団体による下草刈りなどの管理による「自生」から、「移植」などの人工的な拡充も見られるようになっている。

歴史や物語を伝える風景

旧百景では9景選んだが、すべて保たれている。

岩槻の城下町の風景は今も保存されている。市内の神社や寺院のうち古くからある主なものは、高層マンションなどの現代的施設と対比しながらも、昔と変わらぬ姿を留めている。

渡しや見沼通船堀の閘門など、昔は生活の手立てであったものが、イベントとして新たに復活したものもある。一方、近代土木遺産などは劣化が心配されるものもある。

旧さいたま百景 #52

タイムスリップする薬王寺

見沼区島町

見沼区の島町の「瑠璃山平等院薬王寺」は、増設する新興住宅地の中にあって貴重な森を形成している。1991年の解体改修後、組合員の高齢化もあって境内が荒れた時期もあった。しかし、その後境内の整備が進められ、2019年5月には「境内整備 庫裡改修」碑が建てられた。寺院の屋根の反りの美しさは変わらず、年7回の円空仏拝観日には多くの参拝客が訪れ、賑わいを取り戻している。

祝祭、イベントの風景

11景中、10景は継続。1景が消滅した。

祝祭・イベントは、コロナ禍のもとで縮小傾向にあったが、その後おおむね復活している。

しかし、農事に基づく「伝統行事」などは、農業の衰退とともに存在意義を失いつつある。「地域文化の伝承」といった新たな観点が必要であろう。

音楽やアート、スポーツなどの「新しい祝祭」も継続的に行われており、クリテリウムや女子サッカープロリーグなど新たなスポーツの祭典も盛んである。

旧さいたま百景 #63

けやきひろばの紅葉に生えるスーパーアリーナ

中央区新都心

12月の「Love & Peaceコンサート」は、コロナ禍の中断を経て、復活し、毎年行われている。その会場であるけやきひろばは、さいたま新都心の中心部にあるフリーな空間として、コンサートや地域名産品販売などの各種イベントのほか、子どもたちの自由な遊び場としても、今でも頻繁に利用されており、多くの人出でいつも賑わっている。

7 ランドマークの見える風景

8景中7景は保たれている。1景は規模が大幅に縮小され、変化した。

さいたま新都心ビル群は増大しながら変わらぬ姿を示しており、埼玉スタジアムや芸術劇場も、周囲の開発により近景は変わったが、遠景としてのランドマーク機能は維持し続けている。電波塔などの巨大工作物も、変わらず聳え立つ。

一方、昔からのランドマークであった巨木は、与野駅東の大ケヤキのように伐採されたもの、山崎の大ケヤキのように縮小されてしまったものもある。

旧さいたま百景　#66

見沼田圃に浮かぶ新都心

見沼区上山口新田

さいたま新都心の高層ビル群は、市内のどこからでも見える「新生さいたま市」の典型的ランドマーク。見沼田んぼや芝川といった田舎の風景の向こうに聳えるビル群という構図は、都会と田んぼとが隣接する、さいたま市の地理的特徴をよく表している。日赤病院等、ビルの数は増え続けている。さいたま市役所の新都心への移転が決定したことで、新都心の「中心性」は更に高まっていくだろう。

旧さいたま百景　#68

与野本町駅から望む芸術劇場と富士山

中央区本町東

さいたま芸術劇場の建物自身はもちろん変わらないが、周辺の建物や看板が増え、駅からの眺めはあまり印象的でなくなっている。旧百景当時すでにあったがものだが、芸術劇場南側の工場跡地に建設された大規模マンションの方に存在感がある。しかし、駅から芸術劇場に向かう通称芸術劇場通りは、沿道の中学校の植栽帯も整備されており、そこからの芸術劇場タワーの眺めは印象的である。

旧さいたま百景　#67

綾瀬川の川面に抱かれる埼玉スタジアム

岩槻区笹久保新田

蛇行する綾瀬川に抱かれた「埼玉スタジアム2〇〇2」の近景は変わった。周囲は宅地化が急激に進み、スタジアムは、建物群に遮断され、両翼のウイングがわずかに見えるのみ。しかし、遠景としてのランドマーク機能は依然として健在。屋根部分を含め高さ約60メートル（16階建てビルに相当）あり、田んぼなどが広がる平地の中に忽然と聳える姿は、さいたま市側はもとより、東の越谷市側からも目立った存在だ。

道の風景

10景すべて保たれている。

高速道路や幹線道路の風景はあまり変わらないが、道場三室線・田島大牧線など、東西を結ぶ幹線の整備が進んだことは大きな変化。これが景観にどう影響を与えるか、興味深い。インターチェンジは依然「増殖中」。

微地形をなすさいたま市の特色である「坂道」も健在だが、建物の増加による景観の変化が見られる。

古道鎌倉街道も健在でよく手入れがされている。

旧さいたま百景 #73

第二産業道路の巨大な道しるべ 山崎の大ケヤキ

緑区山崎

見沼田んぼの南側、第二産業道路の中央分離帯に立つケヤキの大木。元は民家の敷地内にあったが、新たな道路建設の際に伐られずに残されたもの。今でもランドマークの役割を果たしているが、数年前に大幅剪定、高さは80%、枝張は半分近くまで切り詰められた。交通安全上の配慮と思われるが、昔からの雄大な姿は減少してしまった。年を経た巨木の伐採や剪定は、市内至るところで見られる。

旧さいたま百景 #81

鎌倉街道と三貫清水

北区奈良町

中世、鎌倉へ通じる道を「鎌倉街道（鎌倉道）」と呼んだ。鴨川沿いの台地上の雑木林を、南北に鎌倉街道が通る。周辺の宅地化は進行したが、この古道は今もなお、昔ながらの静かな佇まいを残している。落ち葉の絨毯を踏みながら歩くと、昔の田舎道にいる気がしてくる。行政と市民による保全整備の賜物。一方、清水は、治水対策のために鴨川沿いに調節池が作られつつあり、今後どうなっていくのか。

旧さいたま百景 #76

増殖する道 宮前インターチェンジ

西区宮前町

国道16号西大宮バイパスと国道17号新大宮バイパスのジャンクションだったが、2015年、北側に国道17号上尾バイパスが接続された。まさに増殖する道か。上尾バイパスからさいたま新都心を望む風景は、さいたま市の北の玄関口の風景である。上尾バイパスは圏央道桶川北本ICまでつながり、首都圏北部の交通が改善された。今後は高速部の立体化が予定されている。

9 現代都市の営みの風景

11景中9景は保たれている。変化が見られるのが1景、完全に消滅したものが1景ある。

歓楽街の賑わいや業務ビルの夜景などの、商業業務地区の風景は、若干の変化をともなうものの、ほぼ変わっていない。鉄道のまちに関わる風景も以前と変わらず存在し、さいたま市を特徴づけている。

公園や住宅地の風景もおおむね変化はないが、指扇の原っぱのような、自然の状態に近く、子どもがのびのびと遊び過ごせる空間が少なくなっていることは懸念。

旧さいたま百景　#87

音楽の発信地 大宮駅西口デッキ

大宮区桜木町

近年、大宮駅西口デッキ上での音楽パフォーマンスはなくなった。原因は、通行者とのトラブル、管理者との軋轢があるという。一方、5年ほど前から、大宮駅東口の銀座通りでエクセルミュージックストアという民間団体が大宮ホコ天ライブパフォーマンスなる催し物を毎月第二日曜日に開催している。音楽あり大道芸ありの企画で商業地区のため、それなりに観客を集めている。

旧さいたま百景　#94

都市化から 取り残された 岩槻駅舎

岩槻区本町

東武野田線岩槻駅舎は、特に古い建物ではなかったが、平屋建てで、城下町の佇まいを残すものとして評価していた。一方、東口のみでバリアフリーもなく、駅舎機能としては課題があった。その後大幅な改築がなされ、バリアフリー対応の二階建てとなり、西口へのアプローチもでき、利便性が向上した。駅舎も黒瓦風の堂々とした切妻屋根と白壁で、城郭を思わせる姿は城下町岩槻の象徴となった。

旧さいたま百景　#91

屋敷林に守られて 遊ぶ子供たち

西区指扇

学校対策用地として「原っぱ」だった指扇の空き地。屋敷林に囲まれた子どもたちの天国であったが、ほぼイメージが失われた。林は姿を消し、醸造会社の欅群も巨大なタンク群に姿を変えた。用地は立ち入り禁止となり、子どもたちは、新しい住宅と伐採された斜面の間の、狭い遊び場に追いやられている。この谷戸は今、特養や社会福祉施設等の建設、ミニ開発が多く、かつての豊かな景観は失われた。

10 パノラマの風景

6景中4景は継続で、2景に変化が見られる。

高層建築物からのパノラマ景観は、ソニックシティでは見ることができなくなった。新築の高層ビルが建ち、展望ポイントは他に複数存するが、市民が立ち入れるかどうか。荒川土手や、高架鉄道からの遠景も変わらない。

一方、平坦なさいたま市の特色として、わずかな高低差が遠い遠景をもたらすところもある。桜区日向には、江戸時代に選ばれた「日向十景」があり、昔の人も低地からの遠景を楽しんだことを伝える。

旧さいたま百景　#96

超高層ビルからの氷川参道俯瞰

中央区新都心

「眼下のほこすぎ橋から真っ直ぐ伸びる氷川参道は長さ十八丁、その先の大きな緑のかたまり、氷川神社と大宮公園へと繋がる。都市中心部にあるこれだけ長く豊かな緑は全国でもほとんど例がなくさいたま市民の貴重な財産だ」。旧百景のこの言葉は、今でもほぼ同じ。その後の新しい高層建造物は、かなりの数を数える。参道に降りると、伐採された古木も目にする。沿線住民の理解協力のもとでの、維持管理が重要だ。

旧さいたま百景　#97

サポセンからの富士山

浦和区東高砂町

浦和駅東口のストリームビル。8～10階はコミュニティセンターなどの公共施設が入っており、市民活動サポートセンターもそのひとつ。ここからは東西の遠景が展望でき、遠い富士山も眺められた。現在さいたま市民会館うらわの移転先となる超高層ビルの建設が進み、富士山は見えなく恐れがある。その他サポセンからの展望にどう影響を与えるか。また、新しい超高層ビルが市民に公開されるビューポイントとなるのかが、注目される。

第3節　さいたま市の景観、環境の動向、課題

はじめに

本節では、旧百景から現在までの景観の変化や保持のさまを俯瞰し、その背景となる事象とあわせて考察する。旧百景では取り上げなかった景観も考察の対象とする。

Ⅰ　中心市街地の発展と停滞

❶オフィスビルや大規模商業施設の増加

大宮駅周辺やさいたま新都心では、オフィスビルや大規模商業施設の建設が進み、浦和駅西口でも大規模開発が進行している。

特にさいたま新都心は、市庁舎の移転が計画されており、政治経済面、また住宅地としても、さいたま市の中心地となってゆくことが予想される。

→#66見沼から見た新都心
#96高層ビルから見た氷川参道

❷賑わいのまち継続

浦和、大宮駅周辺の商業施設やさいたま新都心のさいたまスーパーアリーナは、埼玉県内はもちろん、県外広域からも多くの来客があり、買物や遊びのエリアとして栄えている。

→#63けやき広場、#84大宮南銀座、
#87大宮駅西口デッキ

❸ピークを迎えた商業活動

一方、新たに開業したもののテナントが入らない商業施設、縮小再編が検討されているショッピングモールも出てきている。

商業機能の拡大はピークを迎え安定期に入った。むやみに開発を進めるのではなく、持続可能な商業のありかたを目指す段階にある。

Ⅱ　大規模住宅地の開発と限界

❶大規模高層集合住宅の増加

浦和、大宮地区やさいたま新都心のみならず、武蔵浦和、与野、北浦和でも増加中。

→#19笹目川から、#82坂の上から
パインズホテル、#96氷川参道俯瞰

❷郊外型大規模開発

美園地区のみそのウイングシティは、三万人規模の新しい住宅地として開発中で、周囲の景観は激変した。しかし、埋め立てて土地を広げることのできないさいたま市では、こうした地域レベルの大規模開発は美園が最後であろう。

→#67埼玉スタジアム周辺

❸人口動向と住宅開発

新たな住宅地開発の背景には、いまだに続くさいたま市の人口増加がある。二〇一五年から二〇二四年で8万人以上増加。いましばらくは微増が続く。

しかし、二〇三五年がピークで、減少に転じると予想されている。既に、新築マンションの中には、入居率が半数に満たないところも出てきており、住宅の供給過剰が始まっている。

人口構成でも、少子高齢化は進行中で、高齢化率は二〇二三年で23%、二〇五〇年には32%に増加すると予想される。

タワーマンションなどは、停電時のエレベーター等、防災の面からも課題が多い。神戸市のように「タワマン規制」に舵をきった自治体も出てきている。

高齢者が多く住む街としてふさわしいインフラやコミュニティを考えたまちづくりを進めるべ

きだろう。

Ⅲ 小規模住宅開発の進行とまちなかの緑地の減少

❶住宅街の狭小住宅増加

大規模開発のための用地獲得が困難になってきている中で、宅地レベルのミニ開発が急増した。

住宅街の中にあった農家の屋敷や小規模農地の跡を、こまぎれにして、密集した狭小住宅を建設している。

ただでさえ、緑地や露出した土地が少なかったところへ、建蔽率ぎりぎりに住戸を建てるため、豪雨時には大量の雨水が地表を流れ、内水氾濫の危機が増大している。

❷まちなかの緑地の減少

まちなかに残されていた庭園などの小規模緑地も姿を消しつつあり、緑の少ない景観が広がっている。

Ⅳ 伝統的街並みや農家の変容

❶旧街道筋の街並みの変容

旧宿場町の伝統的な街並みは減少、または消滅した。

→#33中山道浦和宿の町家
#62蔵のまちコンサート

❷農家の変容

周辺地域ではいまだに農家が多くあり、長屋門など農村風景が残るところもある。旧来の農村風景が見られる地域はまだまだある。

→#24、#25長屋門

しかし、茅葺き屋根などは、原材料の問題等から減少し、ほとんど消滅しつつある。

→#26水塚の家
#35茅葺屋根の願生寺

また宅地が迫り、農村としての景観が変容したところも少なからずある。

→#28柿の木のある農村風景

❸風景の変容と保存

まちの建物や農家を文化財指定したり、公園化することで保存活用する動きがある。

→#27見沼くらしっく館、#32浦和の街並み（民家園）、岩槻郷土資料館

また、新しい価値を付加し、生きた施設として再出発させるものもある。

→浦和の青山茶舗や青木製餡工場倉庫のシェアアトリエ化

農業関連施設等を伝統文化・歴史の伝承者として復活させるものもある。

→#21見沼通船堀
#46昼間の渡し

Ⅴ 郊外型の水と緑の保全活用

❶大河川・大規模農地などの自然

荒川や見沼田んぼなどの大規模自然地は、おおむね保たれている。

→#1芝川と斜面林
#16広大な荒川、#22加田屋川、

❷公園化等による緑地の存続

公園化することで緑地を存続できているところもある。

→#2別所沼、#7見沼自然公園
#11井沼方公園

また、公有地や公有地的な場所の緑も、おおむね継続できている。

→#45生研センター

寺社は、無住にならない限り、寺社林は存続している。

→#52薬王寺

❸市民活動による緑地や景観の存続

古くからある自然景観について、市民活動によって保全活用されているところは多い。

→#19笹目川から、#23河童の森周辺、#29「フナノ」復活、#30見沼市民農園米作り、#43ヤブカンゾウ自生地、#81鎌倉街道と三貫清水

❹市民活動の停滞による影響

一方、担い手が減少するなどして保全を支える活動が低調になると自然も保たれなくなる。

→#42西新井ふるさとの森

Ⅵ 幹線道路の整備がもたらす景観の変化

❶高速道路の拡充

さいたま市の高速道路ネットワークは更に整備されてきた。さいたま市の経済活動の活発さを反映している。

なお現在、核都市広域幹線道路として、首都高速さいたま新都心線の見沼インターから東北道までの延伸構想が出されている。その必要性や見沼田んぼ等の地域環境への影響については、市民から懸念する声が上がっており、十分な議論が必要である。

→#74見沼インターから新都心へ
#76宮前インターチェンジ

❷東西幹線道路の新規開設

田島大牧線や道場三室線の整備により、さいたま市内の東西交通がより円滑化した。新たな道路整備は従来の景観を大きく変えるとともに、いままで見ることのなかった新しい角度からの風景を創出する。

Ⅶ 文化的景観の継承と創出

❶伝統文化の継承

伝統文化に関わる行事やイベントは、コロナ禍のころは中止や縮小だったが、ほぼ復活した。

気候変動による猛暑や台風等実施環境が厳しい場合が増えたが、日程を変えるなど工夫しながら継続している。

一方、少子高齢化により、担い手不足になる行事も。

→#55大宮氷川神社の夏祭り
#60慈恩寺稚児行列
#61まちかど雛めぐり

❷新しい文化的景観の創出

スポーツや音楽といった現代的な文化も、スーパーアリーナや埼玉スタジアムなどを舞台に盛ん。国際芸術祭をはじめとするアートプロジェクトも市内各地で数多く実施されている。

二〇二一年には、女子プロサッカーリーグであるWEリーグが発足したが、全11チーム中、さいたま市を根拠とするチームが二つを占める。このリーグは、ハイレベルのゲームを追求する一方、ジェンダー平等など多様性の尊重を広げることを掲げており、参加型啓蒙型のイベントや学習活動にも取り組んでいる。

WEリーグ以外でも、近年は市民が観客としてだけではなく、自らプレイヤーとして参加して楽しむ、文化的なイベントが増加している。

→#63スーパーアリーナ
#65Jリーグの興奮

まとめ　市民が作り、継続保全させる景観

旧百景のころから変わらないもの、変容した景観など様々である。

そもそも景観は、田畑のような自然景観であれ、道路・建造物などの人工景観や人々の営みが生み出すものであれ、すべて人間が関わって形成されるものである。

市民が関心を持ち、形成に関わり、保全に努めた景観は、価値を保持し続けて存続する。

他方、その存在意義が薄れ、市民が関心を持たなくなった景観は縮小消滅してゆく。

まちのありようが変化する中で、そこにふさわしいものとして形づくられていた景観が、変容消滅するのはやむを得ないかもしれない。しかし、地域の歴史や文化を反映する風景が、過去の記憶を伝えるものであり、またこれからの暮らしのありようを考える手がかりとなるものであるとすれば、歴史的景観を何らかの形で保存することには意味があるだろう。

そこに現代的な意味や価値を新たに付与することで景観を再生産させることができるであろう。

巻末資料

さいたま百景選定市民委員会の活動

さいたま百景選定市民委員会の発足

さいたま百景選定市民委員会は、さいたま市の景観表彰事業の元委員有志が中心になって、二〇〇七年に立ち上げた任意の市民団体である。「さいたま百景」の選定を目指し、その目的に賛同する市民に広く参加を求めて、以来20年近くにわたって活動してきた。

当初の会員数は約60名であったが、高齢化等により、現在では半分ほどに減少している。

『市民が選んださいたま百景』の発行

二〇〇七年から「さいたま百景」の募集、選定を開始し、二〇一〇年に『市民が選んだ さいたま百景』を発行した。市民からの公募に基づいて、さいたま市の〝今〟を表す風景を一〇〇選んで、紹介した書籍である。二九〇〇部発行して、すでに完売している。（詳細は、第Ⅲ章第1節を参照）

『市民が選んだ さいたま百景』の発行後の活動

発行後、選定された百景ポイントを巡るとともに、その周辺で新たな景観ポイントを発見する巡回ツアーを実施している。二〇一一年から二〇一五年の5年にわたり、計13回のツアーを実施した。

ツアーは、委員会メンバーが企画・準備し、広く市民の参加を求めて実施した。毎回、地形図や歴史地図など資料を手にしながら10㎞以上を歩き、百景ポイントを確認するとともに、多くの興味深い風景を発見することができた。

それらの巡回ツアーの成果に基づいて10枚の散策マップを作成、二〇一六年にそれらを集成して『さいたま百景散策マップ』を発行した。散策マップには、百景およびその他の景観ポイントの説明とともに、それぞれの地域の古地図、風景の成り立ちの解説および景観まちづくりの課題を紹介している。

その後も二〇一六年のさいたまトリエンナーレの開催等に合わせて、8回の散策ツアーを行っている。それらで発見された風景が、今回の新さいたま百景につながっている。

『さいたま百景散策マップ』
2016年3月31日発行
B3判フルカラー4つ折り、11枚、箱入り
定価　本体1000円+税
発行者　さいたま百景選定市民委員会
販売元　株式会社さきたま出版会
印　刷　関東図書株式会社

散策マップリスト

さいたま百景通信
❶御成道・尾根と田園の風景を楽しむ
❷鴨川・水と人の関わりを訪ねる
❸大宮北部の東西回廊をたどる
❹元荒川と城下町岩槻を訪ねる
❺浦和岩槻道をたどる
❻こうぬまと与野本町をめぐる
❼台地南端の水辺と緑をたどる
❽中山道の近現代をたずねる
❾見沼代用水西縁を歩く
❿荒川に水と人の営みをたどる

新さいたま百景の選定に着手

二〇一九年から、新しいさいたま百景の選定、新さいたま百景本の編集作業に着手した。当初は、元のさいたま百景に入れ替えや追加等による改定版の発行を考えていたが、新型コロナウイルス感染症蔓延のため幅広い市民参加ができなくなる中で、百景メンバーでのワークショップでの議論により、新しいコンセプトによる新しいさいたま百景の選定を目指すこととなった。

〈新さいたま百景のコンセプト〉
二〇五〇年の安心安全→水と地形に関わる風景
二〇五〇年への継承→記憶と文化に関わる風景
二〇五〇年の豊かさ→現代の市民生活の風景

コンセプトに基づき、新百景本のタイトルを「明日に引き継ぐ さいたま百景」とし、二〇二二年からは、19名による編集会議を立ち上げ、新さいたま百景本の執筆、編集作業に着手した。

新さいたま百景『明日に引き継ぐ さいたま百景』を発行

約2年半にわたる編集作業を経て、二〇二五年三月に『明日に引き継ぐさいたま百景』を発行することができた。
なお、本書第Ⅲ章においては、前書『市民が選んだ さいたま百景』で紹介した一〇〇の風景について現在の状態を調査した結果を掲載している。

『市民が選んだ さいたま百景』の発行後の活動

新しいさいたま百景は、新型コロナウイルス感染症蔓延等のため市民からの公募や議論ができない中で、百景メンバーの中だけの作業に基づいて、選定されたものである。そのため今後は、新しいさいたま百景を題材にした散策ツアーやシンポジウム等を開催し、市民とともにさいたま市の景観や環境、そしてまちづくりについて考えていきたいと考えている。

以下に、新さいたま百景編集委員名簿、委員会の活動経緯、委員会会則を掲げる。

新さいたま百景 編集委員名簿

相田 武文	委員長
安部 邦昭	第Ⅱ章ACシリーズ担当、広報担当
新井 智也	第Ⅱ章AD、AG、BCシリーズ担当
薄井 俊二	第Ⅲ章担当
加藤 三郎	
河相 正名	
鈴木 隆司	第Ⅱ章AA、BA、BBシリーズ担当
田中 宏司	第Ⅱ章AE、AF、BFシリーズ担当
中津原 努	編集統括、第Ⅱ章AH、CA、CBシリーズ担当
能登 治郎	
久津 清二	第Ⅱ章BD、BGシリーズ担当
深堀 清隆	第Ⅱ章AB、BEシリーズ担当
藤原 悌子	
松尾 英香	レイアウトデザイン担当
三浦 匡史	第Ⅰ章担当、第Ⅱ章CC、CDシリーズ担当
矢萩 邦夫	
山谷 吉孝	
若林 祥文	第Ⅱ章CEシリーズ担当
渡邉 榮樹	

委員会の活動経緯（発足〜新百景本発行）

二〇〇七年4月 **「さいたま百景選定市民委員会」発足**
6月 「さいたま百景」の応募開始
二〇〇八年11月 さいたま百景応募終了、応募風景総数四五六点
二〇〇九年5月 さいたま百景の決定
10月 「市民が選んだ さいたま百景」の発表展示会、以後、各区役所ロビー等で巡回展示
二〇一〇年11月 **書籍『市民が選んだ さいたま百景』初版1刷発行**
二〇一一年4月 書籍『市民が選んだ さいたま百景』初版2刷発行、合わせて二九〇〇部
12月 選定したさいたま百景をめぐる、さいたま百景巡回ツアーを開始、「岩槻城下と郊外を巡る」
二〇一二年 さいたま百景巡回ツアーを4回実施
二〇一三年 さいたま百景巡回ツアーを3回実施
二〇一四年 さいたま百景巡回ツアーを3回実施
二〇一五年 さいたま百景巡回ツアーを2回実施、計13回
二〇一六年3月 **地図集『さいたま百景 散策マップ』発行**
さいたまトリエンナーレ二〇一六に合わせ、大宮、浦和、岩槻で散策ツアーを実施
二〇一七年 散策マップを使った散策ツアーを3回実施
二〇一八年 散策ツアーを2回実施（散策ツアー終了）
百景本の改定を目指して、現百景の状況確認作業をスタート
二〇一九年12月 **新しいさいたま百景の選定をスタート**
二〇二〇年 新百景テーマ検討ワークショップを3回開催、連続公開ワークショップ開催を予定したが、新型コロナウイルス感染症拡大のため中止
二〇二一年 新百景テーマ検討ワークショップを2回開催、計5回
7月 新百景選定ワークショップをスタート
二〇二二年5月 新百景選定ワークショップを完了、計25回
8月 **編集委員会の立ち上げ、新百景本の執筆・編集作業開始**
二〇二三年3月 **デザインチームによるレイアウトデザイン作業開始**
8月 シリーズ別編集会議開始、9回開催
二〇二四年 引き続きシリーズ別編集会議を実施、8回開催
12月 編集作業完了、最終調整
二〇二五年3月 **新百景本『明日に引き継ぐ さいたま百景』発行**

さいたま百景選定市民委員会会則（2007年4月16日決定）

（名称）
第1条　この会の名称は、「さいたま百景選定市民委員会」とし、事務局をさいたま市大宮区寿能町1-102に置く。

（目的と活動）
第2条　本会は、市民による「さいたま百景」の選定のため、以下の活動を行う。
（1）さいたま百景の選定に関わる企画、調査、決定
（2）さいたま百景をPRする出版、イベントに関わる企画、運営
（3）その他、上記に必要な活動（関係者への協力要請，資金の募集と管理、事務、等）

（会の組織）
第3条　本会は、さいたま百景の選定に関心のあるさいたま市民の自由な参加により構成する。
2. 本会の目的に共感しその活動を支援する、さいたま市民以外の参加を妨げない。
3. 本会の会費は、年間2,000円とする。
第4条　本会の役員として、委員長（1名）、副委員長（1〜2名）、幹事長（1名）および幹事（10名程度）、会計（1名）、監査（1名）を置く。
2. 役員は、委員の互選により、委員会で選任する。
第5条　百景選定の実務作業を行うために、事務局を設置する。
2. 事務局は、特定非営利活動法人・都市づくりNPOさいたまが務める。

（会議の開催・運営）
第6条　本会の会議として、委員全体による委員会と、幹事（委員長、副委員長、幹事長を含む）による幹事会を開催する。
2. 委員会は、委員会活動の基本方針、百景の選定等の決定を行う。
3. 幹事会は、選定作業等を管理しつつ、具体的な会の活動方針について協議し、事業を執行する。また、委員会で討議するための資料を作成する。

（協力団体等）
第7条　本会の活動に理解、共感する市民，民間企業、行政および公的団体に協力団体等になってもらい、資金的、技術的、その他の支援をお願いする。
2. 支援を受けた市民、団体の名前は原則として公表する。

（会計）
第8条　本会の活動経費は、会費および市民・協力団体等からの寄付によってこれに充てる。
2. 本会の活動に伴なう必要な経費（作業費、材料費、撮影費、原稿料等）については、収入の範囲内において幹事会の了承を得て適切に支弁する。
3. 本会の会計年度は、毎年4月1日から3月31日までとする。
4. 本会の収支決算は、会計監査を経て、委員会の承認を得る。また、協力団体および市民一般に公開する。

（その他）
第9条　この会則に定めるものの他、必要な事項は委員会で協議して決定する。

この書籍の発行に当たっては、以下の方々にご協賛いただきました。
ここに厚くお礼申し上げます。

クラウドファンディングIBUSHIGIN支援者（応募順）

むさしの未来パートナーズ株式会社·藤井、黒澤進、むさしの未来パートナーズ株式会社·草生、中村哲也、榎本高信、堀哲郎、渋谷英一、新井一年、関皓介、伊庭明、井上龍、郷大助、相田武文、安藤聡彦、細川清和、関根秀二、鷲野宏、河野幸代、渡辺拓未、桑田仁、長島良亮、川又智加、アーバンデザインセンター大宮·石黒卓、新津瞬、酒井伸子、郡司美和、井上拓巳、太田一穂、佐々木敬雄、矢橋賢、加藤久美子、齊藤裕子、佐藤裕、高岡敏夫、宮沢新樹、中野瑞子、木曽大原、山崎利江、栗原正弥、埼玉スリバチ学会、古里実、富谷真素美、渡辺帆奈、佐藤健一、藤井健志、関根信明、清水英文、久保美樹、矢ケ崎健治、田中明子、森田圭一、菊地洸一、山中元、三浦和、岸隆幸、北原典夫、矢沼克則、林洋一郎、森隆一郎、藤野純一、大宮経済新聞·浦和経済新聞、堀越栄子、村上昌文、小池淳一、大場俊知、星野俊樹、磯口貴史、米山憲男、齊藤政春、渡辺能理夫、高橋良知、細田隆、山本紀子（他10名）

※IBUSHIGINは、武蔵野銀行が運営する、購入型CFです。

その他協賛者名（50音順）

相田土居設計、千田惣平、日本総合住生活株式会社

本書作成には、公益財団法人サイサン環境保全基金よりご助成いただきました。（2022年度下期、2023年度上期、2024年度上期）

明日に引き継ぐ　さいたま百景

2025年3月18日　初版　第1刷発行

ホームページ　Facebook　Instagram

SAITAMA100KEI

発行者　さいたま百景選定市民委員会
〒330-0805　さいたま市大宮区寿能町1-102
電話　048-647-5801
E-mail　100kei@ever-green.ne.jp

発売元　株式会社 さきたま出版会
〒336-0022　さいたま市南区白幡3-6-10
電話　048-711-8041
E-mail　books@sakitama-s.com

印刷　関東図書株式会社

デザイン　藤巻 武士（武士デザイン）／松尾 英香（光工房）

さいたま百景選定市民委員会©2025　ISBN978-4-87891-497-3　C0026